神々と精霊の国

西シベリアの民俗と芸能

星野紘・齋藤君子・赤羽正春——編

国書刊行会

神々と精霊の国——西シベリアの民俗と芸能　目次

はじめに　ハンテ族[1]・マンシ[2]族の概況と来歴

星野　紘

一　刊行の意義――ユーラシア東西文化の比較民俗学研究の足がかりとなることをめざして――

経済開発によりスポイルされている原住民の伝承文化

去る二〇一五年八月一九日にロシアのハンテ人の熊祭り研究者のチモフェイ・モルダノフ氏から突然Eメールがあり、次のような新聞記事[3]の添付送付があった。それは、ハンテ・マンシスク自治管区内の「スルグット石油ガス会社」の社員の偽シャーマン刑事犯に対する裁判法廷で、本物のハンテ人シャーマンからの検察当局への差し戻し請求が却下されたという内容のものである。この係争事件のそもそもの前提が判らないと何のことやら理解いただけないことと思うが、新聞記事全体の文面から察するとそれは次のようなことである。右スルグット石油ガス会社の社員が、ハンテ人の崇拝所（聖なる場所）の近くにある石油への通路の障害を取り除くために、偽シャーマンに成りすまし、イムル湖という聖なる湖をでっち上げて、その地を守るためと称して、本物のハンテ人シャーマンを殺すぞと脅迫したとのことである。そのた

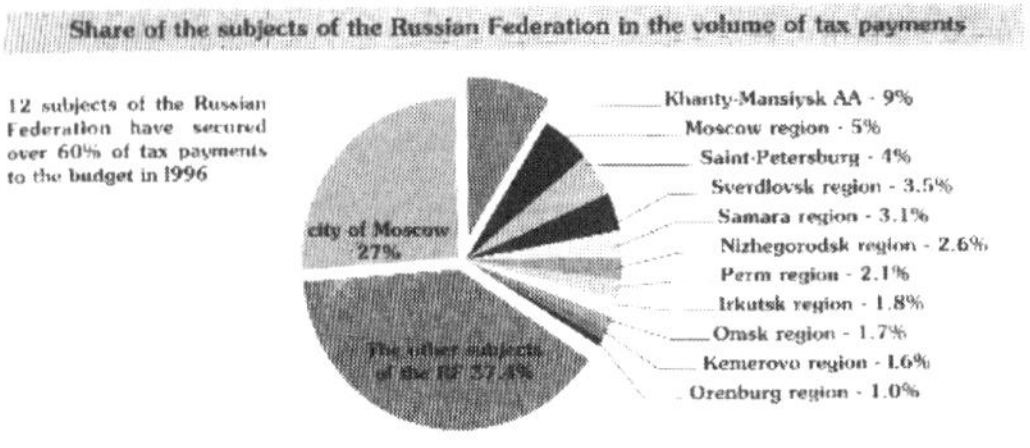

ロシアの税金納入自治体

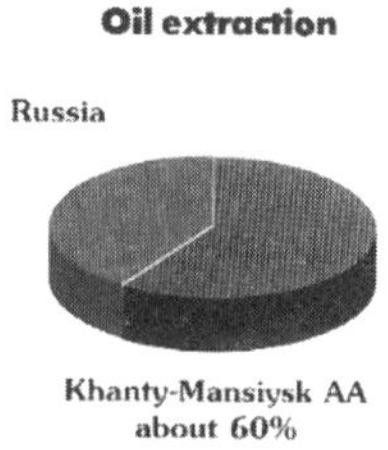

ロシアの石油産出量

め本物のシャーマンが事の成りゆきを文章化して法廷に提訴していたということである。このたび彼からの差し戻し請求が却下されはしたが、当該本物のシャーマンは、なお事態のより正確な詳細を文章化すべく努めているとのことである。

右のチモフェイ・モルダノフ氏は、筆者星野を一九九八年一二月にハンテ・マンシスク自治管区内のオビ川の支流カズィム流域で行われた熊祭りに案内してくれ、その後二〇〇一年に筆者とともに共著『シベリア・ハンティ族の熊祭りと芸能』を日本で刊行した旧友である。その後も何回か彼とは面会し、その都度彼からハンテ族に関する色々な情報を提供してもらっている。また右の本物のシャーマンとは、新聞に掲載されている写真から察するにセンゲポフのことで、右記の熊祭りは、彼の猟師小屋を会場として彼の指揮のもとで執り行われたものであった。

当該ハンテ・マンシスク自治管区は、石油天然ガス資源の豊富な埋蔵地で、第二次大戦後にこれら資源の採掘が始まり、これまで急激なその開発事業が展開されてきた地域である。データから察すると当地は今日のロシア経済を支えている有数のスポット域であることが解る。一九九六年の統計資料によると、当地の石油産出量は全国の六〇%を占め、国税の納付額は全体の九%で、二七%のモスクワ市に次いで全国二番目となっている（ちなみにサンクトペテルブルグ市は四%で第四位[4]）。このような今日の石油ガス産業のメッカの大地に、長年にわたって定住してきたハンテ人やマンシ人の先住民の貴重な伝統文化は、必ずやスポイルされているものと予測はしていたが、このたび初めてその具体的な抑圧事例に接することが出来たのである。石油ガス開発事業側と先住民側との間の血なまぐさい争いが今まさに展開されているのである。開発側がわざわざ偽のシャーマンを仕立て上げたり、偽の聖なる湖をでっち上げたり等の策略を弄しているということは、如何に先住民側の信仰心が強固なものであるかを物語ると同時に、石油ガス開発という国を挙げての経済行動は目的遂行のためには手段を選ばないということを示している。その狡猾さは先住民の魂ともいうべき信仰、心の奥底にまで手を突っ込もうとしているのである。

ユーラシア東西文化の比較民俗学研究の足がかりとなることをめざして

先住民は、今やエネルギー資源包蔵地において、人口わずか三万人程度の少数民族となっている（当該自治管区全体の領土面積はフランスに匹敵するが）。彼らが気《き》息奄奄《そくえんえん》の状態にあることは誰の目にも明らかではあるが、彼らの信仰をはじめとした精神世界、諸般の文化伝承のユニークさは誠に貴重なものである。アイヌの熊祭りは今日自然なかたちで執り行われることはなくなったが、ハンテ等のそれは今なお自然なかたちで実施されていて、かつ豊富な歌や踊り、寸劇が演じられている。また奇妙なストーリー展開を見せる口承文芸伝承はその背景にある精神世界の複雑さ、古風をしのばせる。オビの大河流域の湿地帯でのトナカイ放牧や漁撈、狩猟採集の生業の実態は従来日本にはほとんど紹介されては来なかったが筌《うけ》や罠、舟などは日本のものに近い。ともあれ、当該大地は、ロシアのヨーロッパとアジアの分岐点であるウラル山脈のすぐ東側を貫流するオビ川の中下流域に位置している。いわば、ユーラシア大陸の東と西の文化の融合地点というか、分岐地点である。これらの文化伝承をどう解釈するかは国際的な比較民俗学研究の重要な研究課題の一つに違いないと確信する。しかしながら事柄はきわめて難題を含んでいる。後述するように先住民達の来歴は依然として謎であり、独特の彼らの文化伝承にはアジア的なものとヨーロッパ的なものがどう関わっていたのかは未だ探られたことのないテーマであろう。今日経済的開発過程で危機に瀕している当該伝承への解明研究は、急ぎ着手されるべきものであろう。

二　刊行の目的

本書は、シベリア、オビ川流域のハンテ族などの先住民の熊祭りと芸能、口承文芸、狩猟漁撈等の生活技術についての調査記録と、それらに考察を加えた文章で構成されている。

シベリア、オビ川流域は日本から遠隔の地にあり、酷寒の気候の所であることなどから、これまで日本人研究者が当地の先住民への実地踏査をしたことはほとんどなかったと言ってよい。というのも、日本人研究者による、これに関わる著作物が、二〇〇一年に筆者がチモフェイ・モルダノフと共同で出版した『シベリアのハンティ族の熊祭りと芸能』(5)が刊行されて以来、同様の当該地域の先住民の伝承への調査に基づく刊行物が管見の限りでは見あたらないからである。本書もまた、この地の未知の民俗伝承（文化人類学的伝承と言い換えてもよいが）を対象としているが、本書の刊行目的は、およそ次の三点にまとめられるかと思う。

第一番目は、当地のハンテ族、マンシ族の精神文化として熊祭りが盛んであり有名であるが、身近にアイヌの熊祭り伝承を有する我々日本人にとっては、当該伝承には殊のほか関心を寄せざるを得ない。さらに、熊祭りは今も、北欧、シベリア、北米大陸の環北極圏域に分布する世界的に注目されている伝承である。アイヌのものとの異同や、熊祭りの本質的問題を究明することは重要な文化人類学テーマのひとつかと思うが、本書はそれらに対していささかの視点を提出し得るものと思っている。飼い熊を殺害してから執り行うのがアイヌの場合で、ハンテの場合はそれと違ってはいるが、熊の生涯譚を語る歌は一人称語り形式ということで両者は共通しており、日本の研究者はその来源をシャーマンの口頭に求めたが、果たしてそう言い切ってよいものかどうか？　一九九八年の一二月にハンテ族のそれを採訪した折りに、祭壇の熊の頭の前で祭りが執り行われ、九五演目ほどの多数の歌、仮面の寸劇、精霊の踊りなどが演じられた。歌や踊りの芸能の発生を〝まれびと〟を迎えての饗宴の場にもとめた折口信夫《おりくちしのぶ》の説を想い起こさせるのだが、果たしてそのように解釈してよいものかどうか？　さらにチモフェイ・モルダノフの説明によると、ハンテの熊祭りには動物霊、守護霊、川や湖、森などの諸精霊、神霊など、プリミティヴなものから天界の創世神に至るまで、多様なレベルの霊的存在がこもごもに出現しており、祭りや信仰といった精神世界の研究者にとっては垂涎《すいぜん》の的といえる調査対象ではないかと思われる。本書が、それらの今後の研究の深化のためのひとつの足がかりとなれば幸いである。

　第二番目の目的は、従来日本の民俗学における国際的な比較研究と言えば、主にアジア域の類似伝承との間で進められて来た。他方、ヨーロッパにも連なるユーラシア大陸域の伝承との比較研究は手薄であったように思われる。しかしながら、当該西シベリア、オビ川流域の先住民の祭りや信仰および芸能、口承文芸、生活技術等の諸種の伝承は、例えば、熊と娘の話とか、罠や筌を用いての獣や魚の捕獲技術などは日本の伝承との類縁性を感じさせ、あるいはまた熊祭りの芸能の中の仮面の寸劇は能楽の狂言を彷彿とさせる。他方、プリズムを通したかのように錯乱した奇妙な精神世界を見せる口承文芸は、極めてユニークな独自性を感じさせるものでその解釈は今後の大きな課題である。ともあれ、当地はアジア的な世界とヨーロッパ的な世界との分岐点のウラル山脈のやや東側に位置しており、この一帯を調査対象とした本書は、今後、日本などアジア方面の民俗伝承とユーラシア西方域のそれとの全面的な比較研究を展開して行く上で、いささかなりともパイオニア的役割を果たせるのではなかろうかと、ひそかに期待しているところである。

第三番目の目的は、内輪《うちわ》の話ではあるが、本書を刊行するまでの間にお世話になった現地の研究者たちならびに研究機関に対し、一定の調査研究の成果を報告するとともに、今後の彼等との一層の研究交流を進める上での契機となることを期待している。一九九〇年代はソ連崩壊直後で、旧来の伝統文化復興の動向が各所で展開されているという時期であった。モスクワの文化部所管の芸術創造館（Дом Творчества）の本部の紹介でハンテ・マンシスク自治管区の同館分館を訪問し、そこの紹介でオビ・ウゴール民族復興学術研究所（Научно-исследовательский институт возрождения обско-угорских народов）を訪れ、同所の研究員たちのサポート、案内によって、ハンテ族の現地の村へ入ることが出来、調査や資料収集が可能となったのである。一九九八年一二月のカズィム川のシュンユガンでの四夜にわたるハンテの熊祭りを案内してくれたのが、同研究所研究員のチモフェイ・モルダノフであり、彼の奥さんで同研究所の地区民俗学術基金部長のタチアーナ・モルダノヴァであった。それから一五年後の二〇一三年九月に、筆者のほか、齋藤君子、赤羽正春、山田徹也の四名でカズィム村を訪問調査した時には、上記タチアーナ・モルダノヴァと彼女の妹のオリガ・クラフチェンコ、さらにベロヤルスクの資料館勤務のリムマ・ポトポト、カズィム村資料館のマリーナ・カバコーヴァ等の研究者たちの献身的な協力を得ることが出来た。怪異譚などの口承文芸のインフォーマントの紹介や通訳などを担当していただき、また湿地帯に位置するトナカイ飼育野営地（стойбище）への特別の現地調査行や墓地の見学、川岸の漁場への案内などを手配してくれた。

次に、当著の開頭にあたって、我々が調査研究の対象としている、シベリア、オビ川流域のハンテ族、マンシ族の熊祭り、口承文芸、生活技術のバックグラウンドである彼等の概況と来歴について、手元の資料を参照しながら以下の三、四で概説しておきたいと思う。

三　シベリア、オビ川流域のハンテ族、マンシ族の概況

（一）人口、言語、生業、そのほかのことなど

筆者がハンテ・マンシスク自治管区の役所所在地のハンテ・マンシスク市を初めて訪れたのは、一九九七年の一月であった。モスクワの国内便発着空港で出発便の搭乗を待っている時に、確かあるご婦人（医師）に、これから現地で面会したく思っているハンテ族についてトンチンカンな質問をしたことを覚えている。ハンテ・マンシスクの空港に降り立てば、すぐにでも少数民族のハンテ人に会えるとばかり思っていたが全然違っていた。「まず会えないでしょうね、森へでも行かなければそれは無理ですよ！」という答えであった。彼等は少数民族なのであるが、私には全く何も予備知識がなかったということだ。自治管区発行のパンフレット[6]によれば、一九九七年現在の管区の総人口は一三五万人で、ロシア人、ウクライナ人、タタール人、バシキール人などでその多数が占められ、先住民のハンテ族、マンシ族、ネネツ人を合わせてわずか三万人ということである。また自治管区の面積は広くて大体フランスの国土に匹敵するというが、まさにハンテ族の人に出会うといっても簡単ではないのだ。

次いで先述のパンフレットに掲載してある、ハンテ族、マンシ族等の先住民に言及している部分を次に引用する。

言語的にはハンテ族とマンシ族は、フィン語、ハンガリー語、エストニア語、サーメ語、マリ語、ウドムルト語を含むフィン・ウゴール語派に属している。彼等の生業は漁撈、狩猟とトナカイ飼育である。それら以外に、ハンテ族、マンシ族、ネネツ族の生業には、野草の採集、毛織り物づくり、毛皮服づくり、木、骨、角、白樺表皮などを用いての加工品づくりがある。

ハンテ族の古称はオスチャク（Остяк）といい、二万二三〇〇人の人口があり、ハンテ・マンシスク自治管区とヤマロ・ネネツ自治管区、それにトムスク地区に所在している。民族性の違いから北部、南部、東部の三グループに分けられ、それぞれ方言、名称、経済文化の性格が異なっている。彼等はオビ川とイルティシ川の支流（ヴァスユガン川、サリム川、カズィム川その他）域の入り江に居住している。ハンテ族の伝統的生業は川魚漁であり（特にオビ川、イルティシ川とそれらの支流域の低地）、タイガにおける狩猟とトナカイ飼育である。南部方面のグループは、オビ川沿いにて一九世紀よりすでに牧畜業と野菜栽培を行ってきた。採集の仕事（ナッツ、ベリー、後にはキノコも）も重要であった。ハンテ族の精神文化として、熊への崇拝と熊祭り、あるいは熊の遊びの折りの神話と儀礼の複合行事が大きな役割を果たしている。英雄バラード、叙事詩、怪異譚が代々語り継がれて来た。

マンシ族の古称はヴォグル（Вогул）といい、八三〇〇人の人口がある。マンシ語は方言によって、北部、南部、東部グループに分けることが出来るが、…（中略）…現在では北部と東部の言語と伝統文化のみが保存されている。主な伝統的生業は漁撈と狩猟で、ある者はトナカイ飼育に従事している。

写真１

彼等には歌、バラード、昔話といった民俗伝承が豊富である。

(二) 気候風土

かつての筆者の当地訪問の目的は、なんとか彼等の熊祭りを見せてもらうことであった。この要望に応えてくれたひとつが、一九九七年八月のナズィム川（オビ川の支流）を遡った所のクィシク（Кышк）集落（ハンテ族の居住地）への採訪行であった。もちろん夏季なので熊祭りの見学はかなわなかったが、熊祭りに演じられる仮面の寸劇七番を特別に見せてくれた。この折りイルティシ川にある港から船に乗り込み、オビ川へ入って、しばらくしてから左折してナズィム川の流れを北上したのである。初めてタイガのただ中での風景に接した。上流へと遡るにしたがって徐々に川幅が狭まって行き、両岸の鬱蒼とした針葉樹林の森が延々と続く様子に圧倒された。人声はないけれども、時折り何か樹木がきしんでいる音が耳に入った（写真１）。往路で、案内役の役所の文化部門の課長氏が、まだ川幅のかなり広いとある岸辺に船を寄せて、ムクスンという魚を一匹購入してすぐ包丁で捌き、刺身を作ってくれた。川風を受けながらウオッカをあおり、これを口にほおばったことが印象深い（写真2）。後でわかったことだが、川岸にはこのように魚を捕って売りさばく者が所々にいるらしい。またクィシク集落からの帰路には、浅瀬に座礁した船に遭遇したが、船上には一〇人近くの若者男女が乗っていて肩に鉄砲をかついでいた。甲板には打ち獲られた鳥類が何羽かほうり投げてあった（写真3）。娯楽としてのハンティングであったかと思うが、ともかく猟の獲物の多い一帯であることをうかがわせた。

ここで先述の自治管区のパンフレットにもどり、当地の気候風土に関わるページを引用紹介する。

ハンテ・マンシスク自治管区は西シベリア中央部の平原に位置していて、五三万四八〇〇平方キロメートルの広さを占めている。西の端はウラル山脈に接しており、東の方はクラスノヤルスク地方に接し、南はトムスク地域とトボリスク及びイブデーリ方面に接していて、北部はヤマロ・ネネツ自治管区である。

当該自治管区は、ウラル山脈の尾根によって温暖な大西洋から閉ざされている一方、北極海からの風が吹き込み、しかも緯度の高い所で、そういったことから自然気候は形成されている。典型的な大陸型気候である。つまり厳しい冬季があって、短い暖かな夏があり、春は冷たい気温の変動がたえず起こり、秋と冬には短い雪解け期がある。年平均気温は零度以下で、自治管区の北の方ではマイナス四・五度、南の方ではそれがマイナス一・五度まで上昇する。一月の平均気温はマイナス二四度で、六月はプラスの一八・一度である。年間の降雨量は五五〇ミリで、ほとんどの雨量は温暖な時季のもの。

写真 2

写真 3

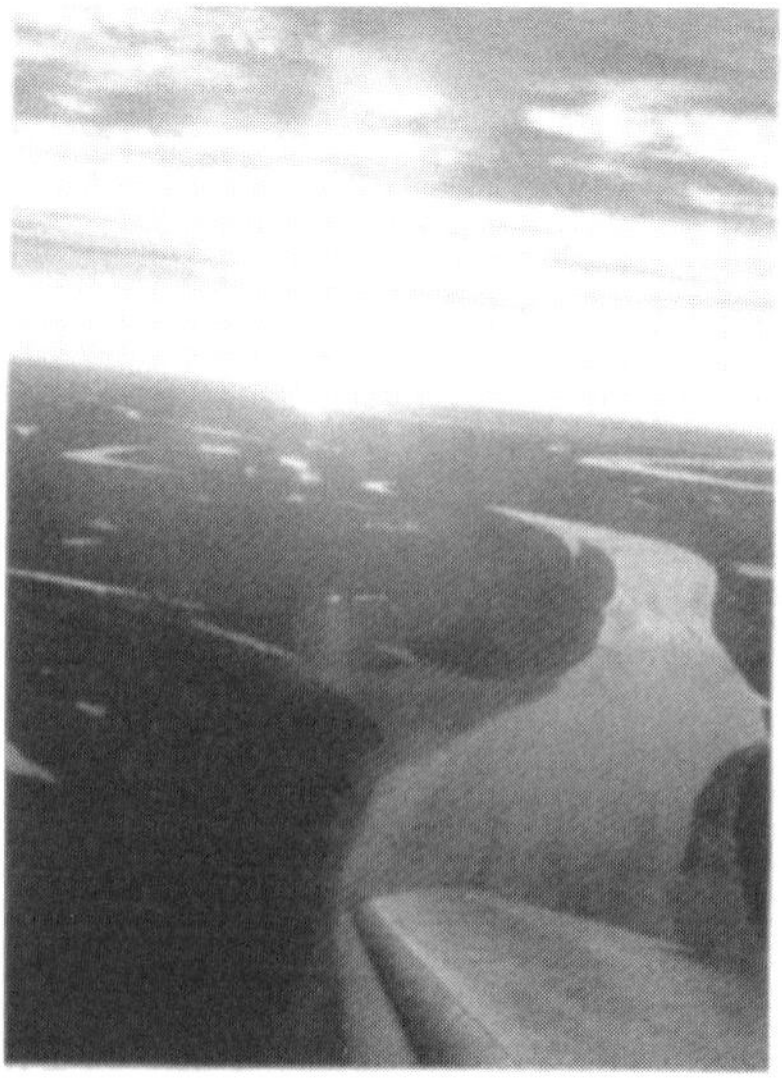

写真４

夏は豪雨があり、冬には積雪がある。根雪は一〇月下旬に始まり、五月中旬に消える。最高積雪は三月末で五〇センチになる。夏を除き、南西の風が吹き、夏には北極海の影響で北西の風が吹く。平坦地は過剰な降水により、春の河川の洪水は過度に湿気を含んだ土壌を刺激し、自治管区の半分近くを占める沼地が形づくられる。西シベリアの二大河川であるオビ川とそれへ流れ込む支流のイルティシ川が、オビ湾とカラ海の方へ自治管区の南から北へと流れ下っている。オビ川とイルティシ川の氾濫域は、一三〜一四キロの幅で数千キロメートルにわたって続いている。これらの湿地帯や森には二万五三〇〇箇所の湖があって、それらの総面積は一六〇万ヘクタールとなる（写真４）。

泥炭湿地帯とポトゾル土壌は当管区を特徴づけている。オビ川の氾濫域には野菜や穀物栽培に適した沖積土壌がある。氾濫河川の牧草地には牧畜業に資する飼料が沢山存在している。当地域全体で一五〇万ヘクタール以上である。

ウラル山脈を越えてその東側（つまり西シベリア）は、上記説明に記された通り、気候の上でその西側とは峻別されているが、文化的にも、ウラルの西側がいわゆるヨーロッパであるのに対して、その東側はいわゆるアジアである。そのことを示しているのが有名なエカテリンブルグ（ウラル山脈の南部に位置して

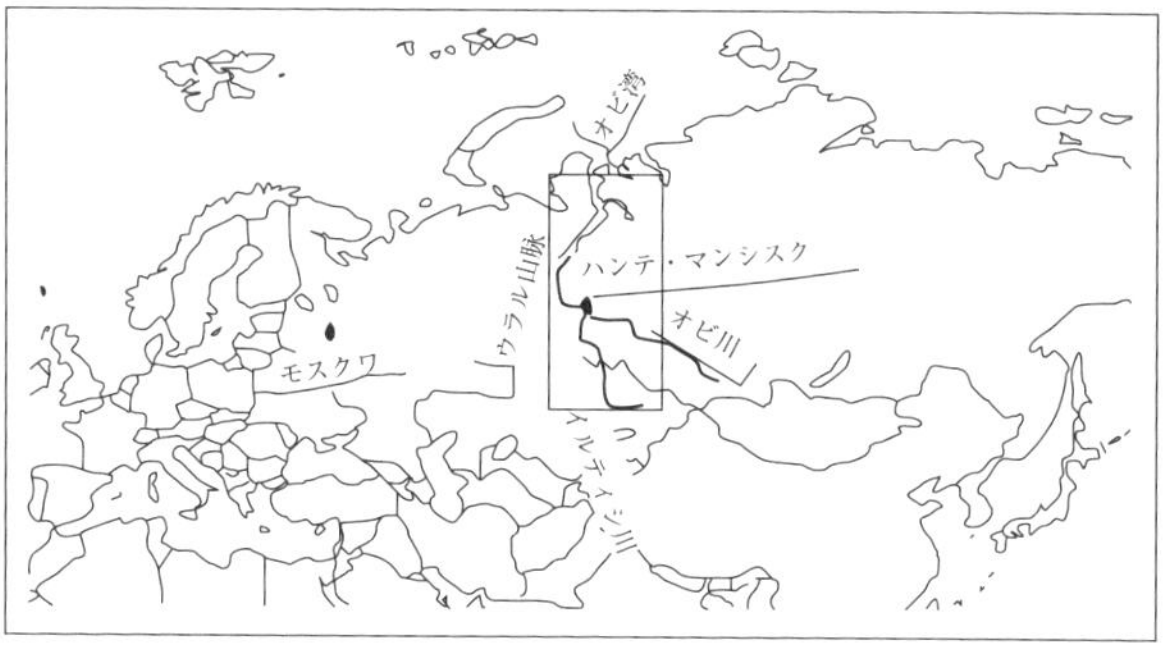

ロシア全図

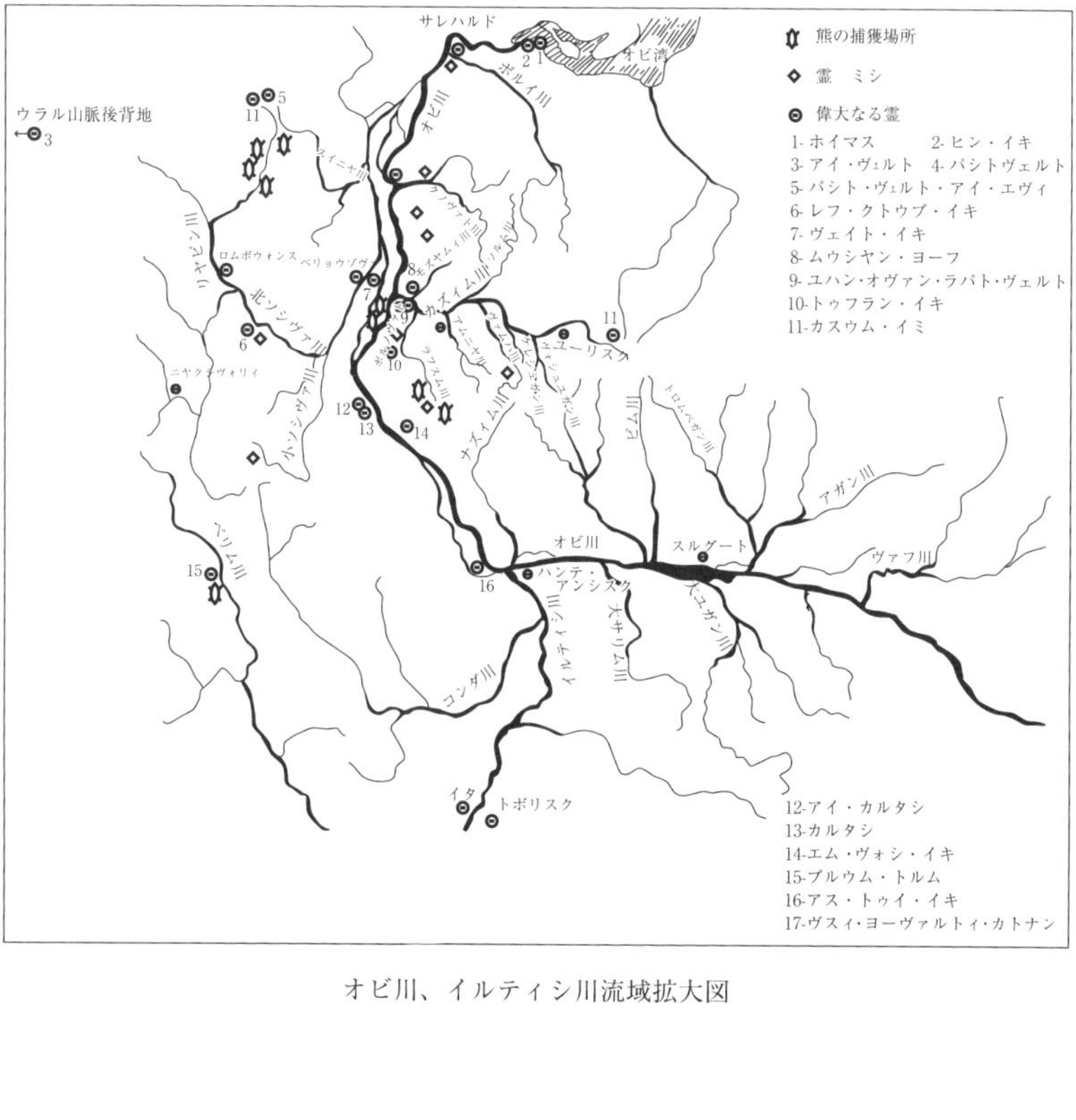

オビ川、イルティシ川流域拡大図

写真５

いる市）の鉄道の駅舎の看板表示である（写真５）。右側（東）はアジア、左側（西）にはヨーロッパと表記されている。また空から見たウラル山脈の姿も左に紹介しておく（写真６）。

（三）野生の魅力

また一九九八年一二月、カズィム川上流のシュンユガンの雪原でハンテ族の熊祭りを見学した折りに、我々日本人一行三名は全員キスィというトナカイの革製のロングブーツ（腰の辺まである長いもの）を履かされた（写真７）。それは脚にピッタリと吸いつくぐらいの細長いしろものだったので、その着用、脱着には時間がかかった。またハンテのご婦人に手助けをしてもらわねばならなかった。しかし、着用してみるととても暖かく快適で、雪原の上（外）でも屋内（ユルタとか猟師小屋の中）でも、どこでも自由にこのスタイルで行動出来た。東京で高い金を出して購入したものを現地まで履いて行ったものの、滞在中は全く不用だ

写真6

写真7

った。つまり、零下五〇度にまで気温が降下する当地の履き物として最適のものはキスィの方だった。東京で入手したものは、最先端技術を駆使したものであるが、せいぜい零下四〇度まで耐えられるものしか作れないのだと、店員が説明していたのを憶い出し、ハンテの技術には驚いた。もっともそれは当地の自然環境の中で、居住民が必要性に迫られて作り出したものだと思う。また、チモフェイ・モルダノフがある時、自分は冬の雪原でトナカイの橇《そり》に乗って何百キロも移動することがあるが、その折り、時には居眠りしたまま橇を御すこともあるが、間違いなく目的地には着いているといった。我々にはよく解からないが、何か星座でも頼りにして移動するのではないかと推察している。彼も先住民の一人であって、このように時々オヤッと思わせるようなところを見せる。これもシベリア特有の自然環境の中で形成された人の性格ではないかと思う。このような先住民たちの生活振りに、惚れ込んだ人の文章がある。今から一一〇年ほど前に発表されたものを[7]、ここに紹介しよう。

今日もなお好奇に満ちた野生的な所。目の前には貧相だが親しみのあるユルタ（写真8）[8]とほほえみながら、人なつっこく、会釈してくれたはにかみ屋さん（野生人）たち。彼等は愛想よく〝пайся〟と言って私に会ってくれ、また全員で、人なつっこく、好奇の目で、愛想のよい声で〝и осемас улум〟と言って見送ってくれた。私はあなたたちの丸太作りの、樅の枝で隠された古いユルタに魅せられて何度となくその前で立ちどまった。何度となく私は、あなたたちの踏みしめた小径、森の藪へと通じて行く所に陶酔し、やって来た。…魅惑的な野生の地。そこは一歩ごとに新鮮で、全ての歩みが私にとって真新しく知らない所だが、我々にとっては、遠い過去においても現代においても、興味深い生活であることを物語ってくれる所。ここをながめていると、開放的で、善良な野生人の魂とその未熟さ、その明日が怖くなって来る…

先住民族ヴォグルの人達の笑顔、ささやき声、そして彼等の住まいのユルタとそこに通ずる小径に魅せられているこの筆者は、まるで恋人にでも接するかのように、ヴォグルの野性の虜となっている。神経細やかに自分の気持ちを歌いあげていたのだ。

写真 8

四　シベリア、オビ川流域のハンテ族、マンシ族の来歴

（一）ハンテ族、マンシ族の出自について

筆者が一九九七年に、芸術創造館のハンテ・マンシスク分館だったか、オビ・ウゴール民族復興学術研究所[10]だったのか記憶が定かではないが、そこを訪問した際に提供を受けた『ユグラ—93』（ЮГРА—93）という名称の、一九九三年にハンテ・マンシスク市で開催されたフィノ・ウゴール民族フェスティバルの折りに、記念誌としてСтерыという雑誌出版社から刊行された資料集が手元にある。それを開いてみると、冒頭に「ハンテ人、マンシ人は何者なのか？」という表題の文章が載せてある。[9]これは両民族の来歴は謎の部分が多いことを示している。先に引用した自治管区のパンフレットからこのことに関する記述をまず紹介する。

ハンテ・マンシスク自治管区の歴史的な古称は〝ユグラ〟（Югра）と言われるが、その意味は、〝ユグ〟が水のことであり、〝ラ〟が人々ということを指している。

古い時代にウゴール民族とサモイェード民族は、南から攻撃して来た遊牧民族によってシベリア北部へと追いやられた。ある民族はウラル山脈の北の方に住みつき、ある民族はオビ川に沿って低地を遡った。結果として、サモイェード族と北極ツンドラの先住民との出会いによってネネツ人が生まれ、セリクプ人が、サモイェード族とタイガとウゴールの古くからの民族の出会いによって生まれた。後者はオビ川中流域で遊牧生活を行った。ウゴール民族は後にハンテ族（オスチャク Остяк）とマンシ

族（ヴォグル Вогул）とに分かれた。この二つの民族は文化的に多くの共通点を有しているが、言語的には同系統ではあるものの、自己認識が異なっている。考古学者の意見ではハンテ人とマンシ人は類似の基盤の上で形成されたものの文化は異なっている。マンシ族はウラル山脈の近辺かその山麓沿い、オビ川の左側の支流、すなわちコンダ川、北ソシヴァ川沿いに居住している。ハンテ族はオビ川とナズィム川の渓谷域から、その河口および支流域、すなわちヴァフ川、カズィム川、アガン川、ウガン川とイルティシ川の方に居住している。

この説明では、ウゴール民族が南方からの遊牧民族の襲来によって追われて、ウラル山脈の北方、あるいは山脈を越えてオビ川方面へと移動し、その辺りでハンテ族とマンシ族の二つに分かれたのだという。ところで彼等は、言語的に東ヨーロッパのハンガリーのマジャール語とともに同系のウゴール語派を構成している。つまりウラル山脈の西側の地における彼等の遍歴の歩みも語られねばならない。先述の『ユグラー93』にこの辺のことに言及したタイシシェフ・ヴァシーリー・ニキテ（Таищев Василий Никитич）（一六八六―一七五〇）の記した引用文[10]が掲載されているので、以下に紹介する。

オスチャクは自らについて次のように語っている。彼等は以前フィンランドあるいはラップランドに居住していたと言う。……なぜなら彼等の言葉がフィン語と同じだからである。彼等は湖沼の多いどんな地も сувомд とか сумовись と名付けている。多分彼等は以前ヴォルガ川辺りに住んでおり、タタールからかあるいはその以前にスラヴィヤノルスからこれらの場所へ追われて、彼等と民族性や言語が同一のヴォタまたはヴォチャーク[11]とビヤルマあるいはペルミャク[12]になったようであり、ロシア

ウラル語族の諸言語

- フィン・ウゴール語派 Finno-Ugric
  - フィン語派
    - ジュリエーン語（コミ語）
    - ヴォチャーク語（ウドムルト語）
    - チェレミス語（マリ語）
    - モルドヴィン語
    - バルト・フィン語（フィンランド語＝スオミ語，カレリア語，ヴェプセ語，ヴォート語，エストニア語）
    - ラップ語（サーメ語）
  - ウゴール語派
    - オビ・ウゴール語（ヴォグル語＝マンシ語，オスチャーク語＝ハンティ語）
    - ハンガリー語（マジャール語）
- サモイェード諸語 Samoyed
  - ユラーク・サモイェード語（ネネツ語）
  - タヴギ・サモイェード語（ガナサン語）
  - イェニセイ・サモイェード語（エネツ語）
  - オスチャーク・サモイェード語（セリクプ語）
  - サヤン・サモイェード語（カマシ語）

人の襲来によっても細分化されずに居住していた。オスチャクはシベリアのサルマト人[13]系の民族の中で最も主要な存在であり人口が最も多く、彼等はどんな権力機構にも属していなかったために、カレリア人、フィン人と今日まで言語の上で類似性を共有している。（註（11）（12）（13）は訳者が付したもの）（以下略）

つまりオスチャク（ハンテ人）は、フィンランドなどの北欧や、またヴォルガ辺に住んでいた可能性があり、また紀元前に黒海、アゾフ海、ヴォルガ沿岸方面に住んでいたイラン系遊牧民族のサルマト人の血も引いているとのことだ。ところで、ハンテ族、マンシ族の来歴の問題は、このように北欧、東欧、ロシア域等の諸民族の広がりの中で検討されて来たわけだが、周知のように、これについては言語学的研究が先行しており、ウラル語族という総称のもとその言語系統図がすでに作成されているので、参考までにそれをここに引用させていただく[14]。この図でのフィン・ウゴール語派のウゴール語派のところに、当該オビ川流域原住民は位置付けられている。

さらにハンテ人、マンシ人の来源については、紀元前など

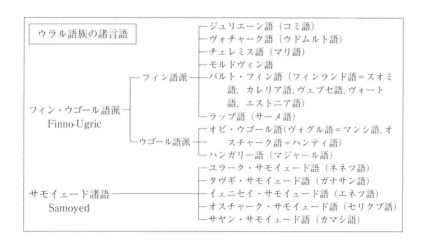

の昔のこととしても遡り言及されている。先述の「ハンテ人、マンシ人は何者なのか？」の筆者のユヴァン・シェスタロフは、シュメール人や、ギリシャ辺にいたとされるアンテ人と関わる伝承について、一文の中で[15]次のように書いている。まず楔形文字のシュメール人との関わりについて、

チグリス・ユーフラテス川流域のシュメール人が崇めていた神を、オビ川流域のマンシ、ハンテ、セリクプの人たちが今なお崇拝しているなんて、多くのヨーロッパ人は懐疑的な驚きを示す。

楔形文字（一八世紀に発見され解読されたばかりの）のテキストにある、シュメール人の宇宙発生についての観念は、今もマンシの神話の中に生きている。

次にアンテ人との関わりについて、

アンテ人についてギリシャ人は、カサゴ人、現在のアデゴ・カバルディン人の祖先から知識を得ることが出来た。アデゴ・カバルディン人は有名な民族でハンテ人と呼ばれていた。…（中略）…言語体系の音韻上の特徴は次のようである。借用されているハンテ（Ханты）という言葉は、ギリシャ人の沿海側の隣人のカサゴ人の唇のXの音が失われて、ギリシャ人はそれをアンテ（Анты）という言葉として聞き取ったのである。ビザンチン、ローマ時代に多くの年代記に書き留められていた〝アンテ人〟は、紀元六〇二年のアランによる彼等の壊滅後、歴史家の記述から消えている。アンテ（Анты）が最後に言及されていたのは紀元六三〇年である。果たしてその民族は消えてしまったのであろうか？

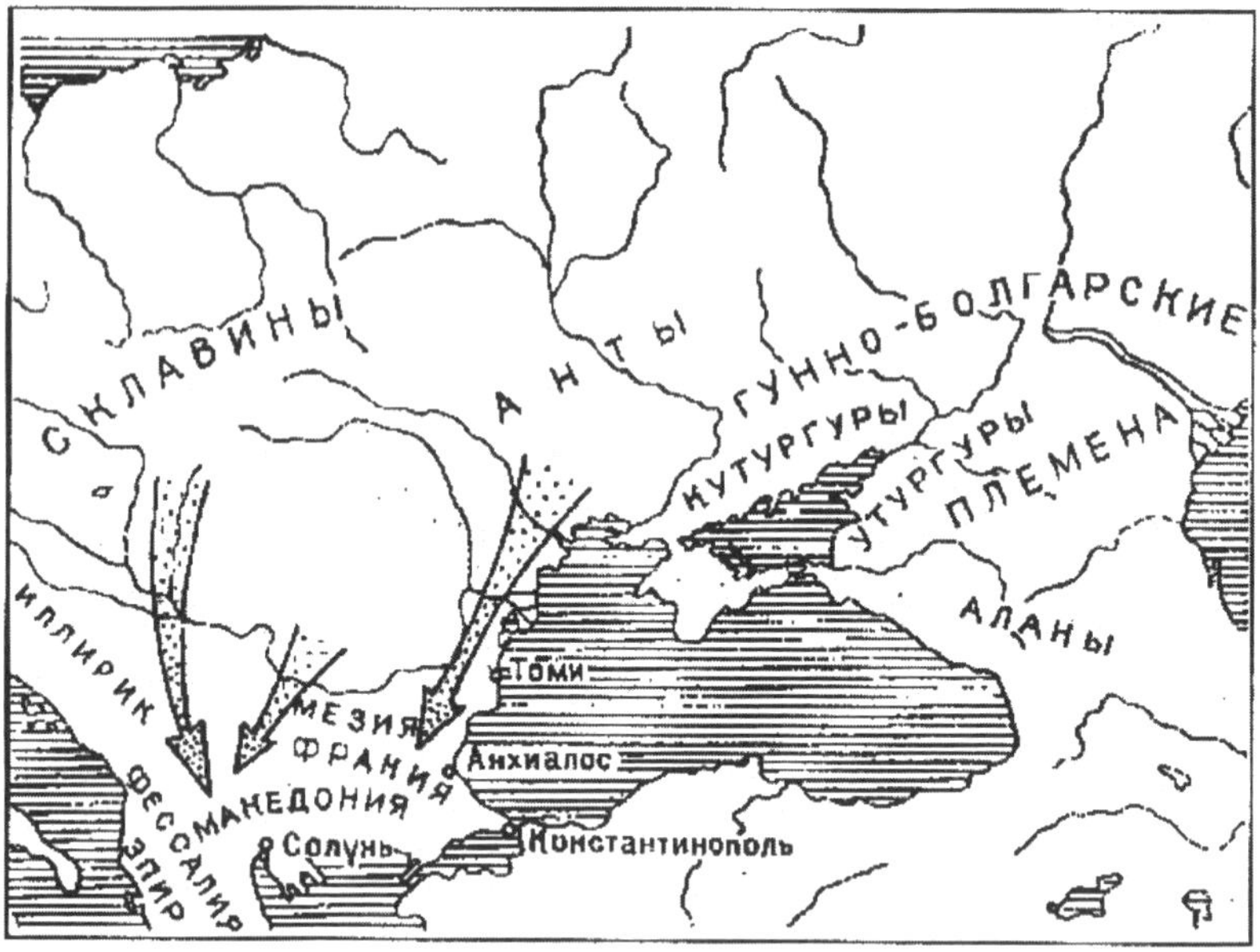

　ところで、上記アンテ人についての説明からは、あたかも彼等がギリシャなどの南方から北上したもののごとくにも受け取られかねないが、それは全く逆のようである。ここに先述の『ユグラ―93』に所載の関連論考[16]の添付地図を引用掲載するが、ご覧のように地図上の太い矢印で示されているように、アンテ（анты）人[17]はスラヴ（склавины）人とともに、黒海の北岸方面からギリシャなどのバルカン半島方面に移動して行ったということである。

　ことのついでに、上記論考の著者のフォードロヴァ博士の『スラヴ人、モルドバ人とアンテ人[18]』という論考の結論的な部分の説明[19]を紹介したい。

　ここで言及されていることは、発音上近似しているハンテ（ханты）人とアンテ（анты）人の関係とその来歴変遷についての仮説的説明である。つまりハンテ（ханты）

人の発音のｘが脱落してアンテ（анты）人となったこと、そしてそのアンテ（анты）人が七世紀から一〇世紀頃にかけて、黒海の北岸のドニエプル川、ドニエステル川あたりからウラル山脈方面へと移動して行ったという内容である。やや長いが引用する。

もしハンテ人が現在のマンシ語のхонт（部隊）に近似した関連語を自称として受け容れ、東ヨーロッパ域で、マンシ人よりもより西方の地に居住していたのだとするならば、西の方の隣人と南西方面の隣人（ギリシャ人、ローマ人）が、ハンテ人であり彼等と同盟関係にあるマンシ人と称しつつ、ハンテの名称をより広域で使用していたことになる。隣人たちによる言語取得過程で、хонт（部隊）に近似した発音をする際、口の開放と、原マンシ人の会話での唇音ａの発音の際のわずかな唇音ｏの動きによって、最初の摩擦音が脱落し、アント（ант）、アンテ（анты）の民族名称が固定化することとなった。

アンテ人、それは、オビ・ウゴール語の土壌において東ヨーロッパ的地名要素の語源説明を可能にする唯一の民族名である。もしスラヴ人に文献が現れる頃に、他の民族のほかハンテ人やマンシ人を含むユグラ人が、ウラル地域やその隣接の州にすでに居住していたのだとすれば、東ヨーロッパの中央部や南西部でのオビ・ウゴール語の痕跡は、紀元一〇世紀よりも早い時期に関わっていたものと言うことが出来る。

もし〝アントの名称が歴史上から永遠に消え去った〟紀元六三〇年の後のことだとすれば、七世紀から一〇世紀の間にオビ・ウゴール人の祖先たちはドニエプル川沿いあたりから沿ウラル地方（ウラル山脈の西側斜面）へと徐々に移動して行ったことになる。

東方への移動過程において、二重概念としてのアンテ人はその中間地において、様々な地域的な持続形態を取った。このことを説明するいささかの人名研究学の資料がある。

それらの資料を吟味すると、アント（ант）人、アンテ（анты）人の語義を次のように整理説明することが出来る。

一　アンテ人――言語と民族の種族的な特徴が様々である連合体が、紀元前七世紀初めまでヨーロッパに実在していた。

二　アンテ人――この連合体において民族を主導し、主体としてハンテ人を含み、部分的条件的にアンテ人という語が現れる民族名称。

三　アンテ人――ハンテ人と親戚関係にある他の民族で、言語の近似性によって一体化している著名な集団のマンシ人。彼等はハンテ人とともに専門用語の二重概念としてのアンテ人を理解する上での最たる協力者である。

四　アンテ人――これの他の民族で、オビ・ウゴールの祖先たちとは無関係な者たちがいる。それらの中でコーカサスのアンテ人が顕著な存在である。そのことをカバルディン（кабардин）人の民俗といささかの言語資料が説明してくれる。

以上が、アントという言葉の四つの意義と差異について整理したものである。

スラヴ人は長期にわたって二重概念としてのアンテ人と隣接して居住し、また相互作用をし合って来たが、スラヴ人とアンテ人とを同一視するような言語学的、歴史学的基盤はなにもない。

(二) 毛皮の豊富なロマンの地への進出

前（一）ではハンテ族、マンシ族の出自を追いかけて、ロシアの地から北欧、東欧へ、さらには紀元前のシュメールやまたギリシャ方面へと時代を遡って、これに関する従来の研究成果の資料の一端を紹介した。ここでは、ハンテ族、マンシ族の現在の居住地、ウラル山脈の東側のオビ川流域のユグラの地の一一世紀から今日に至るまでの来歴を述べる。その主たることは、ノヴゴロド人やモスクワ大公国、ロシア帝国といった、ウラル山脈の西側の商人や政治権力者たちの毛皮等の豊富な資源を求めての東遷の歩みであった。前述の自治管区のパンフレットから関係箇所を、以下に、世紀順別に（原資料には世紀別の記載はない）紹介する。

一一世紀

最初にシベリアにやって来たのはノヴゴロド人である。彼等のウゴールの地（オビ川下流左岸一帯と言われている）への探検隊の来訪が、一〇九六年の年代記に記されている。それ以来進取の気風に富んだノヴゴロド商人や沿岸部居住の商人たちがオビ川とタス川の低地帯にやって来た。

一二世紀

一二世紀にチュルク系の民族がシベリアに現れ、後に彼等からシベリア・タタール人が興った。ハンテ族、マンシ族、タタール遊牧民がオビ川、イルティシ川の広大な地域に優先的に居住していた。

一六世紀

一六世紀にロシアの探検家たちはウゴールハリシスカヤ・バイダルック湾、オビ湾やマンゴフスカヤ海経由の海路を開いた。クロテン、銀ギツネ、ビーバーその他の動物の毛皮を求めてロシア人は、〝石（ウラル山脈)〃の背後から柔らかな〃木材(毛皮)〃の包蔵地へと移動して行った。ウゴールの地は有名なエルマークの探検の後にモスクワ大公国に併合されることとなった。すなわちエルマークは、一五八二年の春にタタールのクチュム・ハーンをうち破り、イルティシ川に沿ってオスチャクやコンダ・ヴォグル人たちの住む北へと向かって航行し、王子のデミアンとサマールたちはその後オビ川にやって来て、オビ川の岸辺にモスクワ大公国の境界標を立てた。一五九二年にフョードル皇帝は〃偉大なるオビ川〃の地の最終的な開発のためにニキタ・トラカニヤトフ指揮官を派遣した。一五九三年にはベリョーゾヴァの町が建設され、一五九四年にスルグトの基礎が固められた。

一七世紀

ロシア人とこの地の先住民との間の交易の場所として、オビ川の北部に小さな町が出現した。その取引きの繁華な所には、馬を交換するための特別な宿駅が設けられ、それらは〃ヤム〃と呼ばれた。一六三七年には、イルティシ川の下流域のデミヤンスクとサマロフスクの二箇所に駅逓が置かれた。

一八世紀

一八世紀にサマロフスクのヤムの人口が増え、大きな集落サマロフが形成された(ここはオスチャク・ヴォグルと名付けられ、それが今日のハンテ・マンシスクである)。そこがサマロフスカヤ・ボロスト(小農村区)の中心地となった。

新政治体制が確立され、自然資源が最も豊富に存在するシベリアは、そこでの経済発展のために、一七〇八年にピョートルI世の布告によって、トボリスクを中心とした大きな州に再編された。しかし広大な領地を統治することの困難さから、一七一九年に五つの州に分割され、サマロフスク州がそのひとつとなった。

一九世紀

一九世紀の政府機構は定期的に再編され、サマロフスク州はベレゴフスク管区となった。

二〇世紀以降

一九三〇年一〇月一〇日付けの中央執行委員会布告によって、サマロフスクを中心地としたウラル地域のオスチャク・ヴォグル国家自治管区となった。

(中略)

第二次大戦後の自治管区の歴史は、国家の主要な燃料、エネルギー・コンビナート開発地としての歩みと言える。

一九五三年九月二一日、地質掘削調査において、巨大な噴出油井が突然発見されたが、これが当自治管区の生活と国全体の経済を変えることとなったのである。

一九六四年五月二三日、シャイムカ・グループ(現在のウライ地域)テレコゼルナ鉱床から、石油がタンカーに積み込まれ、初めて加工用としてオムスク石油加工プラントに送られた。

一九七七年、ハンテ・マンシスク国家管区は州所属の自治管区となった。

註

(1) Ханты

(2) Манси

(3) URA. RU 2015. 8. 19

(4) ハンテ・マンシスク自治管区発行資料 KHANTY-MANSIYSK AUTONOMOUS AREA

(5) 勉誠出版、二〇〇一刊

（6）KHANTY-MANSIYSK AUTONOMOUS AREA
（7）Посвящается Международному Фольклорному фестивалю Финно-угорских народов“ЮГРА-93”г. Ханты-Мансийск 八三頁：К.Д.Носилов,У вогулов ,М.,изд-во Суворина ,1904
（8）二〇一三年九月、カズィム村の資料館（архив）見学の折りの展示物
（9）註7と同著　五―一六頁
（10）註7に同じ　七九頁
（11）ウドムルト人の旧称
（12）コミ人の旧称
（13）紀元前六―二世紀に黒海、アゾフ海、ヴォルガ沿岸方面に居住していたイラン系遊牧民
（14）『世界大百科事典』（平凡社　一九八一）第三巻　二九三頁
（15）註10に同じ　九頁と一三頁
（16）註10に同じ　六二―七六頁　Иј КНИГИ *М.В.Фёдоловой* Славяне,мордова и анты,. 中の七六頁
（17）アント人とも言うが、それは四～七世紀に黒海北岸のドニエプル（Донепр）川とドニエステル（Донестр）川の間に居住していた東スラヴ種族
（18）Славяне,мордова и анты（Изд-во Волонежеого университета 1976 г.）
（19）前著　七五―七六頁

第一部　熊祭りと芸能

第一章　熊祭り

齋藤君子

一　オビ川流域の熊祭り

熊の崇拝と熊祭りはユーラシア大陸から北アメリカにかけての広大な地域に見られ、そこには熊にまつわるきわめて古い、共通する観念が流れている。一例を挙げれば、熊は人間の言葉を聞き取り、理解することができると考えられていて、狩りの支度をする段階から直接的表現を避け、熊を「山の爺」と言い換えるなど、寓意的表現を用いてきた。狩りの道具は煙でいぶして浄める、家に残っている者は狩りをしている間は大声を上げてはいけないなどといった決まりごとにも共通するものが多い。

その一方、熊祭りは地域や民族ごとに特異な発展をしてきた。たとえば、アムール川下流域、サハリン、そして北海道に居住するツングース諸民族やニヴフ、アイヌでは、捕ってきた子熊を檻に入れて飼育したものを祖霊の国へ送る。エニセイ川中流域のケトやエヴェンキの熊祭りは熊肉の共食と踊りが中心である。ケトの場合は生きている熊の代わりに木製の熊を送る。またケトには子供のいない夫婦が子熊を三年間飼育して森に放す習俗もある。オビ川流域のハンテ、マンシには後述するように、周期的に催される熊祭りがある。

北方のハンテの熊祭りについては第一部第二章で星野紘氏が現地での観察を基に詳細な記述をされている。ここではロシアの研究者たちの著述[1]に基づき、かつてハンテが催していた熊祭りの様子を紹介し、その意味を探り、口承の物語との関係性について考察する。

ハンテとマンシの人びとにとって熊は狩りの対象となる動物であると同時に、ポルというフラトリーのトーテムとして崇拝されてきた聖なる存在でもある。フラトリーとは古代ギリシャの部族制度における部族と氏族の中間に位置する集団のことである。熊を聖なる動物として敬う観念は彼らの世界観のすべてに深く根を下ろしている。オビ・ウゴールと呼ばれてきたハンテとマンシの人びとは熊祭りのことを〈熊遊び〉と呼ぶ。この祭りの本質は、自分たちの祖先の霊であり、神聖な動物として崇める熊を自分たちの集落へ招き、最大のおもてなしをした後、祖霊の国へ手厚く送り返すことにある。彼らは熊の霊魂の前で幾晩にもわたって歌や寸劇を披露し、神話の時代を再現してみせ、共に楽しむのである。〈熊遊び〉には狩りで熊を仕留めたときにおこなわれる偶発的なものと、周期的におこなわれる歳時儀礼的なものがある。

二　偶発的熊祭り

熊狩りは熊が巣穴に入っているときにおこなわれるのが通例である。タイガで偶然遭遇した熊を狩ることはめったにない。猟師は熊が入っている巣穴を見つけると、入口に棒を二本立てて熊が逃げないようにしておき、猟師小屋の仲間たちのところへ引き返す。このとき、「熊を見つけた」とは言わず、比喩的表現を用いて伝える。翌日、猟師たちは巣穴へ行き、棒を突っ込んで眠っている熊をいらだたせ、眠りを覚ます。そして「爺さん、出てきな！」と叫んで誘い出し、熊が巣穴から飛び出してきたところを弓矢か銃で仕留める。眠っている熊を殺してはいけない。このとき、猟師たちはそれが熊ではなく、たまたま出会った弟であるかのごとく装う。これを五回（雌熊の場合は四回）繰り返したあと、強力な敵を倒した喜びを表して踊り、冬であれば雪を投げ合い、夏であれば水を掛け合う。こうして満足するまで遊ぶと、頭と四肢が付いた状態で熊の毛皮を剝ぐ。まず毛皮に五か所（雌の場合は四か所）切れ目を入れ、「さあ、お爺さん、毛皮のコートを脱ぎましょう」と言い、まるでコートの紐を解いて服を脱がせるようにして、皮を剝ぐ。それが済むと、熊を台座、ないしは揺り籠に乗せ、両手を前に伸ばしてその間に頭を入れ、うつぶせの姿勢で眠っているような恰好にする。これを冬は橇《そり》で、夏はボートで集落まで運ぶ。

猟師たちは熊の歌をうたいながら帰り、カラスの鳴きまねをして、熊を殺した罪をカラスに着せる。集落に近づくと声を揃えて大声で「熊を仕留めたぞ！」と叫ぶ。

これを合図に集落では熊を出迎える支度をする。近隣の集落へも知らせを送り、人びとが祭りの場に集まってくる。熊が集落に到着すると、砲弾を撃って賓客として出迎え、猟師たちに水か雪を浴びせて浄める。祭りの場は熊を発見した猟師の家である。熊を家へ運び入れる際は戸口からではなく、窓や煙穴を通す。運び出すときも同じである。同様のことはハンテやマンシに限らず、サーメ、エヴェンキ、ニヴフ、オロチなどでも見られる。頭と手足の付いた熊の毛皮はこのようにして祭場に運び込まれ、上座に安置される。

このあと、熊の頭に飾り付けをする。帽子かスカーフを頭に乗せてやり、爪の上にリングを置き、目の上には白樺皮を丸く切ったものかコイン、あるいは留め金を置く。そして小麦粉を練って、熊の好きなトナカイ、キノコ、マツボックリ、草などを作り、熊に供える。かつて熊は人間だったので、パンやタバコも供える。このあと熊に向かって、「おまえを殺したのは矢だ！」、あるいは「ロシア人の砲弾だ！」などと告げ、「どうか森の中で女たちをおどさないでくれ」と頼む。隣の家では演者が被るマスクを男たちが白樺皮や木で作る。

ヴァフ川流域では熊が安置されると熊の頭を持ち上げ、その熊が死んだ親類のうちのだれなのかを占う。見当をつけた名前を言って持ち上げてみて軽ければ、熊になって遊びにきてくれたのはその人とわかる。

宴は夕方近くにはじまる。かつては祖霊を熊祭りの場に招き入れる前に、その場をサルノコシカケの一種であるチャーガ（和名は樺孔茸）の煙でいぶして浄めた。それが済むと、「今、祖霊のなにがしがわたしたちのところへ来ます」と告げ、精霊を招くメロディを楽器で奏で、精霊を招く言葉がある場合は楽器に合わせてレチタチーヴォ（歌うように語る形式）で吟唱した。かつては毎晩、仮面劇の前に絹の長上着を着、先のとがった帽子をかぶった五人ないしは四人の男が熊の前に立ち、小指と小指をつなぎ、腕を前後に振りながら熊の歌をうたった。

出し物は熊の天上における生活と地上における行為を物語る歌からはじまった。朝は熊を起こす歌と讃える歌をうたった。演者はマスクを付けた男たちだけで、女役を演じるときは自分の服の上に女の衣装を身に着けた。臆病な猟師、失敗した求婚、ウワミズザクラの実を食べ過ぎた人、役人との衝突など、ハンテの日常生活を題材にした演目がいくつも演じられた。その際、出し物が自分に関するものであってもけっして怒ってはならず、みんなといっしょに笑いこけた。

笑いが熊祭りの重要な要素になっていること、熊祭りの出し物にセクシャルな内容のものが多いことは注目すべき特徴である。マンシの熊祭りでは、最終日の早朝、両手に墨を塗った若者たちが家々を回り、熊祭りの期間中に眠ってしまった人を探し歩く。眠った人がなにも知らずに家の中から出てきたところを待ち受け、顔に墨を塗りたくって大笑いする。塗られた人は怒ってはいけない。いっしょに大笑いするのが掟である。そこに働いている原理は、おそらく、世界のさまざまな民族の葬礼に笑いの要素が含まれていることと同じだろう。笑いには死者の霊魂を再生させる力があると考えられていたのである。

歌と寸劇の合間には音楽に合わせて踊りをおどったり、狩りに関する占いをしたりした。「熊の歌」は年配の男性が独特な形式の一人称でうたう。若い男や女がこれをうたうことはタブーとされていた。熊の前に三人の男が立つ。中央が歌い手で両脇は助手である。彼らは鮮やかな彩りの晴れ着を着、頭には必ずスカーフか帽子をかぶる。歌い手と助手は煙で浄められたあと、熊にうやうやしく頭を下げ、小指を結びあい、楽器の伴奏なしでうたいだす。「熊の歌」には運んでくる歌、家の中へ迎え入れる歌、起こす歌、運び出す歌があり、内容は雌熊による最初のモシの女の出産（二〇二頁の昔話「モシの女」を参照）、雄熊によるタブーの侵犯と人間による処罰、人間によるタブーの侵犯と熊による処罰などである。

踊りには女たちも加わったが、マスクは付けず、スカーフで顔を覆っておどった。祭りを仕切る長老たちは演目ごとに木の棒に線を刻み、うたわれた歌の数をかぞえた。

熊祭りを催す目的は熊を殺害した猟師と熊の霊魂とを和解させ、熊の霊魂をもてなし楽しませたうえで、祖霊の国へ送って再生させることにある。したがって、熊の目の上にコインをのせるなど、人間の葬儀と共通する要素が見られる。また、熊の歌を一人称でうたうことによって、遠い過去の出来事があたかも今まさに眼前で繰り広げられているかのような雰囲気が作り出される。熊祭りの場でこの歌がうたわれることは、人間が熊の超自然的本質を知りつくしていることを示すことでもあった。

歳時儀礼としての熊祭りにおいても、もっとも重要なのは最後の晩である。歌をうたって熊の物語を語り終えると、もっとも位が高い祖先とされているカルタシ、ミル・ススネ・フムなどが登場する。すべての出し物が終わるのは明け方である。儀礼が一通り終了すると、熊の頭を聖なる斎壇へ運び、木に掛ける。祭りで使用した白樺皮のマスクや杖などもそこに置く。

熊の肉は祭場から運び出し、男たちだけで煮る。E・I・ロムバンデーエヴァによると、マンシの熊祭りでは祭りが終わると、二つの大鍋で熊の肉を大きな塊のまま煮る。熊の肉に関してはさまざまなタブーがあり、細かく切ることは禁じられていた。煮るのは必ず戸外でなければならず、これに携わるのは男だけである。一つの鍋で熊の左半分の肉を煮て、それを男たちが食べ、もう一つの鍋で心臓がない右半分の肉を煮て、それを女たちが食べる。頭、手足、心臓は男たちが森の中で煮て食べる。熊の肉を噛むときは肉のかけらを床に落とさないよう、口を閉じて噛まなければならない。噛まずに呑み込まなければならないとするところもある。熊の肉を食べながら、ときどきカラスの鳴きまねをするともいう。

生理中の女性は熊祭りの場に足を踏み入れることも、熊の肉に手を触れることも許されない。肉を食べたあとに残った骨はまとめて袋に入れて湖に投じる。そうするとフナが大きく育つと言われている。

ここで想起するのは、ニヴフの熊祭りにおける熊の肉に関するクレイノヴィチの記述である。[2] それによると、賓客として招かれてきている娘婿や妻の父親（他の氏族に属する）が祭りで重要な役割を演じ、熊の肉のほとんどは彼らに渡される。祭りを主催する側の人間は「身内の熊」を食べてはならない。食べることが許されているのは他の氏族が仕留めた熊だけである。ニヴフの熊祭りでは矢を放って熊を殺すのも、熊の肉を切って煮るのも、タブーとされている部位を食べるのも、すべて彼らである。サハリンのニヴフはさらに徹底していて、熊の肉すべてを娘婿や妻の父親など、他氏族の人間に与えてしまう。極東のニヴフの熊祭りが氏族的性格の祭りであることは、ハンテ・マンシの熊祭りにトーテミズムの名残が見られることと符合する。

熊祭りが終わったあとの熊の頭骨の保管方法について、我々は二〇一三年のカズィム村における調査の際、タチヤーナ・モルダーノヴァから次のような説明を聞いた。

「二つのヴァージョンがあります。昔は熊の頭骨を家の屋根裏部屋に運んで保管しました。今でもそこに保管することがあります。これが第一のヴァージョン。第二のヴァージョンは、男たちが熊の頭骨を遊ばせてから、男たちみんなで森へ行き、肉を食べてきれいにします。そして残った頭骨を森の中の特別な木に掛けます。アンドレイ・アレクサンドロヴィチのところでは頭骨が三三個、木に掛けられています。そこは清浄な場所なので、女は行ってはいけません。骨の扱いは頭骨とはまったく別です。骨を折ることはタブーとされています（折らずに関節ではずして解体する――齋藤）。骨をすべて集めて湖に投げ入れます。すると、この骨からまた仔熊が出現するのです」。

三　周期的熊祭り

周期的に開催される熊祭りはハンテの場合、ポルというフラトリーの中心地である〈聖なる町〉ヴェジャカルの公共の家で行われるもので、七年間繰り返し開催されたあと、次の七年間は休止することに決まっている。開催期間は一二月末の冬至から春分までである。最初は四夜連続して催され、一月と二月は五日間から七日間休んでは一夜、ないしは二夜開催する。三月になると七夜連続して開催し、満月の前夜に終わる。ゾーヤ・ソコローヴァによると、周期的な熊祭りがソビエト時代に最後に開催された一九六五年は三月二〇日に終了したという(3)。

祭りの期間中、口承文芸にとってもっとも興味深いのは最初の四晩で、熊の歌や説話、滑稽な寸劇、祖先の踊りなどが続く。祭りの最終局面では森の精霊メンクヴたちが贖罪用の供物をもらいに現れ、男女を象った木の人形を聖なる場所へ運んで焼く。最後に祭りで使った道具を儀式用の物置に納め、これをもって熊祭りはすべて終了する。

V・N・チェルネツォフは、周期的に催される、歳時儀礼としての性格を持つ熊祭りの方が古く、熊を仕留めたときに行われる熊祭りはこれを簡略化したものとみなしている[4]。

周期的に催される熊祭りは本来、熊を祖先とするポルのフラトリーの儀礼として行われていたが、一九世紀末以降徐々に地域全体の祭りへと変化していった。熊は聖なる動物であり、「熊語」は五〇〇を数える。そのうちの一三二は熊を表す言葉である。二〇世紀初頭のコンダ川流域ではまだ熊を殺すこと、熊の肉をナイフで切ること、食べることをタブーとしていた。イルティシ川のハンテと南のマンシには熊の肉を噛むタブーがあり、呑み込まなければならないとされている。これは熊の肉を食べることを禁じていた古い習俗の名残なのかもしれない。熊の毛皮も神聖なものとされていて、これを加工することも売ることも禁じられていた。また、熊以外のすべての動物を支配下に置いている森の精霊にとっても熊は例外的な動物であるらしく、熊は森の精霊の支配下にはない。

ハンテ・マンシの女性は夫の親類にあたる年長の男性の前では顔をスカーフで覆い隠す習わしがあるが、それと同様、熊に対しても女性は顔を見せてはならないとされてきた。これも古くから続いてきたトーテミズム的観念の名残だろう。この慣習がごく最近まで根強く生きていたことを証明する、たいへんおもしろいエピソードがある。Z・P・ソコローヴァがシシェクリヤという集落でインフォーマントの男性から聞いた話である。彼が家に帰ると、妻の親戚の女性が来ていた。その女性はスカーフを持っていなかったのであわててしまい、下着を身に着けていなかったにもかかわらず、スカートの裾を持ち上げて顔を隠したというのである。[5]

すでに述べたように、北方のハンテ・マンシのすべてが熊祭りを催したわけではなく、ポルのフラトリーに属している者だけだった。[6] かつてモシの人たちだけが住んでいたシェクリヤでは、熊を仕留めたときの熊祭りもなければ、定期的な熊祭りもなかった。ところが二〇世紀に入って住民構成が急激に変化し、他地域の住民たちが流入してきた。その中にポルのフラトリーに属する人たちがいて、熊祭りを催すようになった。ただし、ここでは熊祭りをするのは熊を仕留めたときだけで、歳時儀礼としての熊祭りはない。

東方のハンテにも熊祭りはない。それに代わるのはヘラジカ祭りである。[7] オビ川上流の支流のひとつ、ヴァシュガン川流域ではかつて毎年ヘラジカ祭りが催されていた。開催時期は川や湖が解氷するときか初夏である。この地方ではヘラジカは豊穣のシンボルとされていた。猟師たちはヘラジカ祭りにそなえ、仕留めたヘラジカの特定の部位（目、腎臓、肝臓など）をすべて保存しておく。この祭りに欠かせないのは仕留めて間がない一頭のヘラジカである。成人男子だけで湖に舟を漕ぎだして岬へ行き、そこに大鍋を置いてヘラジカの肉を煮る。そして細かく切った肉片と煮汁を七つの方角へ撒き、さまざまな精霊たちにごちそうする。それが済むとみんなでヘラジカの肉を食べるが、これにはさまざまなタブーが伴う。肉に塩を振ること、鉄製のフォークを使うことは禁じられ、骨髄は生で食べなければならない。これらのタブーを破ると、ヘラジカたちが猟師たちを恨み、猟師たちと出くわさないようにしたり、弾を避けたりするようになるという。ヘラジカ猟で獲物に恵まれるためには、白い石でヘラジカの像を作り、これに贈り物をすることも重要だった。この石のヘラジカは、あたかも地下界から出現し、川岸にやってきたかのごとく扱われた。

ハンテ・マンシの熊祭りはイラン文化の影響を受けているとするチェルネツォフの指摘は興味深い。[8] 祭りの場で演じられる寸劇、人形、演者の衣装などにイラン的な要素が認められるというのである。V・N・トポロフはマンシの神話に登場するトルムの末息子ミル・ススネ・フムをイランのミトラ神と同一視している。[9] ミル・ススネ・フムが白馬に乗っていること、メンクヴのマスクに馬の尻尾が付いていること、髭を生やしたマスクがあること（髭はウゴール民族の特徴ではない）、刀剣を持って踊る演目があることなどは南の遊牧民文化の影響と考えられる。

タイガで暮らす人びとにとって、熊祭りは最大の娯楽であると同時に、仕事に必要な知識と勇気を学び、モラルを養う学校でもあった。大きな獲物が捕れたことを喜びあい、猟師の勇敢さを讃え、熊と人間が祖先を同じくすることを確認しあった。熊祭りでへとへとになるまで踊った人たちは身も心も軽やかになり、再び自分の仕事に意欲的に取り掛かることができた。娯楽の乏しかった時代には、熊祭りはエネルギー発散の場でもあった。

註

（1）*Чернецов В. Н.* Периодические обряды и церемонии у обских угров, связанные с медведем. Congressus Secundus Internationalis Gennno-ugristarum/ Pars. 2. Budapest, 1965: *Соколова З. П.* Пережитки религиозных верований у обских угров.//Религиозные представления и обряды народов Сибири в 19 в.—начале 20 века. Л., 1971: *Кулемзин В. М., Лукина Н. В.* Васюганско-ваховские ханты в конце 19 — начале 20 вв. Этнографические очерки. Томск, 1977: *Кулемзин В. М., Лукина Н. В.* Знакомьтесь. Ханты. Новосибирск, 1992: *Ромбандеева Е. И.* История народа манси (вогулов) и его духовная культура. Г. Сургут, 1993: *Соколова З. П.* Культ медведя и медвежий праздник в мировоззрении и культуре народов Сибири.//Этнографическое обозрение. 2002 г., №1:

Соколова З. П. Северные ханты (Полевые дневники). М., 2011
（2）*Крейнович Е. А.* О культе медведя нивхов.//Страны и народы Востока. Вып. 24, М., 1982
（3）*Соколова З. П.* 1971, стр. 215
（4）*Чернецов В. Н.* Вогульские сказки. Сборник фольклора народа манси (вогулов). Л., 1935
（5）*Соколова З. П.* 1971, стр. 212
（6）*Соколова З. П.* 1971, стр. 226
（7）*Кулемзин В. М.,* Лукина Н. В. 1977, стр. 167
（8）*Чернецов В. Н.* К вопросу о проникновении восточного серебра в Приобье.//Памяти Д. Н. Анучина (ТИЭ, Нов. Сер. Т.1). М., 1947, стр. 116
（9）*Топоров В. Н.* Об иранском влиянии в мифологии народов Сибири в Центральной Азии.//Кавказ и Средняя Азия в древности и средневековье. М., 1981

第二章　ハンテ族の熊祭りの歌・寸劇・踊り

星野　紘

一　西シベリアのオビ川流域のタイガ、ツンドラの大地

一九九八年の一二月に西シベリアのオビ川中流域でハンテ人の熊祭りを見学した。それは、雪や氷で覆われたシベリアにも中国やインドをはじめとしたアジアの国々で見受けられる祭りの芸能（民俗芸能）と同様のものがあるにちがいないという思いに始まっていた。その二年前に手にしたロシアの出版物のカラー写真で、白樺の皮で作った簡便な仮面をかけてなにやら演じているのを見かけて、どうしてもその祭りの現場に行って見たいものだと思った。縁あってそれが実現したのであったが、実際にその現場に立ち会って驚いたことには、そこはまさに芸能の宝庫であった。このことを知っている日本人はまずいないと思われるので、その豊かな芸能をここに報告したい[1]。

一五年ぶりに二〇一三年の五月と九月に、知己である現地の研究者のチモフェイ・モルダノフ（一九九八年当時、オビ・ウゴール民族復興学術調査研究所研究員）と彼の奥さんのタチアーナ・モルダノヴァ（現在、同上研究所研究員）達の案内で、ハンテ・マンシスク市とカズィム村を訪問し、調査をした。タイガ、ツ

ンドラの大地、そこに住むハンテ人のトナカイ放牧、森での狩猟、河川流域での漁撈などの生活振りの一端に触れて、あらためて我々アジアの農耕地帯住民の生活や自然環境との違いを感じないわけにはいかなかった。もっともここでも、我々の所と同じグローバル化した世界の風景があった。当地方の天然ガスや石油資源を開発しているロシアの大企業が、森のど真ん中に町を建造したり、立派な舗装道路を敷設していたし、村役場の行政のトップと面会したら、少数民族の伝統文化資源を元手《もとで》になんとか観光客を呼び込みたいと言っていた。

九月に行った時には、我々の一行四人は、口承文芸担当二人、狩猟漁撈習俗担当一人、熊祭り担当一人の三班に分かれて調査を実施した。一人でトナカイの野営地への一泊二日の小調査行を行った赤羽正春の報告を聞くと艱難辛苦を強いられたとのことだった。股の下まであるゴム長靴を着して目的地に向かったが、野営地に到着するまでの湿地帯は膝まで地面に埋まり、片道三時間くらい、案内役のハンテ人の足跡を逐一たどらねばならなかったという。大河オビの中流域一帯は、その支流や沼、湖が散在する大湿地帯なのである。そのような湿地では死したトナカイの白骨体に遭遇したという。タイガの森林地帯は獣、鳥類がきわめて豊富である。動物捕獲の仕掛け罠が野外博物館に展示してあったが、熊用、大鹿用、穴熊用、クロテン・リス用、カワウソ用等々大小何種類かのものが、各々別用のカラクリ仕掛けが組み込まれて森の中に設置してあった。漁業も盛んで、筌《うけ》も大小いろいろとあるようであったが、数メートルもあるカワカマス捕獲の釣り針は五、六センチもある大きいものだった。先述のようにここは河川、湖沼地帯なので、魚類は簡単に捕獲できて、最も簡単にありつける食料源であると見てとれた（つまり彼等は狩猟民なのだが、動物を捕獲してそれを得るよりも）とは、赤羽の言《げん》であった。

二　豊富な熊祭りの芸能

一九九八年の熊祭りは、オビ川中流域から東の方へ支流カズィム川が流れているが、その分岐点あたりに建造されたベロヤルスク市の空港からヘリコプターで、東の方に一八〇キロ飛んだところのシュンユガンという雪原の野営地で、四日間にわたって行われた。一番寒い季節の一二月二〇日から二三日までで、零下五〇度近いタイガの平原にチュムという天幕小屋を二張りも建てて、野営地の小屋と合わせて三棟の建物の中に約六〇名のハンテ人が参集宿泊して執り行われたのだ。設備らしいものは何もない所で、ヘリコプターで人間と一緒に自家発電機、暖房用ストーブ、食料品その他滞在期間中の全ての必需品を持ち運んで開催された。一番近い村はそこから三〇キロ離れた所にあるユーリスクで、万一病人が出たりした場合のために、無線レシーバーが用意されていた。一二月一九日そこへ到着した日は、チュム建て作業や薪集めなど、その後の雪原での数日間の生活の場作りがなされた。

その翌日から熊祭りが始まったが、日照時間が大変短く、朝は一一時頃に日が昇り、午後三時頃には暗くなり始めた。オーロラの雲の走るのが見える夜もあった。ともかく四日（夜）間のうちに合計九五演目もの多数の歌、寸劇、精霊の踊りがくり広げられた。それらの中から主だったものの概要を以下に紹介したい。各演目の説明はチモフェイ・モルダノフが私のためにロシア語で書いてくれた原稿が手元にあるので、それを日本語訳する。順次それらを芸能の種類別に分けて、はじめに種類別の解説を加え、そしてそれぞれの演目ごとの概要を記すことにする。

その前に、総体的な、この折りの芸能に対する私の第一印象を記しておきたい。それは総じて日本の能や狂言に近いという感じのものであった。こんな遠隔地に日本の伝統芸能的なものが存在するなんて、まるでロシアに現れた日本の蜃気楼を見ているような思いであった。一つにはそれは精霊の登場する演目が多かったことによる。能では、里の女、あるいは所の者（男）などがいつのまにかスーッと現れ、実はそれが今は亡き主人公の霊であって、その霊が後に生前の姿に変身して再度登場し、恋や戦いの悲劇的な事件などに遭遇しての葛藤にさいなまされ、それを見せるのである（能ではこの形式の演目を夢《む》幻能《げんのう》と呼んでいる）。熊祭りの精霊の演目には、この能の曲のような複雑なストーリー展開を見せるものではないものの、能の曲の場合と同様に、現代人からすると目に見えない精霊が色々と登場して活躍をする。しかも第四夜目の終末部に登場する神霊達は、祈り手という精霊とは別の役の者が事前に登場して、彼の呼び込みによって神霊が舞台に登場して来る。つまりこれは、日本の能におけるワキ役そっくりの存在と思えたのだ。他方、九五演目の半数近くは、演者が仮面（白樺の皮で作ったごく簡単なもの）をかけて登場し、滑稽なやりとりを演じるもので、こちらは日本の中世の狂言を彷彿とさせるものであった。

（一）熊への応対と熊自身の歌

当該熊祭りにおいては、熊は森で殺害され、頭と四肢ばかりの毛皮のぬいぐるみ状態にされ、それが橇《そり》に乗せられて何ヶ所かの聖地廻りをした後に、野営地の小屋に運び入れられて祭りの次第が始まったが、まず最初に熊が小屋入りする次第がある。家の主は斧を手にして扉の所に立ち、その家への運び込みを拒絶する。それは熊が何か悪いことをするのではないかと怖れられているからである。しかしそれが四回繰り返された後に入室が許可される。その時人々は熊に向かって雪を投げつける。

No.1「熊の家の中への運び込み」

この家の主のピョートル・イワノヴィッチ・センゲポフ（熊の父親役となる）は、斧を手に持ち、森のお客さんを迎える準備をしている。外で叫び声がする。二人の男が扉の方へ熊を運んでくる。家主は斧を手にして扉の傍に立ち、熊を家の中に入れさせない。「入るな、入るな」、と扉の上に斧で刻みを打つ。おそらくそれ（熊）が我々に何かよくないことをしようとたくらんで、家に入れろと言っているのだと言う。祭りの参加者達も言う。「そうだ、当然だ、何かよくないことをしようというんだ、だから我々はこんなに沢山集まっているんだ」と。

外で再び騒ぐ声、叫ぶ声が聞こえる。ピョートル・イワノヴィッチ・センゲポフは再び扉の上に斧をかまえる。「入るな、入るな、我々は怖いんだ！」しかし四度目になって熊を家に入れる。このことから、これは霊魂を四つ持った雌熊だと解る。もしそれが雄であれば五度目に熊を入れる。

熊を家の中の前方の隅に据え置き、それに飾り付けをする。家主は二人のオルトフ役（祭りの進行役）を熊にうかがいをたてて選ぶ。オルトフとはロシア語で〝料理人〟ということである。彼等は適宜熊の前に新鮮な食べ物をお供えしなければならない。さらに彼等の任務としては祭りの次第進行を司り、演者の衣装を付けてやることだ。

祭壇に安置された熊はスカーフで覆われている。殺害された時からそうなのだが、彼は赤ん坊と見なされ、この家の主人がその父親役、奥さんが母親役となっている。毎日（夜）熊祭りを始めるに先立って、熊のスカーフをめくり、目を覚ましなさいという呼びかけの歌をかける。その歌は以下のようである。

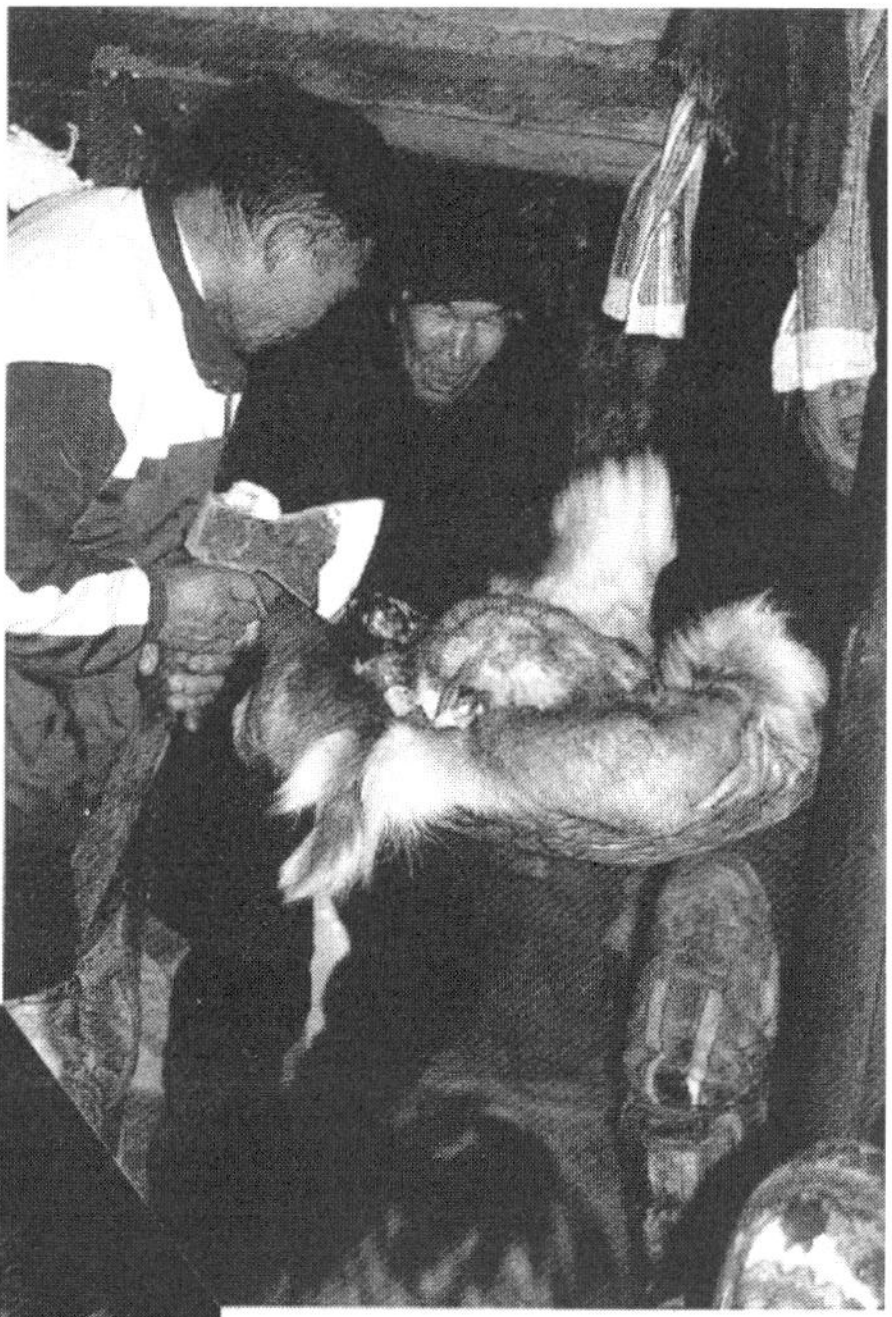

熊の屋内（狩猟小屋）への迎え入れ

雪つぶてを投げつけまわる男

No.2「熊を目覚まさせる歌」

歌い手は熊に向かって歌う。

〽〝あんたが森で暮らしていた時にはいつも早起きをしていたが、今はいつまでも高枕をしているね、ごらん！　沢山の雌黒テン、沢山の雌黒テンが集まっているよ。森の獣よ目をさましなさい、目を覚ますんだ！　あんたの妹のケードル（松の一種）はとっくに起きているよ、とっくに目を覚ましているよ、森の獣よ目を覚ましなさい、目を覚ますんだ！　あんたの妹のウサギはとっくに目を覚まして、野バラ沿いのキノコの所を、低木のキノコの所を走りまわっているよ、獣よ目を覚ましなさい、目を覚ますんだ！あんたの妹のキツネはとっくに目を覚まして、沢山の湖を走りまわっているよ、獣よ目を覚ましなさい、目を覚ますんだ！　お嬢さん（獣）よ目を覚ましなさい、目を覚ましなさい（〝お嬢さん（獣）〟と呼びかけて熊に向かう）。あんたの兄弟のアナグマはとっくに目を覚ました、タイガの森をとっくに走りまわったよ。家の隅にやって来たハンテ人たちを迎えて、目を覚ましなさい、目を覚ますんだ！〟（この歌の後、雌熊を持ちあげて目覚めさせ、熊にかぶせてあったスカーフを取り去る。熊を殺してからは毎日この歌をうたいかける）。

そして、四夜ともその日に予定された演目を終了すると、今度は次のような〝熊さんお休みなさい！〟といった趣旨の歌をうたいかける。

No.19「夕べの歌あるいは熊を眠らせる歌」

次のように歌う。

〽〝あんたが森で暮らしていた時には早く横になって眠った。今はどうして眠らないの？　あんたの妹のケードルは全てのことをやり終えて眠りに落ちた。あんたの妹のウサギはとっくに眠った、枝の多い木の所でぐっすり寝ている。熊よ聞きなさい、今まではしゃいでいた女の子達の、いとしい家も静かになった（つまり熊祭りの第一夜目が終わった）、腹に贅肉のついた男の子（太鼓腹）も沢山やって来たのだが、もう去ってしまった。お嬢さん熊よ、横になって眠る夜がもうとっくにやって来たんだよ〃（熊の頭をスカーフで覆ってやり、熊は眠りに着く）（この歌は毎夜歌われる）。

ここで順番を前にもどし、№２の熊の目覚ましの歌が終わると、熊の歌（今回の祭りの対象として家に入れられた熊と、そのほかの熊の、自らを叙す一人称語りの歌）が、毎日プログラムの最初の方で数番歌われる。ここではその中から三番だけを次に紹介する。この種の熊の歌は、三人、五人、七人の奇数の者が互いに小指を結びあって手を振りながら演ずるが、熊の歌を歌い語るのは中央の者一人だけである。最初に、第一夜目の一番目に歌われる熊の歌（№４）を紹介するが、これは天界の主（創世神ヌミ・トルム）が、息子（熊）が天上から地上界に降りることを許可することから始まる天界からの熊の誕生譚である。続いて今回の熊祭りの対象となった熊に対する歌（№５）、そしてウラル山脈の傍の地で捕獲された熊の歌（№32）を紹介する。

№４「熊が天から降りる神話の歌」（熊の歌）

熊は天の父親ヌミ・トルム（ハンテ族の天上界の創世神）の所に住んでいる。〝〃金色の風の水が流れている〃トルムの所だ。たよりない脚をした小いさな獣、たよりない手をした小いさな獣。トルム父さんは毎日狩に出て行く。息子は一人で留守をする。父は彼が〝〃黒テンの毛皮が敷きつめられた巣〃から降り

熊の歌を歌っている場面

ることを禁じている。息子はいうことを聞かない。彼が下方へ降りてみると思いがけなくも天の路面が突き破れた。下界を見て彼は歌う、〽〝緑のラシャが敷きつめられた大地、黄色いラシャが敷きつめられた大地〟息子は下界へ降りることを願い出る。父親は許さない。父は息子に、地上は天上から見るほど良い所ではないと言う。息子は固執する。三度目にようやく父親は彼を降ろしてやることとした。父は鍛冶屋に息子のために鉄製の揺り籠を準備させて下へ降ろしてやる。降ろす直前に父は、地上でどう振る舞うべきかについて教えさとす。決してトナカイの群れに手をつけてはならないし、納屋を壊してはならないと言う。熊はそれに同意する。しかし地上に降りてみると、彼は寒さと飢えとブヨとに襲われ、父親の忠告をすっかり忘れてしまう。人の群れ、建物、墓を壊してしまう。この時大地の母が現れ、父親が彼に戒めとして述べていたことを思い出させるとともに、天上界の報復を予告する。この時、犬の泣き声が聞こえ、熊の巣穴にハンテ人がやって来る。熊は死ぬ運命となっていて、もしハンテ人と出会えばその熊は殺害されねばならないのだ。これがトルムの意志なのだ。

次に、いくつか歌われた熊の歌のうち、一九九八年一二月に行われた祭りの折りに殺害された熊に対するものを紹介する。ここに叙されているように、熊が生まれ育ってから餌を求めて、森や河川、湖沼の大地を駆け巡ったその生涯が歌い語られている。この間夏には蚊や虻に悩まされ、秋には木イチゴや木の実で腹一杯となり、雪が降り出す頃には巣穴で冬眠する。こういった年月を何年間か繰り返しての後、当年の冬に猟師に捕えられて殺害され、そしてここに自分の熊祭りが執り行われるに至った。そういう、いわばこの熊の一生が語られるのだ。一般に熊の歌の内容とはこんなふうになっているのだ。この歌の場合には延々と六時間にわたってそれが歌い続けられた。この種の熊の歌を聞いていたハンテの一婦人が涙を浮かべている場面もあった。筆者は歌の文句が解らず、具体的にどうしてそうなったのか確かめられなかったが、歌舞伎の愁嘆場《しゅうたんば》に涙する我々日本人に劣らないようなものがあるかも知れないと思った。現地の研究者の解説によると、熊の歌を聞くことはハンテ人にとっては地理の勉強となる大変有益なものであるとのこと。大地を駆け巡った熊でなければ解らない地理スポットがあって、それがこの熊の歌を聞くことによって勉強出来るのだという。少なくともそういった魅力のある歌ということのようだ。

№5「シュンユガンの熊の歌」（熊の歌）

熊が小川のキノコ沿いにやって来る。強い風が吹き始める。その後風が和らぎ、蚊が黒雲となって熊を襲い苦しめる。熊は開けたツンドラの方へと出て行く。木イチゴ（これには熊が舌鼓を打つ）が一面に生えている。熊は〝木イチゴを集める〟〝背中に脂肪がつき、胸に脂肪がつく。秋がやって来、熊は針葉樹林の方に向かう。コケモモの実が熟した〟熊は〝自分の満ち足りないクゾボク、満ち足りないナビシュカを一杯にする〟（〝クゾボク〟〝ナビシュカ〟とは熊の胃袋の隠語である）。

北風が吹いて来た。熊はシュンユガン川（カズィム川の下流に向かって左側の支流）の鬣《たてがみ》状の地形となった所へと出て行く。小雪が降り出して地上を覆う。熊は場所を探して巣穴作りをする。冬になって犬の泣き声が聞こえる。テイルム・シル・ヨーク氏族の男が巣穴の所へやって来る。慣例にしたがい熊の胴体を解体し、火を起して料理の準備をする。全ての精霊達を呼び集める。そして熊を野営地に運ぶ。次の日、聖なる場所（全部で九ヶ所）へ熊を連れまわす。ユーリスクの古い村で夜を過ごす。重要な聖なる場所であり、ここでは〝おばあさんのホレイ〟（ホレイとはトナカイを御する長い棒のことである）と呼ばれる所だ。熊のために、カズィムの女神がやって来る時は、この場所にホレイを置くことについて歌われる。それは松の幹から生えた白樺である（このような樹木は実際に存在している）。ユーリスクの村の守護霊に、そして全ての精霊に祈りをささげ、生贄を供える儀礼を執り行う。参列者の年配の女性が次のように言う、「森のお嬢さん熊さんよ、あなたは家の中に据え置かれて踊りや歌が行われることになるでしょうよ」。それから熊は、マルンク・ベリの野営地に運ばれて、家の中に入れられ、熊祭りが行われるが、その過程で熊の霊魂の一つが天に送られ、そのほかはテイルム・シル・ヨーク氏族の人々の守護霊として残る。

No.32「石の背中」（石の背中とはウラル山脈の傍の所）（熊の歌）

冬に熊は巣穴で眠る。彼は冬の間長いこと横たわっている。片方の耳から強い風が吹き始めたことが聞こえて来る。巣穴から出て行く。身を動かして脚のこり、しびれをほぐす。夏がやって来る。蚊が狂ったように襲って来る。熊はタイガを歩いて、それから森が鬣《たてがみ》状となった所へと行く。小川を横切ると、穀物置き場が見え、そこへ立ち寄る。そこはヴォグルカ川の傍で、ここにヌミ・トルム（天上の神）の聖なる場所がある。穀物倉庫に座っていると、トナカイに乗った人々がやって来るのが聞こえる。でも彼等は熊には手を出さない。それから熊は別の聖なる場所に行くが、そこはシェクリヤ川だ。再び穀物倉庫に座っていると、人々がやって来るが、やはり熊には手を出さない。熊はもうひとつの川を横切る。それはシニヤ川だ。聖なる場所を見つけ、穀物倉庫に座っていると、人々がやって来て熊を殺す。野営地に運んで行く。皆が集まり、家では熊祭りの準備が行われる。が、シェクリヤ川の男が病気になったので人々はシャーマンを呼んだ。シャーマンが言うには、熊はシェクリヤで殺してほしかったのだと言う。そこで皆は熊とともにその聖なる場所へと向かい、生贄を供える儀礼を執り行ってもどって来た。するとヴォグルカ川の男にそれがまた起こった。熊がそこで殺されたかったことが解る。生贄を持ってその聖なる場所に行き、それが済んで熊祭りが始まった。熊は守護霊となった。

(二)　寸劇などの冗談演目

この種の冗談話の演目は、現代人にとっても十分に面白おかしく堪能できるものである。その多くは仮面をかけて演ぜられる寸劇仕立てとなっているが、中には歌となっているものもある。登場人物は多くは人間であるが、精霊であったり、動物や鳥などである場合もある。ほとんどがルンガルトウプと呼称されている。その意味は、以下に紹介するこの種の芸能の五演目のうちの№40に説明してあるが、ペチョラという所（当該熊祭りはウラル山脈の東側のオビ川流域で行われているが、山脈の西側にペチョラ川が流れており、その流域の地のこと）に住んでいる者達が山越えして遠征して来て演ずるものであり、熊祭りの場にやって来る者達の芸という意味である。日本の門付芸に相当するものなのかもしれない。この種の芸能が四日（夜）間合計九五演目のうち半分近くを占めているように、いかにも熊祭りの饗宴の賑わいを象徴するものだ。この場ではどんなに沢山の冗談が求められるものかそれを物語る話がある。実は熊祭りの開始に先立って占いが行われる。それは祭壇に据えられている熊のぬいぐるみを載せた台を持ちあげて見て、それが重いか軽いかで占うのである。それが仮に重たかったとすると、この熊に当家の守護霊になってほしいという人々の願いが拒絶されたことを示す。そのような時の熊祭りでは、徹底的にエロチックな冗談演目を演ずるとのことである。つまり、笑いに笑って徹底的に騒ぎ立てねばならない事態に至ったということではないのかと推定する（なお一九九八年の熊祭りではその卦は出なかった）。

No.11寸劇「ネズミ」（「怖い」という演目との連続もの）（ルンガルトウプ）

演じ手が入って来て、「何をしてるんだね？」

見物人「獣踊りをしているんだ」

演じ手「なんで、おれのことを呼ばないの？」

見物人「できるんなら、あんたもどうぞ」

演じ手「ああ、なんでも踊ろう」

見物人「だけどおれたちはあれが怖いんだ」

演じ手「あんた達も狩をしたり、魚を捕ったりするんだろ？　おれなんか今しがたここへ来る道々何匹もの獣にあったよ。一匹をてんてこまいさせて引き裂き、また違うやつをまっ二つに引き裂いて道路の両端に放り投げて来たよ」
見物人「あきれたやつだ」
演じ手「おれなんか、魚や獣を沢山捕まえたよ」
見物人「あきれたね」
演じ手「リス、シマリスを見つけ、半裂きにして道のあちこちにほうり投げて来たんだ」
見物人「あきれたね、何にも怖いものはないの？」
演じ手「そんなものおれにはないさ、何んにも怖くないさ、あんたたちは一体何にを怖がっているんだい？」
見物人「おれたちはあれが怖いんだ（と祭壇の熊を指差す）」
演じ手「あっはっは、あんなやつが怖いのか！　おれなんか今しがたここへ来る道で何匹も道の両側へ投げつけて来たんだ、はっはっは、あんたがたは全くばかげているよ」
見物人「おれたちにはまだまだ怖いやつがいるんだ、アナグマに野生のトナカイに」
演じ手「おれは今ここへ来る途中で、そのアナグマ、野生トナカイに出あって、次々と道の両端に投げつけて来たんだよ、はっはっは！　何を怖がっているんだ！　やつらはおれなんかに容赦する奴じゃないよ」
見物人「あそこはアナグマが一杯いるんだ。やつらは人間に襲いかかるとっても悪い獣なんだ」
演じ手「おれはたった今、そのアナグマの二本脚をつかみ、道路端の樅の木やカラマツの木にぶっ叩いて来たんだ、はっはっは、あんなやつを怖がっているのかい！」
見物人「おれたちにはまだ怖いものが一つあるんだ、ちっちゃなやつだ」

演じ手「そいつがなんかしでかすのかい?」
見物人「とってもいろんなことをするんだ、おれたちの着物を噛み切ったり」
（演じ手の足元へ毛のかたまり――ネズミ――が投げ込まれると、演じ手はそれを見てひどく怖がり、叫び声をあげて逃げ出して行く）

No.14歌「キツネ」（ルンガルトウプ）

仮面をかけた演じ手が登場する。

「キツネの罠をしかけることにしよう」。秋、野営地の家の傍の近くでキツネがよからぬことをするようになった。間もなくツアーリ（皇帝様）が納税物品を集めにやって来るぞ（と彼は罠を仕掛ける）。翌日行ってみると罠にキツネがかかっている。彼はその後ろ脚を摑まえた。するとキツネは後ろ脚を残して先へ逃げて行った。彼はキツネを追いかけて、再び追いつき前足を摑まえたが、前脚ももげてしまって、キツネはまた先へと逃げて行く。彼はさらに追いかけ腹を摑んだが、その腹が千切れてまた逃げる。次に首を摑まえたが、頭だけが逃げて行く。追いかけて頭に追いつくと、イス（霊魂の一つ）だけがさらに逃げて行く。

ご見物の皆様、こんなわけで私には捕えることができませんでした。まずは獣を捕まえて、それから、誰のためだとか何のためだとかと言うべきなんですね。

No.27冗談の歌「狭い場所に座る」（ルンガルトウプ）

演じ手が仮面をかけて登場する。彼は見物席に向かって、熊祭りに参加させてほしいと頼み、一同は彼

仮面の寸劇（ルンガルトウプ）

を許す。

彼は歌う、〽〃私は人で一杯のこの家にやって来たが、狭くてもいいから私の座る場所がほしいんだよね、そこの男達の間に空きがあるよね〃と、彼はそこへ座ろうとする。と、彼は金切り声をあげて跳び上がる。〽〃キリが私に刺さった、ナイフが私に刺さったよ〃再び場所がないかと歌いながら探す。多分女達の間にありそうだと、座ろうとする。と、金切り声をあげて跳び上がり、〽〃トゲが私に突き刺さった、トゲが私に突き刺さったよ〃

続いて彼は若い嫁達が彼の傍に座り、脚をもたれかけてくれるようにと彼女らの方に向く（つまり若い女性を彼に近づかせるためである）。次におばさん達（年輩の女性）の方に向きを変えるが、それは彼から離れて脇の方に寄るようにと促すのである（そしてひと踊りして、出て行く）。

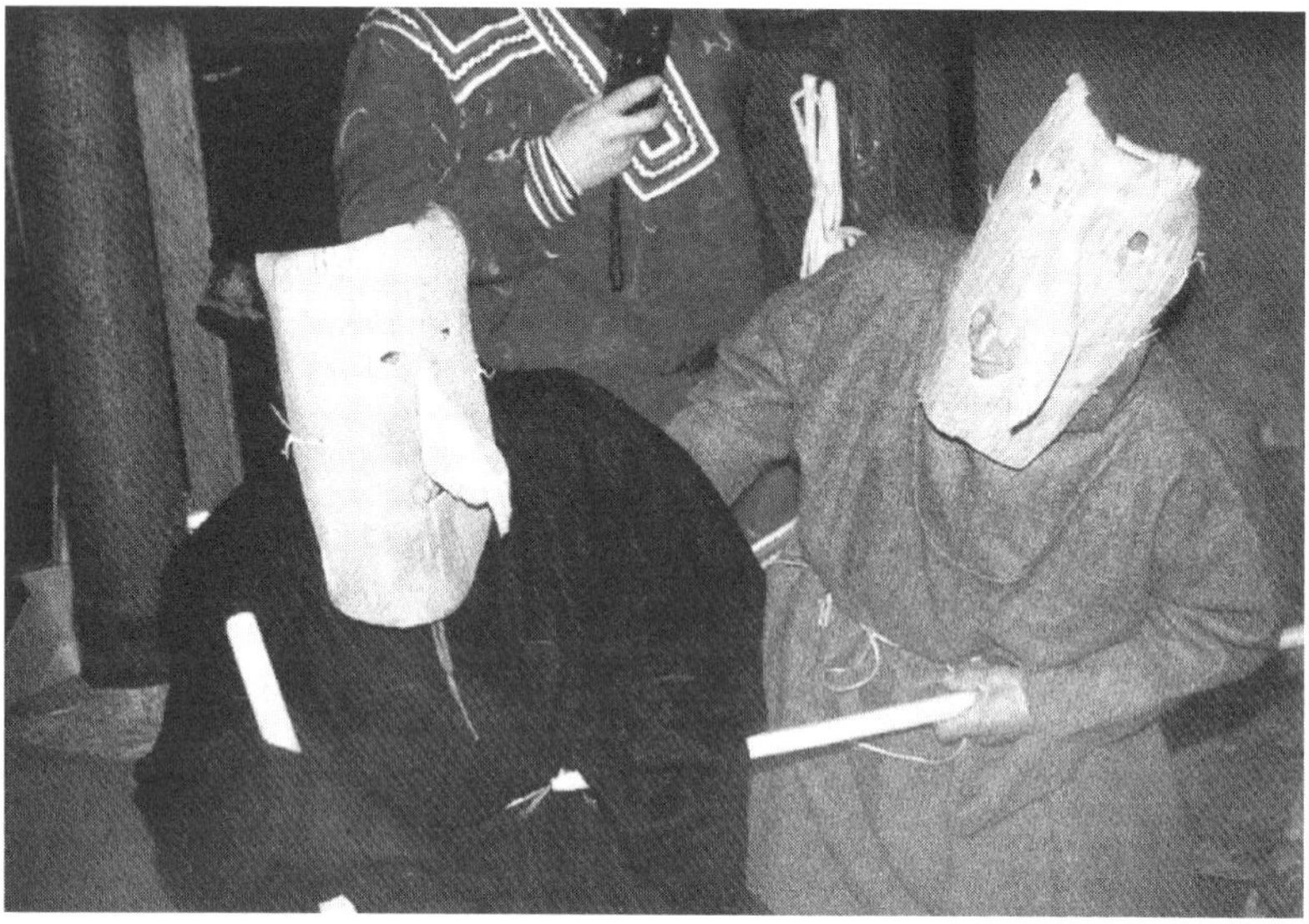

仮面の寸劇（ルンガルトウプ）

No.37寸劇「太鼓腹とせむし（僂）」（ルンガルトウプ）

仮面をかけた二人が入って来る。一人は背にこぶ（瘤）があり、もう一人は大きな腹をしている。これは兄弟の二人である。一人はせむしで始終働いており、もう一人は太鼓腹で、何もしなくただ盗みを働いているだけだ。前者の兄は魚の漁をして来て疲れてしまい、ちょっと眠ってしまう。太鼓腹の者は、この隙に兄の魚を盗む。こんなことが何回かあった。しまいに兄は弟を待ち伏せして、彼の腹をたたいて言う、「お前の腹の贅肉をおとしてやるんだ」と。そして自分のボートに乗って漕ぎ去る。すると太鼓腹の弟は兄に追いつき、彼のこぶを打ち始めて言う、「おれはお前の背中のこぶを取っててやるぞ」と（この滑稽寸劇は必ず演ぜねばならないものとされ、熊の歌の一つとしても歌われる）。

仮面の寸劇（ルンガルトウプ）（Ctepx N1(3)1993）

No.62寸劇「こする」（ルンガルトウプ）

エロチックな寸劇である。仮面をかけた二人が登場する。彼等の一人が歌う、〝〝股をこするやつを〟持ってきたので、それで今自分の〝〝聖なる〟踊りを披露しよう。演じ手は手に杖を持っているが、それは男根を模したものだ。彼は片方の手で自分のものを支え、もう一方の手でそれをこすって見せる。

No.67寸劇「ツアーリ（皇帝様）は何を話しているんだ？」（ルンガルトウプ）

仮面をかけた四人が登場する。ツアーリ（皇帝様）と彼の妻、それに宮務官の二人とである。ツアーリは自分の欲望を示す言葉ペルマト（翻訳不能）の一語を発するのみだ。一人の臣下がもう一人に尋ねる、「ツアーリは何をしゃべっているのでしょうかね？」。他方は黙っているが、「あんたは、ツアーリの言葉が解かるかと言いたいんだろ！　ツアーリは妻を自分の所へよこしてくれと言っているんだ」と言う。ツアーリは妻をうながし、ベットに横たわらせてほしいと言っているのだ。さらにツアーリをうながして妻の上に横たわらせ、激しく身体を揺り動かすようにと言っているのだと。

一踊りして、出て行く。

No.81歌「女と商人」（ルンガルトウプ）

仮面をかけた演じ手が登場する。女として歌う。彼女が語るには、家を出て、スキーに乗り、オビの下流へと向かった。オビのハンテ人が犬橇で行くのが目に入った。彼女は〝私を送ってよ〟と叫んだ。でも彼は彼女に目もくれず先へ行ってしまった。続いて、トナカイの橇に乗って彼女を追いかけて来るネネツ人が目に入った。彼女はまた自分を送ってほしいと頼んだ。でも彼は彼女に追いついたが、脇を通り過ぎて行ってしまった。彼女はしかたなくスキーで先へと進んだ。すると後ろから追いかけて来る男がいて、馬橇に乗っている。彼は彼女を自分の方にひったくってポルノヴァットの村まで連れて行った。彼等は一緒に居酒屋に寄って酒を飲んだ。接吻をした。彼は彼女に沢山の指輪をあげた。長靴もあげた。頭から足の先まで着飾らせてやった。彼女は言う。私は今しがた彼（ロシアの商人）と接吻を長々と行い、愛し合って来たのだと。そして今、あなたがたの所へ寄ったのだが、自分のこの喜びを分かち合いたいと思ってやって来たのだと。

次に、この項の最初のところで述べたように、寸劇などの冗談演目はペチョラ川から遠征して来た者達が演ずるということになっていて、毎夜演目の終了とともに彼等は別の場所へと寝に帰る。その都度次のような歌を歌って去って行く。

No.40歌「ペチョラ川から来た人達が寝に帰る」

滑稽寸劇は、仮面をかけた者達によって演じられるが、彼等はペチョラからやって来た人々とされている。従来の伝統的なやり方では、登場して来た時に最初に彼等の歌があるのだが、今回はそれがなかった。毎夜予定された滑稽寸劇が終わると、歌が歌われ、ペチョラからの連中は寝に帰る。仮面をかけたペチョラの者達以外にも精霊達も登場することが出来る。全ての滑稽寸劇は、ペチョラからの者達によって演じられ、それはルンガルトウプと名付けられるが、字義通りに言えば、〽〝祭りにやって来た者達〟と翻訳することが出来る。

仮面をかけた二人が登場して場所に着く。先頭の者が歌う、〽〝我々はペチョラからやって来た者で、これから寝に帰るところだ。笑いと冗談の入った袋を持って出て行くんだ。我々は木の幹の空いている所で眠るんだ。明日またやって来て、あなたがたを笑わせ、喜ばすつもりだ。祭の間、毎晩みなさんと一緒に過ごすつもりだ〟

(三)　踊り（精霊）

二〇一三年九月にカズィム村を訪れた際、タチアーナ・モルダノヴァと彼女の妹のオーリガが、我々を村はずれにあるハンテ人の墓地へ案内してくれ、その折りハンテ人の霊魂観を説明してくれた。霊魂の存在に執着する彼等の意識は非常に強いものがあると思った。墓（土葬）の木棺の左脇（死者の頭は北向きで、その東側面）に長さ二〇センチほどの角棒が栓のように差してあって、墓参りした親族はそれを抜き、栓の棒で墓の上面をコンコンとたたいて来意を伝える。タチアーナはいかにもロシア風挨拶でその角棒に接吻した。死者の霊魂との交流は大変密であると思った。また、女性の霊魂はよっつあり、男性はそれがいつつとのこと。そのひとつは、死者が生前訪れた場所を巡回しているもの、ふたつ目は墓中に滞在しているもの（四、五年のみ）、みっつ目は、死後人形に憑《よ》りつくもの（四〇、五〇日）、よっつ目は、新たに生まれて来る赤ん坊に入るもの。さらに男にのみあるいつつ目のものは、精力といったもので、死後に猛禽類の鳥となり、もしそれが誤って殺されることがあるとすれば、その家には赤ちゃんが出来なくなるという。かくのごとく、目に見えない霊が色々なところに憑《よ》りついているということだ。さらに熊祭りの演目中でたびたび言及されるように、彼らの大地の川、湖、沼、森などの各所に、それぞれの精霊に関わる聖地がいろいろとあって、そこを通る者は捧げものを供えて拝礼しなければ通過出来ないのだ。

　されればこそである。熊祭りの演目には多くの精霊がその場にやって来て、それぞれ祝福の踊りを披露する。第三日（夜）目からその数が多くなるが、最初の方には、河川、湖沼、森などの人々の居住地最寄りの地域の精霊が出現し、第四日（夜）目の終末部には広域を管轄しているものとか、人の生死や安寧を護っているものとかといった高位の抽象的な精霊（神霊）が集中的に登場して来る。以下にそれらを紹介する。

No.50イングク・ヴェルト・イヴィ（ミシ・アル）

　ミシ・アルとは精霊の歌で、この歌は女神イングク・ヴェルト・イヴィ（水の神の娘）の名において演ぜられる。彼女は座して手の細工物をしながら歌う。外へ出てみた。オビ川の片側は低木に覆われており、反対側は丘状に高くなっている。女神は水の中に住んでいる。彼女は聖なる父親の所へ出かけることにした。その時カラスが知らせを持って来た。おばあさんの所、カズィムの女神の所で熊祭りが行われており、〽″森の精霊達がみんなそこに集まっているよ、水の精霊達がみんなそこに集まっているよ″と、そこで彼女は父の家に入って行ってそのことを父に伝えた、〽″私もそこへ行ってはだめでしょうか？″と。父親は次のように答えた、〽″娘よ、お前はおばあさんの所へ手ぶらで出かけるつもりかい？″と（つまりカズィム女神の娘は精霊エムボシ・イキの息子のエムボシ・アイ・ベルトに嫁いでいる。この息子がイングク・ヴェルト・イヴィの父親である。つまりカズィムの女神は彼女のおばあさんにあたるのだ）。父親は川の渦の深い所へ行ってチョウザメを捕えてきて歌う。〽″娘よ、おばあさんの所へ行くがよい。そして家の中の熊が座している所にこのチョウザメをお供えしなさい。おばあさんの黒テンの膝元にこれをお供えしなさい″（クロテンの膝元とはカズィムの大地の枕詞であり、ここの川の精霊の聖なる姿の一つがクロテンなのである）。以降は彼女のことを〽″チョウザメの早瀬の偉大なる女ナイ″と呼ぶ（ナイとは女性神のことである）。

精霊の歌（ミシ・アル）

No.52マラヤ・ソシヴァ川上流の女神の歌（ミシ・アル）

女神の名において歌われる。女神は自分の居場所について語る。マラヤ・

ソシヴァ川の上流には大きな湖がある。その湖の岸にはケードル（シベリア松）の生えた丘がある。その丘の上に彼女の家があり、それは彼女の兄弟の森の精霊達が建てたものだ。兄弟達は毎日狩に行く。沢山の黒テンを捕獲し、夜に彼等は何か細工仕事をし、鉋をかけている。これが毎日のことだ。女神の方は家に座して、〽〝黒テンの綿入れを縫い、黒テンの縫い目に糸を通している〟と。ある日彼女が外へ出てみると、〽〝私のおじさんの鉄のガガーラ（アビ）が湖で水浴びをしているのが聞こえて来る〟（彼女のおじさんは鳥の姿をした精霊だ）。女神は、おじさんは魚をとるために水浴びしていると思った。それから彼女は兄弟達が神への捧げものを捕っている所へと行った。家にもどって来ると、〽〝家がまるで波の上のボートのように揺れているのが見える。窓の方へ寄ってみると、私の丘が家と一緒に地上に持ちあげられるのが見える〟。鉄のガガーラが持ちあげたのだ。この鳥を測ってみると七サージェン（約一五メートル）の長さだ。女神が下方を見ると、彼等はすでに大ソシバ川の中流の上空にいる。〽〝私のおじさんのソシヴァ川中流の男が、鉄のシャベルを持って立ち、河床を掘っているのが見える〟。さらに前へと私を運んで、すでにベジャコール村に着いた。そこには別のおじさんのエム・ボシ・イキが立っている。アビは彼の上空を七回旋回する。支流ベイト川の中流へと飛んで行くが、そこには三番目のおじのヴェイト・イキがいる。彼は家の仕事をしていて、私の兄弟達はそこに集合したのだ。私達はそこに降りた。私はそこに住むことにした（通常は歌がこのバリアントで演ぜられれば、女神は踊らないのだが、今回は歌い手が踊ってしまった）。

No.77歌「カズィムの女神はどのようにしてお客としてやって来たのか」（ミシ・アル）

女神の名において歌う。女神は自分はカズィム川の上流に住んでいて、娘がオビ川の方に嫁いでいると歌う。彼女は娘に会いたくなり、何か新しいことでもないかと尋ねたがなにもなかったので、自分から客として向かったのだ。舟で通り過ぎる土地のことを記す。オビ川で彼女は、〝まさに私のように偉大なる女神のカルタシ様〞にお目にかかり、二人は抱き合い、歓談しあった。女神はエム・ボシ（聖なる町で、ここの精霊の息子に彼女の娘が嫁いでいる）に舟で行く。そこでは熊祭りがあり、女神は娘と会った。接吻しあい抱き合った。女神は熊に敬意を表してから、雄ガモに変身してカズィムへと帰って行った（雄ガモはカズィムの女神の聖なる姿とされている、だからそれを殺したり食べたりしてはならない）。

№82歌「猟師が森の女神と会う」（ルンガルトウプ）

二人が仮面をかけて登場する。彼等はハンテ人の猟師と森の女神である。狩人は森に行き、カラマツの丘の上に広がる小さな木立の方に立ち寄る。そこに森の精霊の家がある。家の中には女一人だけがいる。彼女は猟師に、彼女達の家の扉に先刻矢を射たねと歌う。やがて七人の兄弟達がここへやって来て、猟師の血を流し、彼の魂が脱け出てしまうことになるだろうと言う。そしてもし生きていたいなら彼女の杖にしっかりとつかまっていなければならないこと、そうすれば子供たちのいる我が家にもどれるだろうと言う。さらにこのカラマツの丘の上に七匹のトナカイを生贄として供えなさいと指図する。そこでパンで作った七匹の模造トナカイをお供えし、打ち砕いてそこに置く。

以上の諸演目は、いずれも精霊自らの意思でそれぞれの所在地から出現して来て、踊ってみせるものである（もっとも№82は、熊祭りの場へ精霊がやって来るというストーリーのものではなく、また踊りのないルンガルトウプの演目）。

続いて、次の№86の演目で熊祭りの行われている家の中の場清めがなされる。この演目以降は一連の偉大なる神霊達の登場となる。

№86雄と雌のカラスの歌（ルンガルトウプ）

二人の演じ手が登場する。一人は冬の女性の服装をしている。もっとも彼女の帯は腿《もも》のあたりに締められているので、愚か者に見える。他の一人は男の毛皮の服装をしていて、彼も同様に普通ではない帯の締め方をしている。二人とも仮面をかけている。彼等はカラスの雌と雄である。雌は仮面の上方をスカーフで覆っている。

カラス達は相手を互いにけなし合う。夫婦が互いに、相手が奇妙な鼻をしていること、曲がった脚をしていること、背中にこぶが出ていることを順次歌いあう。互いに全てのことにやきもちをやきあう。最後に雄カラスは、自分達は卑猥な話、猥褻な言葉使いを禁ずるためにやって来たのだと述べる。もし、彼らが去った後に、熊祭りの参列者の誰かが嫌な言葉を発したら償いをしてもらうぞと言う。つまり、妻の母や姑達に対しては、娘の夫とか姉妹の夫のキスイ（ロングブーツ）を強制的に縫わせるし、娘の夫とか姉妹の夫達に対しては、妻の母とか姑にかならずスカーフを買わせるのだと。

そしてひと踊りして、退場する。

№88神霊ホイマスに祈る歌（ポヤクトイ・アル）（ホイマスとは〝魚の産卵を促す者〟と翻訳されている）

歌い手専門の者がポヤクトイ・アル（祈り手の歌）を演ずる。別の者が主人公の神霊を演ずる。後者は、キツネの毛皮の帽子を被っていて、後ろの方で結ばれている。結ばれた部分の先っぽには鈴が付けられて

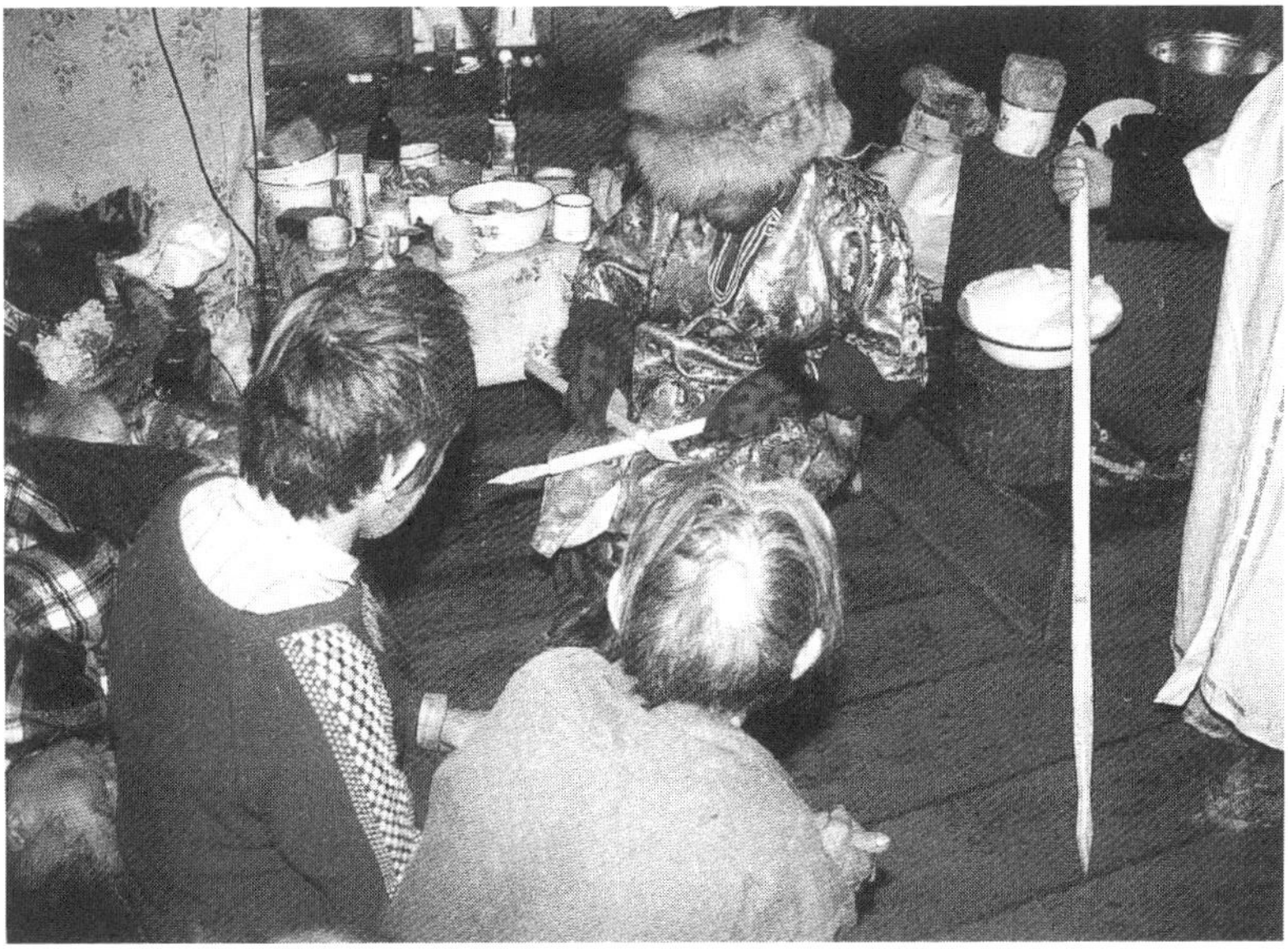

祈禱歌「ホイマス」（ポヤクトイ・アル）

いて、これはお下げ髪と見なされ（昔ハンテ族の男はこんな風なお下げ髪をしていた）、それで悪霊を追い払う。〽〝祈禱する男よ〟精霊に向かって、〽〝ホイマスよホイマス、魚のためにお下げ髪を精一杯揺すってくれまいか〟、と歌う。神霊の演じ手は頭を振る。そのようにしてホイマスは魚を産み出すのだと信じられている。ホイマスは二本の矢を手にし、座ったまま一本の矢を他方の矢に当ててこする。これはホイマスが昼となく夜となく、夏であろうと冬であろうと外出しないで家の中に座り続けて、水の柱梁《ちゅうりょう》に鉋をかけて無数の削りかけを作り出している様だ。もし夏であれば細い鉋屑《かんなくず》を削り出して、〽〝小さなエラを持った無数の小魚を次々と泳ぎ出させている〟と。もし鉋屑が大きければ、〽〝これは大きなエラを持った大きな魚を泳ぎ出させているんだ〟と。冬であればホイマスの手からリス、黒テン、トナカイその他の動物達が産み出されるのだ。ホイマスは人々にとって漁撈がどんなに必要なことなのかを述べ立て、そしてひと踊りして参列者一同を祝福する。

No.89神霊エム・ヴォシ・イキに祈る歌（ポヤクトイ・アル）

祈りの歌は祈禱する者によって演じられる。もう一人が神霊役で、黒い長衣を着し、黒いキツネ毛の帽子を被っている。祈り手は精霊エム・ヴォシ・イキに、家の中に目を凝らして、悪いもの（霊）がいないかどうかを念入りに点検するようお願いする。この神霊は生の世界と死の世界の境い目を司っているとみなされているのだ。彼は人々を全ての悪いものから守っているのだ。祈り手は、〽〝偉大なる男のあなたがやって来るならば、大人達をがつがつと喰い尽くす無数の悪霊、若者をがつがつと喰い尽くす無数の悪霊を脅追い落とし、床板から下へともぐり込ませるのだが〟と。

神霊エム・ヴォシ・イキの外見は熊であり、彼は祭り対象の熊に対して丁重に敬意を表す。祈り手はまた次のように歌う、〽偉大なる神霊が森を駆け抜けて来た時、大きな牙のある姿（熊）をしていたので、多くの森の精霊達は恐れをなして逃げ去った〟と。この神霊に呼びかける時には、〽〝我々のおじさん〟と称している。祈り手はさらに次のように祈り歌う、〽〝我々のおじさん、偉大なる男よ、多くの水域で傾けたこうべ（頭）を、多くの土地で傾けたこうべ（頭）を持ち上げられよ！　全ての水域の上を踊りで湧き立たせ、全ての大地の上に踊りを立ちあげよ、悲しみにとって替わる踊りを、苦しみから守ってくれる聖なる踊りを、我々のおじさん、偉大なる男よ！　我々に残しおいてくだされ！　残しおいてくだされ！〟と。

精霊は七回まわり踊って、退場する。

No.90精霊ヒン・イキに祈る歌（ポヤクトイ・アル）

歌い祈る男から演じ始められるが、もう一人のヒン・イキが踊りを披露する（ヒン・イキは死と病気を司る神霊とされるが、しばしば彼は氏族や居住地の個別の守護霊としても現れる。例えばバンゼバット・イストト居住地住民の護り主である。普段ヒン・イキは、天の神ヌミ・トルムか、あるいは偉大なる女性神カルタシ（母神）の意向がある時にのみ人々の魂を連れ去って行く。つまり彼の役割は、人々の霊魂をひとつの世界（この世）から別の世界（あの世）へと送り出すことであり、彼は単なる執行者にすぎなく、指図しているのは別の存在ということである）。

祈り手が精霊に向かい、〽〝我々のおじさんヒン・イキよ、あんたもここへ来てくだされ、ここに巣くう沢山の悪いものを全部追い出してくだされ！　私達の孫達を健康にしてくだされ！　疫病霊を連れ去ってくだされ！　我々を長生きさせてくれるように祈ります〟と歌う。

祈り手は最初に、参列者達にヒン・イキを登場させることの許しを乞い、そして神霊が入って来て、彼は家の中の隅々を見渡す（偉大なる神々の凝視によって、全ての悪いものが四散し、滅亡するものと見なされる）。

ヒン・イキは人々の健康、長寿を寿ぎ、悪霊から防いでくれる聖なる踊りを披露する。

祈禱歌「エム・ヴォシ・イキ」（ポヤクトイ・アル）

祈禱歌「トルムの七人の息子に祈る歌」（ポヤクトイ・アル）

No.92トルムの七人の息子に祈る歌（ポヤクトイ・アル）

祈りの歌い手がまず登場する。彼は天神の息子達が黒テンの膝元へ、すなわちカズィムの大地に降りて来るようにとお願いする。〽〝低木の高見に降りて来てください、高い木の中段まで降りて来てください〟、と歌う。祈り手は息子達に向かって、〽〝ツンドラの獣の準備の整った家に、すなわち熊祭りの家に降りて来てください〟と頼む（つまり、天神の息子達は熊の霊魂の一つを天界に持ち去って行くことになる）。続いてトルムの息子達に、家の太陽の側の方から降りて来るようにと願う（太陽の方向は全てが善で、清潔で、神々しく、熊の霊魂がそのような天界へと赴くように、全てが規定の通りになされねばならない）。〽〝彼らが今降りて来るのが聞こえる、入り口の部屋へ入って来る。踊り手がやって来た。彼は天界を象った四角形の枠を頭上に掲げている。その枠には七個の十字架の木片の飾りが打ちつけてある（この祈りの熊祭りでは木枠の保存状態がよくなくて、いくつかの飾りが壊れていたのだが）〟。踊り手は白い長上着を羽織り、彼自らは天の創世神ヌミ・トルムを擬人化した姿なのだ。頭にはキツネ皮の帽子を被っていて、布切れで巻かれた木枠の内に彼は頭を挿し入れている。彼はその場を七度旋回し、そのようにして熊の霊魂の一つが彼らによって持ち去られて行く。

No.95神霊アストゥイ・イキに祈る歌（ポヤクトイ・アル）

祈る者が登場する。彼は神霊の所在地、枕詞、その役割を述べ、熊祭りに出現するように頼む。当神霊の下部《しもべ》に、聖なるトナカイを準備し、トナカイの白い皮の〝つま先がカモやホオジロガモの鼻のようになっている〟長靴を神霊にはかせ、キツネ毛の帽子を被らせ、白い馬に乗せて連れて来るようにとうながす。すでに馬のひづめの音がし、扉を開けてくれという声が聞こえると祈り手は歌う。アストゥイ・イキがやおら入場して来る。彼は白い長上着を着し、片方の手には何も持っていない。彼は片手だけを振り回して踊る。というのはこの神霊の力はあまりにも大き過ぎて、もしも両手で踊ろうものならこの世の全てが破壊されると見なされるからだ。彼の踊りの後、参列者は立ち上がって次々と大声で叫ばなければならない。そして太陽の巡る方向に何度か旋回する。

三　「まれびと」論を想い出す

この熊祭りの芸能を、日本の能や狂言に近いものがあると先に述べたが、この熊祭りの芸能の始まりをたかだか日本の中世の頃とか、そんなに近い時代のことと考えているわけではもちろんない。もっと古い時代の要素を持ち合わせているように感じている。日本の今日に伝えられている芸能のほとんどが、稲作農耕開始以降のものと推されるのに対して、ハンテ人のそれは、農耕生活とは無縁なシベリアの大地での、狩猟漁撈採集生活を営む人々の中で育まれ今日に至っているものである。大雑把過ぎる比較ではあるが、仮に日本の考古学研究の尺度をもって目安とすれば、ひょっとして、一方が稲作の弥生時代以降のもの（日本のもの）であり、他方が狩猟漁撈生活の縄文時代以前のもの（ハンテ人のもの）である、そんな時代差となるのかもしれない。それが何時の頃なのかについての証拠となるものを持ち合わせないが、少なくとも、ハンテ人達の生活は、我々定住農耕民には想像し難い狩猟漁業に依拠しており、彼等はそれで生をつないできたのだ。二〇世紀初頭以来のソ連時代の定住化政策のもと、ハンテ人は大変な苦しみを味わったという。旧来のテント小屋（ユルタ）を帯しての森や川べりでの移動生活が禁じられて暴動が起こるといった悲劇が発生したとのこと。定住化が既に地についた感のあるロシア時代の今日でも、なお昔風の森の獣や鳥、川や湖沼の魚に頼る生活が名残りをとどめているように思われる。そういったことがしのばれた二〇一三年のカズィム村への調査行であった。秋になると、病院や学校などの諸施設が完備されている定住地の村の家から、森の中の小屋へと移住する人々も一定数いるとのことである。こういった両親の二重生活のために一人村に残された学童達が、学校の食堂（スタローバヤ）で食事をとっている姿に接した。

ところで芸能の始源がいつかという設問は、考古学や歴史学などと違って、留保条件をつけなければならない。この問いは、どのようにして芸能が始まり、具体的にそれは何時頃の時代のことだったかということであるが、とても難しい問題である。例えば、よく言われるように、儀礼的なことがまずあって、それを繰り返しているうちに芸能に昇華したのだという説明をよく耳にするが、その儀礼と芸能との境い目は一体どこにあるのか、まるでタマネギの皮を剝くように正体が何時になったら現れるのか解らない話なのだ。また、芸能は常に現在に存在するものであって、その始まりが過去のものであったとしても、常に現在に確認される以上のものではない。また始まりが古いものだとしても、今日に至るまでの間には様々に変容を重ねて来たものであって、原初の姿を特定することは難しいのである。したがって、シベリアのこの熊祭りが古そうに見えると言ってみても、厳密にいつの時代なのかを証明する手立ては見つけ難いのである。

さて話が変わるが、周知のように芸能史研究の提唱者の折口信夫《おりくちしのぶ》が、かつて「芸能史六講」（講演の速記録）の一節で次のように述べていたという[2]。

> かのまつりに、遠い所から神様が出ておいでになる。更にいへば、ある晩を期し、何時も必、ある大きな家へ遠来の神が、姿を表される、といふことになりますが、其際、沢山の伴神を連れての来臨の場合が多いのです。そこでその家の主人が、その来臨せられた神達を饗応することになりますが、その主となる神がまれびとなのです。…（中略）…そして饗宴が行はれる訣ですが、やがてその神が立つて、めい〳〵定まつただけの儀式的な舞踊のやうなものを行はせます。と同時に、この時に歌謡なり或は詞章を唱へるといふことも、あつたに違ひない。我が国の後世の宴会には、この形がよく、残つてゐます。この来臨の神の行動と共に、主人側から舞をまひ、謡ふものが出て来るといふ順序になつてをります。

要約すれば、祭りの時に遠方からまれびとが来臨し、饗宴が催されて、まれびと側が歌や踊を出し、主人側からもそれらを出した。つまり芸能は、その祭りの饗宴の折りのやりとりに始まったという説明である。折口自筆のまれびと論の「国文学の発生（第三稿）まれびとの意義」によれば、このまれびとは、海の彼方の常世《とこよ》の国から来臨する農耕の豊穣に関わる神であり、ことに沖縄のマユンガナシ、アカマタ、クロマタなどの行事伝承から想い描かれた神霊的なものである。したがってこのことからすると、シベリアの熊祭りの芸能にこのテーゼをあてはめようとすると、いかにもかけ離れた事例ということになってしまう。つまり熊祭りの場合、主体となる熊は海の彼方ではなく森からやって来るものであり、農耕ではなくて狩猟漁撈生活に関わるものだからである。

確かに折口は、熊祭りのこの芸能を一切知らなかった。ところが、折口のこのテーゼを熊祭りの方へと引き寄せているような見解もなくはなかった。金田一京助がアイヌの熊祭りについて次のように記していたのである[3]。

所謂「熊祭」といふ有名な、やかましい行事も…（中略）…熊の赤児を養ひ育てゝ、十分大きくなつた時に、『さあ、もう天の両親が待つているだらうから、御帰りなさい』と送る行事にほかならない。だから熊祭は原語では熊送り《カムイオマンテ》又は神送《イオマンテ》と呼ぶ。熊祭の御馳走を珍客振舞《マラプトイベ》といひ、マラプトは邦語稀人即ちまらうどの古形の変じた語で、獲られた熊は、訪づれる神であるといふ考からの名である。尤もこれは、古い日本の信仰のアイヌに入つて古形を存してゐる一つの例である。

つまり、熊祭りの御馳走のことをマラプトイべと称しており、このことから祭られる熊を「まれびと」と判断できるのではないかというのである。確かに熊祭りは、饗宴の場であること、「まれびと」が稀にやって来る存在であるという点では、類似しているように見えるが、熊は動物であり、それを即抽象的な神様扱いをしていいものかという問題がある。果たして、タイガの森の王などと言われる熊を、海の彼方からやって来る存在（常世の神）と見なせるものなのか、そこを説明づけなければならない問題が残る。

他方、折口の説明においては「まれびと」の神格、霊性はほとんど具体的に説明されていない。それに比して西シベリアのオビ川のハンテ族の方には、前記二で紹介したように、熊のような動物霊、川、や湖沼、森などの精霊、さらには、管轄領域が広域で、人間の幸、不幸や地域の安寧を司る高位の抽象化された神霊、さらにこれらの諸霊の全体を統括している天界の創世神といったように異なるレベルのさまざまな霊が存在している。したがって両者を比較してどうのこうのと言う問題とはならない。折口の「まれびと」の実体を明確にする上での鏡となるような参考事例が、ハンテ人の世界にはあると考えた方がよいのかもしれない。実は、チモフェイ・モルダノフがハンテの熊祭りに登場する前記した諸霊について、次のような宇宙図を作成している[4]。

神話的宇宙図

これを説明すると、円形の下から二層めの弧が地上世界（此岸）で、人、動植物、家（村）がある。その上方の三つの弧形状頸木がいわゆる彼岸世界を表しており、最上層のものが天界の創世神ヌミ・トルム、その下のものが白馬に乗って天空を駆け回り人々の安寧を守っている神霊アストゥイ・イキと彼と関わりのある他の神霊達（波線表記）であり、その直下に描かれているお椀形のものが大地の地域的な守護霊的なもので、一方向は人間界に関わり、他方向はアストゥ・イキに関わっている。これらの異なるレベルの諸霊は相互に連関し合っている。例えば、熊祭りにおいて中心的な存在である熊（動物霊）は、祭り後には氏族の

折口信夫「国文学の発生（第三稿）所載図」

守護霊となり、また地域や人間生活の安寧、幸、不幸を司る神霊エム・ヴォシ・イキにもつながっており（№89参照）、さらには天界の創世神ヌミ・トルムとも密接に関わっている（№4、№92参照）。この西シベリアの熊祭りの上述のような霊的存在のパンテオンのどこかに、あるいは折口の「まれびと」は位置づけられるのかもしれない。今後そのような比較研究がなされるならば、芸能の「まれびと」発生論をハンテ族の熊祭り世界に置き換えて検討してみることもまんざら無意味だということにはなるまい。

　次に「まれびと」がどこから来るかの問題だが、折口の言った海の彼方のニライカナイとは、東の方角であったらしい。

　　さうして其所在地は、東方の海上に観じて居たらしく見える。

と琉球王朝の考え方を披露していたが[5]、熊祭りにおいては、アイヌでも西シベリアでも東の方角から熊が去来するとしているのである。この点も同じように考えられるのだ。

　もうひとつ「まれびと」に随伴してくる伴神であるが、それを西シベリアの熊祭りにあてはめてみると、熊以外の諸精霊達と見なせるのではなかろうか。他方、滑稽寸劇などの冗談話（ルンガルトゥプ）を演ずるペチョラからやって来る者達のそれは、折口がおとづれ人（まれびと）の後世における変遷した姿として示した右の図[6]の祝言職――乞食のあたりの存在に相当するのではなかろうかと思われる。また彼等は、当該饗宴の主人側（あるじもうけをする側）の出し物を演ずる者達に相当するといえるのかもしれない。
ともあれ、折口信夫がこの熊祭りを見ていたとしたら、一体何と述べたことであろうか？

註

（1）星野紘　チモフェイ・モルダノフ共著『シベリア・ハンティ族の熊送りと芸能』（二〇〇一、勉誠出版）参照

（2）『折口信夫全集　第十八巻』（中央公論社、一九六七）所載「日本芸能史六講」三四四頁

（3）金田一京助採集並ニ訳『ユーカラ　アイヌ叙事詩』（岩波書店、一九九四）一六頁

（4）チモフェイ・モルダノフ『北部ハンティ族の熊祭の歌における宇宙図』（一九九九、トムスク大学出版所）六八頁 *Молданов Т.А.* Картина Мира в Песнопеиниях Медвежьих Игрищ Северных Хантов (Издотельство Томского университета,1999)

（5）『折口信夫全集　第一巻』（中央公論社、一九六五）所載「国文学の発生（第三稿）」一二一頁

（6）『折口信夫全集　第一巻』（中央公論社、一九六五）所載「国文学の発生（第三稿）」一五頁

第三章　熊の歌（語り）と熊祭りの神観念の原初性

星野　紘

一　アイヌの〝ユーカラ〟とユーラシア大陸の英雄叙事詩との異同

熊祭りで有名な日本の北海道のアイヌの熊の歌（語り）カムイユーカラをはじめとした〝ユーカラ〟と、ユーラシア大陸域に分布する英雄叙事詩との異同について、次頁に記載の〈レジュメ〉（説明要旨）の、「1　アイヌの〝ユーカラ〟とユーラシア大陸の英雄叙事詩との異同」及び「2　熊の歌（語り）に見る霊の顕現とシャーマニズム」のふたつに分けて述べてみたい。最初に話のアウトラインを図式化したレジュメを掲げる。（なおアイヌの〝ユーカラ〟という表記は従来からのもので、近年は〝ユカㇻ〟と表記すべきだと言われているが、〝ユーカラ〟の方が今日も通用範囲が広いと思われるのでここではそれを採用した）。

レジュメの1の項で述べたいことは、アイヌの〝ユーカラ〟（英雄ユーカラ）と日本列島寄りのユーラシア大陸の東部に分布する英雄叙事詩との比較論である。もとより言語の問題など困難なことが横たわっていて、厳密な学術研究から言えばこのような作業はきわめて荒っぽいものである。ここではそういった学問的な厳密さには目をつぶって、とりあえず手軽に入手できる資料をもとに、大胆な外観比較を試みてみ

〈レジュメ〉

1　アイヌの“ユーカラ”とユーラシア大陸の英雄叙事詩との異同

(1)　アイヌの“ユーカラ”（英雄ユーカラ）の特徴

“ユーカラ”の参考文献一中川裕著『アイヌの物語世界』（平凡社、2001）より。

a 主人公：超人。

b 語り方：喉に力を入れる。

拍子をとりながら語る。

雅語による常套句がある。

聴衆の合いの手が入る（“ヘーヘイーッヘイ”）。

c 叙事詩の構成：「陸の住民」と「沖の住民」との戦い。

(2)　ユーラシア大陸の英雄叙事詩とアイヌの“ユーカラ”との異同

a ホジェン族の“イマカン”（ナーナイ族の“ニングマン”）とアイヌの“ユーカラ”との異同

“イマカン”の参考文献一于暁飛著『消滅の危機に瀕した中国少数民族の言語と文化』（明石書店、2005）をもとに。

b エヴェンキ族の“ニムンガカン”とアイヌの“ユーカラ”との異同

“ニムンガカン”の参考文献一荻原真子「エヴェンキの英雄叙事詩」（『ユーラシア諸民族の叙事詩研究（1)』千葉大学大学院、2001　所載）をもとに。

c チベット族、モンゴル族等の“ゲゼル・ハーン物語”（あるいは“ケサール物語”）とアイヌの“ユーカラ“との異同

“ゲゼル・ハーン物語”の参考文献――若松寛訳『ゲゼルハーン物語』（平凡社、1993）をもとに。

d モンゴル族の“ジャンガル”とアイヌの“ユーカラ”との異同

“ジャンガル”の参考文献一若松寛訳『ジャンガル』（平凡社、1995）をもとに。

e キルギス族の“マナス”とアイヌの“ユーカラ”との異同

“マナス”の参考文献――若松寛訳『マナス少年編』（平凡社、2001）及び『マナス青年編』（平凡社、2003）をもとに。

2　熊の歌（語り）に見る霊の顕現とシャーマニズム

(1)　アイヌの“ユーカラ”とシベリアのハンテ族の熊祭りの歌（語り）の一人称語り

a アイヌの“ユーカラ”の一人称語り。

b シベリア・ハンテ族の熊祭りの歌（語り）の一人称語り。

(2)　一人称語りは巫女の神語に始まるという説の検討

“巫女の神語に始まる”説の参考文献――

金田一京助採集並びに訳『アイヌの叙事詩ユーカラ』（岩波書店、1994）

久保寺逸彦『アイヌの神謡』（草風館、2004）

中川裕『アイヌの物語世界』（平凡社、2001）

資料Ｉ「英雄叙事詩の所在地図」

たい。もとより外から観る比較においては、同じところもあれば、違うように見えるところもあり、いつもそういった二つの評価がなされているのだと思う。

続いてレジュメの2の項は、一項の検討での相違点から推察できるわけであるが、アイヌや西シベリアのハンテ族の熊祭りの歌（語り）は、一人称語りとなっており、その点は強調すべき特徴ではないかと思う。そこにこそ英雄叙事詩の古層が求められるように思われる。

ところで、双方の異同に言及する前に、ここでとりあげる〝ユーカラ〟とユーラシア大陸側の資料Ｉ「英雄叙事詩の所在地図」を示し、各英雄叙事詩のそれぞれの伝承地域を位置的に確認しておきたい。

ご覧のように、大陸側の英雄叙事詩としてつとに知られているのは、チベット族やモンゴル族等の「ゲゼル・ハーン物語」とか「ケサル王物語」であり、モンゴルの西の方面に「ジャンガル」というのもあり、さらに中央アジア域に入ると最大の長編英雄叙事詩と言われるキルギス族の「マナス」など種々分布している。ほかにも、近年日本で資料報告されたものに、中国の黒龍江省の人口稀少な民族のホジェン族に伝えられてきた英雄叙事詩〝イマカン〟があり（なお、黒龍江がロシア域に入ったあたりの国境付近には中国のホジェン族と同類の民族のナーナイ族が住んでいて、〝ニングマン〟と称して同類の英雄叙事詩を伝えている）、またシベリアの東部から中部域にかけての広域に居住しているエヴェンキ族の壮大な英雄叙事詩〝ニムンガカン〟の梗概も紹介されている。

引き続きアイヌの〝ユーカラ〟と上記のそれぞれとの概略の異同を述べることとする。まず（1）アイヌの〝ユーカラ〟（英雄ユーカラ）については、中川裕が『アイヌの物語世界』で要領よく整理しているので、それを使わせていただく。まず、a主人公、彼は超人的な活躍を見せる。次の、b語り方、の特徴はいくつかあるが、ひとつは喉に力を入れる。ふたつ目は拍子をとりながら語る。どういう拍子のとりかたをするのかというと、アイヌは炉端を棒のようなものでたたきながら、あるいは昔は裸になって自らの胸をたたきながら歌い語ったという。みっつ目は、雅語による常套句がくり返される。この点は、長編の叙事詩を記憶し、語り続けて行く上でひとつの大きな役割を果たしている要素と言われている。その説明は後回しにして、次によっつ目の、聴集の合いの手について述べる。アイヌの場合は〝ヘーヘイッヘイッ〟と応ずるのだが、〝イマカン〟や〝ニムンガカン〟でも類似の合いの手がかけられる（後述）。さらにもう一点は、c叙事詩の構成、である。アイヌの〝ユーカラ〟の場合、全体のストーリー構成を要約してみると、陸の住民と沖の住民との戦いということになる。陸の住民のポイヤウンペという力の強い者が主人公で、彼が沖の住民とほとんど一人で戦いを展開する。

続いてレジュメの（2）の、大陸側の英雄叙事詩とアイヌの〝ユーカラ（英雄ユーカラ）〟との比較である。

まず、aホジェン族の〝イマカン〟との異同であるが、参考文献は于暁飛（日本大学教授）の「ホジェンの伝承文学」という文章（『消滅の危機に瀕した中国少数民族の言語と文化』所載）である。まず双方の類似点としては、a主人公、がともに超人的な活躍を見せる点と、b語り方、のところの聴衆の合いの手が、こちらでは〝ケッケッケー〟とか〝カッカッカー〟とアイヌの場合に似た囃し言葉になっている点である。次に〝ユーカラ〟と〝イマカン〟との異なる点である。c叙事詩の構成が、アイヌの場合が陸の住民と沖の住民との戦いであるのに比し、〝イマカン〟においては、親が悪者によって拐かされたり、殺されたために孤児となった息子（主人公）が、西の方へ出かけて行って親の敵討ちを果たすというその一部始終である。この点が違っている。もうひとつ〝イマカン〟の特徴的なストーリー展開は、主人公が危機的状況に陥った時に、かならずコリ（神鷹）に化した美しい女性シャーマンが現れて主人公を救うことである。

次にアイヌの〝ユーカラ（英雄ユーカラ）〟とbエヴェンキ族の〝ニムンガカン〟との異同である。ここでの参考文献は荻原真子の「エヴェンキの英雄叙事詩」（『ユーラシア諸民族の叙事詩研究（1）』所載）である。余談だが、〝ニムンガカン〟の呼称からは、aのところで言及した〝イマカン〟とか〝ニングマン〟の発音とも何処か共通していることがあるように感じられ、これら三者は、同系統のツングース系民族であるためかと推察される）。まず双方の類似点は、先刻述べた〝イマカン〟や〝ニングマン〟の聴衆の合いの手が、アイヌの〝ユーカラ〟の場合と似ていたように、〝ニムガカン〟の場合も、〝ケッケ〟とか〝ヘッヘ〟と前三者と似たような囃し言葉を掛けている。それから主人公がこの場合も超人的な働きをしている点は同様である。中川はアイヌの場合のその働きをアニメ漫画に出てくる主人公のようだと述べていて、例えば刀で切り落とされたはずの敵の身体がいつのまにかまたくっついているとか、死んだ者がいつの間にか蘇生しているとか、そういった類いの超現実的なストーリー展開がいろいろとある。他方両者が異なっているところは、ストーリー全体の構成である。例えば荻原真子が「エヴェンキの英雄叙事詩」で梗概を紹介している「イルキスモンジャ」という物語では、主人公がイルキスモンジャで、敵はアバヒといって鬼とか妖怪とかのいわゆる地下界のモノである。ストーリーの全体は、勇者の時代、その子供の世代、続いてその孫の世代、さらにそのまた曽孫の世代へと延々と話は展開して行くのだが、この間、英雄の勇者とアバヒとの戦いが世代を越えて何度もくり返されるのである。この点からして〝ニムンガカン〟と〝ユーカラ（英雄ユーカラ）〟とは当然にストーリーの内容構成が異なっている。さらにエヴェンキの場合に明確に表現されているのは、天上界、地上界、地下界の三層に世界を分ける北方シャーマニズム的宇宙観が基本構造を成していることである。また先刻ホジェン族の〝イマカン〟の特徴として指摘したのと同様の、各種の鳥に変身したモノが登場するくだりもある。

最後にcのチベット族などの〝ゲゼル・ハーン物語〟、dのモンゴル族などの〝ジャンガル〟、eのキルギス族の〝マナス〟とアイヌの〝ユーカラ（英雄ユーカラ）〟との異同を述べる。まず明確な共通点から説明する。先刻アイヌの〝ユーカラ〟のところで詳細な言及を後回しにしたが、それは、雅語による常套句のくり返しが存在するという点であった。ここでのc、d、eの英雄叙事詩を含め、ここまで取り上げて来た全ての伝承にそのことが言えるのである。c、d、eの場合はことに長編の語り物なので、その効用役割は殊に大きなものがあると思われる。つまり、雅語によるきまりきった常套句をきちんと頭の中に入れておけば、どんな長編でも、登場人物の人名が変わったり、筋が展開する具体的な場所が異なったりしている所などを適宜それに見合った言葉に入れ替えて行けば、次々と語り継いで行けるものとのことである（例えば若松寛『ジャングル』の解説文）。ともあれ、印象深いこの種の同一文句が物語の随所に頻繁に現れている点は確かにこれまでの英雄叙事詩に共通している。その事例を紹介しよう。例えばdの〝ジャンガル〟では馬の活躍がきわめて顕著である。

馬は前足を一日行程の間隔に、後足を一夜行程の間隔に運んで、顎を地にすり、胸を顎に打ち当てて、鼻息で地面の草を二手になびかせて疾走し

という文句がある。馬が今まさに疾走している場面だが、どんなに馬が早足で駆けているかが解る。脚と身体がひっつきそうになりながら、しかも地面すれすれに疾走している。いかにも目に見えるような見事な表現である。こういう常套句に類したアイヌの場合を見てみよう。その前に、実はこれまで説明をひかえて来たが、〝ユーカラ〟には英雄ユーカラとカムイユーカラ、そしてこの両者の中間にあるようなオイナという三種のものが含まれている。ここで比較対象としているユーラシア大陸側の英雄叙事詩に近いユーカラが、一番目の英雄ユーカラであり、それで〝ユーカラ（英雄ユーカラ）〟という表記をくり返して来たのである。ともあれアイヌの事例を挙げよう。三番目のオイナの中に鹿が餌をとる様子を表現した常套句に次のようなのがある。

近場の草を鹿は角を高々と押し立てて食べる。遠くを食い取るには角を我が背に寝かせてたべる。

また一番目のカムイユーカラには、サケが川いっぱいになって遡ってくる時の常套句として次のようなのがある。

下の魚の腹びれが底の石にすれ、上の魚の背びれが天日に焦げ付くそのごとし

つまり、川の水が真っ黒になるくらいのサケの大群が、川を遡ってくる様子である。

次に相違点の方であるが、実は、アイヌの〝ユーカラ〟と如上のc、d、eとの相違点というよりも、c、d、eにa、bも含め、その上さらにアイヌの〝ユーカラ〟をも含めた、つまり、ユーラシア大陸の東方域の英雄叙事詩伝承全体と、それより大陸の西の方の場合との性格の違いといったことに話題を移して触れておきたい。坂井弘紀の『中央アジアの英雄叙事詩』（東洋書店、二〇〇二）によると、中央アジアでも先刻のeキルギス族の〝マナス〟の伝承地あたりから西の方、例えばロシアの南の方へ行くと英雄叙事詩のストーリー展開が大体が歴史物語風になっていると、次のように説明している[1]。

> 中央アジアの叙事詩では、主人公の勇士は、妖怪や化け物など空想上の敵ではなく、歴史上実在した「異教徒」や「異民族」と戦うのが一般的である。

ユーラシア域の東部の英雄叙事詩はこれと違っている。ことに〝ゲゼル・ハーン物語〟（〝ケサル物語〟）、あるいは〝ニムンガカン〟〝イマカン〟などになると、主人公たちは、魔王、妖怪、地下界のモノなどの神霊（悪霊というべきか）の敵との戦いに終始するのである。アイヌの英雄ユーカラの場合もそういった気配は感じられる。例えば主人公が危機に陥った時に、虎杖丸《いたどりまる》という刀が彼を救うが、それには妖怪風な話がつきまとっている。こういった点は、王侯や英雄軍人の戦話《いくさばなし》が主となる西の方の伝承とは異なってい

る。このような神霊的なモノへの変身が頻繁に行われること、そのうえ、例の天上界、地上界、地下界の三層世界観がストーリー展開の枠組みになっていることは、北方シャーマニズム信仰の隆盛な地帯の伝承だからと推察する。ところで、いわゆる戦記物の英雄叙事詩ではないものの、西シベリアのハンテ族の叙事詩にも、シャーマニステック三層世界観が影響を及ぼしていると思われる事例がある。先述の『ユーラシア諸民族の叙事詩研究（1）』に所載の、齋藤君子の「いとしい勇士＝下界の商人・上界の商人にまつわる聖なる物語」の梗概によると、聖人は明確に地上界、地下界、天上界の三層を移動しながら物語が展開されている。大陸方面における、叙事詩世界にまみえるシャーマニズム世界の広がりの大きさを感じさせる。

ところで、アイヌの〝ユーカラ〟と大陸側の英雄叙事詩との大きな相違点は、前者の語り方が一人称語りになっている点である。それが一番顕著なのがカムイユーカラにおいてである。もちろんオイナと英雄ユーカラでも、この形式は保たれてはいるが。強調したいことは、この一人称語りは、次項で詳述するように、アイヌの熊のカムイユーカラと全く同じようなかたちで、西シベリアのハンテ族の熊祭りの歌（語り）においても伝承されている点である。しかも熊の歌以外の精霊の歌（語り）でもこの形式が踏襲されているのである。

二　熊の歌（語り）にみる霊の顕現とシャーマニズム

次に熊祭りの歌（語り）の一人称形式について言及する。まずアイヌの場合である。久保寺逸彦の『アイヌ叙事詩　神謡・聖伝の研究』（岩波書店、一九七七）によると、巣穴のところで親熊が捕獲された後、子熊は猟師の家に連れて行かれて、そこで一、二年育てられ、やがて時を得て殺害され、熊祭り（イオマンテ＝霊送り儀礼）が執り行われ、歌や踊りなどの饗宴次第となる。熊は酒とイナウ（御幣）をお土産にもらって父母が住んでいるという元の熊の国に送り帰される。あまりに手厚いもてなしを受けた人間世界のことを思い出し、熊の家にもどってからも諸処の神々を招いて再度の饗宴を催しさえするという。カムイユーカラの熊の歌にはこのように記してあり、それは一部始終が熊の自分語り形式となっている。

他方西シベリアのハンテ族の熊祭りの歌（語り）は、以下のようにして歌われる（筆者は一九九八年一二月に現地で視察し見聞した）[2]。まず熊祭りの次第は、森の巣穴などで見つけられて撲殺された熊が、解体された後、橇《そり》に乗せられて聖地巡りをし、村入りして猟師小屋に運び入れられ、そこで歌や踊りの祭りの饗宴が行われる。その小屋入りのところで周囲の者たちが雪つぶてを熊に投げつけるが、それは不浄のモノを追い払うためだという。ぬいぐるみ状態の熊の頭が祭壇に据えられ、その前の空間で四夜の歌や踊りがくり広げられた（この折りの熊は雌だったのでその日数だったが、もしそれが雄であれば五夜になるという）。まず熊の歌が歌われ、男、女の自由な踊りがあり、白樺の樹皮で作った簡便な仮面をかけての寸劇が沢山演ぜられ、さらに、ショールなどをかぶり杖をついた森や川、湖などの土地の精霊や、あるいは管轄領域が広域で、人の生き死にや幸不幸などといった精神世界の事項を司る霊位の高い神霊たちも登場して来て、周囲の者たちへの寿ぎの踊りを披露して去って行く（なお後者の高位の神霊登場にあたっては、別に祈り手役が先んじて登場してくだんの神霊を呼び込む次第がある）。そして所定の数量の歌や踊りが済むと熊の霊を送り出す（後述するが、この次第を〝熊を殺す〟と表現している）。ここでは、アイヌの場合のように、子熊を飼っておいてからそれを殺害し祭り行うことはやらないし、また歌や踊りの性格もアイヌの場合とは異なってはいるものの、生理的に撲殺した動物の熊を歌や踊りなどの饗宴を経て熊の本来の地へと送り帰す儀礼を行うという点においては、基本的にアイヌの場合に似た構造を有していると言えよう。

その、一人称語りの熊の歌は次のようである。例えばハンテの熊祭りの熊の歌「ポトム川の歌[3]」に記されている熊の顛末（一生）は、大筋においてアイヌの場合に似ている。子連れの母熊が、巣穴のところで人間につかまって殺され、今、熊祭りを受けていることを歌い語る。ここで綿々と描かれていることは、自分が生まれてから死に至るまでのことである。母熊は、自らや我が子のためにどれだけ餌あさりをして野山を駆けまわったことかというその生涯譚である。春にはどれだけ沢山の野イチゴを採って食べたことか、夏にはどれだけ虻や蚊に悩まされたことか、秋にはどれだけ沢山のドングリやクルミを腹一杯食べたことか。今はもう食い過ぎて、体中が脂肪で満たされていると自ら語りをするのである。そして最後に捕えられ、軀体が殺害解体され、今は祭壇に安置され熊祭りを受けていることを一人称語りで述べるのである。さらに、この熊の歌以外にも、例えば「精霊の歌　ソシバ中流の女神ミシネの歌」というような土地の精霊の歌とか「カルタシの歌」というような高位の精霊の歌（語り）[4]のいずれを見ても、一人称語りの形式となっている。

ところで、金田一京助や久保寺逸彦は、アイヌのユーカラにおける一人称語り形式をシャーマンの神語、巫女の託宣歌に始まるという風にそれぞれ次のような説明をしていた。

色々な『神々のユーカラ』は、恐らく事に際して巫女にかゝりてその口に云はした神語が起源であつた。だから神々のユーカラは皆第一人称になつ（ママ）ゐる。[5]

何故にかかる一人称叙述形式をとるか…（中略）…もと託宣の言葉が起源となるためかかる叙述形式をとる(6)

果たしてこのような言い方が正しいものかどうか、筆者の問題提起をしたいところである。中川裕の前述の書の中で、今日この種の考え方への批判が出ていることを指摘している。例えば荻原真子が、今日のカムイユーカラ（神謡）として伝わっているものは間接的なまた聞き資料で、実際の巫謡ではないこと、また英雄叙事詩のユーカラが男性の伝承であるのに対して、カムイユーカラの方が女性の伝承であるという性差が説明されていないという前提からすれば無理な解釈であると問題提起している。一人称語りの始まりの問題からややそれるが、シャーマニズムの霊魂観は、熊祭りのそれよりも時代の新しいものではなかったろうかということを示すような説明が、ロシアのハンテ人の熊祭りの研究者のチモフェイ・モルダノフによってなされているのである。それは、人々と自然との共生感が確乎としていた時代、神の世界も地獄の世界も人間の世界もいっしょくたになっていたような時代のものだったのではなかったか。少なくとも熊祭り（霊送り儀礼）の歌はそういう背景のもとで創出されていたのではなかったかと推定されるのである。例えば、西シベリアの熊祭りでの話ではあるが、チモフェイ・モルダノフの著『北部ハンテの熊の遊びにおける宇宙図』(7)では、ハンテ族の神観念は垂直方向と水平方向とのものがないまぜになっていると指摘している。確かに天上界、地上界、地下界という三層弁別の北方シャーマニズム的な発想が存在する一方で、二次元の大地での水平的な思考も存在している。その後者の事例として、オビ川の下流域はヒン・イキという霊位の高い神霊が死や病気のこと（地下界に相当する事項）を司っている。また中流域にはエム・ヴォシ・イキという霊位の高い神霊が、地上での人々の生活を苦難や悪霊から守っており、上流域には、アス・トゥイ・イキという、白馬に乗って上空を飛び回り人々の生活の安寧を護っている高位の神霊が存在している。

もうひとつハンテ人が垂直方向よりも水平方向（二次元の地上界）を重視していると思われることが、チモフェイ・モルダノフの熊祭りの芸能次第についての説明から伺える。熊の誕生に関しては二種の歌が歌われているが、一つは天界の創世神ヌミ・トルムが天上界から子熊を地上へ降ろしたことに始まるものであり、もう一つは熊が地上で誕生するもの（ペリム川の神の所で）である。その後者の歌の重要性について同人は次のように記している。(8)

この歌のグループの中で最も神聖な歌は「ペリムの神の歌」である。もしこの歌のうたい手がいないと祭りを続けることが出来ない。ハンテイの神々が祭りの席にいないと考えられるからだ。これは熊の地上での誕生をうたう神話である。

ところでかの折口信夫《おりくちしのぶ》は、前第二章で言及したように『日本芸能史六講』で、芸能は遠来の訪れ神との饗宴に始まると述べていた。つまり、まれびとが毎年祭りの場にやって来て、あるじ側（人間）と一緒に饗宴を行い、その折りに歌や踊りのやりとりが始まったというのである。現代人の常識的感覚からすれば、あるじ側の者（人間）にとって、まれびとという神霊が見えるはずがないのに、それが見えているというのはちょっと不思議な話なのである。おそらく折口は、それを目に見えるもののように感じていたのではなかったかと推察するしかない。ここでハンテの熊祭りの方へ話を移すが、儀礼を執り行っているハンテには、実は折口にも共通するような、目に見えないはずの霊魂（熊の）を見えているかの如くに振る舞っているふしがあるのだ。その証拠が二つある。一つは次頁に掲載の、一九九八年一二月のハンテ族の熊祭りの折りの、演目次第とその数量をチモフェイ・モルダノフが筆者に書き出してくれた資料Ⅱを御覧いただきたい。それは何かというと、資料Ⅱの〈第一夜目〉に、①「朝の目覚めの歌」と⑨「夕べのお休みの歌」とがあるが、これは〈第二夜目〉、さらに〈第三夜目〉にも繰り返されており、〈第四夜目〉には、「朝の目覚めの歌」のみが歌われている。これは祭壇に安置してあるぬいぐるみ状態の熊の頭（生理的には死体となっているものだが）を、あたかも生きている〝赤ん坊〟のごとくみなしているのである。祭りを執り行っている猟師がその父親がわり、彼の奥さんがその母親がわりとなってそう見なしているのだという。そして、この〝赤ん坊〟に見せるために、熊祭りの歌や踊りの芸能が演じられているのだという。ここには、シャーマニズムとはまた違った人々の霊的存在への信じ込み方が働いているように思われる。つまり、特異な技術を有した専業者シャーマンの特別な作法を通じなければ、目に見えない霊が見えて来ないというのとは違って、一般庶民の誰しもが、目に見えないはずの熊の霊（生）と真実向き合っている様《さま》を感じさせる。もう一つの証拠は、今日の知見からして、目に見えないはずと思われるところの川や森、湖などに所在する精霊達の、具体的な所在地やそれぞれの事績が現実のごとくに信じられていて、それらを克明に地図上に落とすことができるという点である。例えばここに、チモフェイ・モルダノフが熊祭りで歌われるカズィムの女神の歌や、彼女に関する伝説をもとに作成した、資料Ⅲ「カズィムの女神の通過した道筋と彼女によって創造されまたは任命された霊」をここに掲載する。[9] 地図上には精霊達の具体的な所在地が明記されており、ハンテ人が実際に生を育んでいる具体的な大地に、川に、湖に、あるいは森に神霊（精霊）たちの物語が現在なお鮮明に息づいていることを知ることが出来る。例えば、熊祭りにおけ厳格な熊の霊送りの進行次第と、必要とされる歌の量ということについて、チモフェイ・モルダノフに具体的説明を求めたところ、大体以下のとおりであるとのこと。ただし、これは1998年12月に行われた時のように雌熊に対する祭りの場合である。

〈第一夜目〉

①朝の目覚めの歌
②熊の歌　3曲
③踊り（男、女の順）何曲踊るかその数量にはきまりがない
④寸劇（猟師と熊との関わりを扱った内容のもの）3曲（又は5曲あるいは7曲）
⑤男と女の踊りのことを熊言葉で説明（祭りの目的語）
⑥ペチョラからやって来た者達の歌
⑦寸劇（人々の生活に関する内容）10曲～15曲
⑧ペチョラ人が寝に帰る歌
⑨夕べのお休みの歌

〈第二夜目〉

①朝の目覚めの歌
②熊の歌　4曲
③踊り（男、女の順）
④ペチョラからやって来た者達の歌
⑤寸劇（森の中での、普通には起こりえない冒険的なことについての内容のもの）3曲（又は5曲あるいは7曲）
⑥ペチョラ人が寝に帰る歌
⑦ミシ・アル（森、湖、川などの霊の歌）
⑧夕べのお休みの歌

〈第三夜目〉

①朝の目覚めの歌
②熊の歌　5曲
③踊り（男、女の順）
④ペチョラからやって来た者達の歌
⑤寸劇（エロチックな内容のもの）7曲以上（又は9曲以上）
⑥ペチョラ人が寝に帰る歌
⑦ミシ・アル（森、湖、川などの霊の歌）
⑧夕べのお休みの歌

〈第四夜目〉

①朝の目覚めの歌
②熊の歌　4曲（1曲が2、3時間かかる）
③踊り（男、女の順）
④ペチョラからやって来た者達の歌
⑤寸劇（規則を破ってしまって思わしくない事が起こり、シャーマンの所へうかがいをたてに行く内容のもの）曲数は奇数
⑥ペチョラ人が帰り去る歌（来年また来るからとうたう）
⑦メンク（メンク自らのことをうたい、そして規則に違反した人間をこらしめる様を寸劇で表現）
⑧ミシ・アル　5曲～7曲
⑨祭りを締めくくる特別の歌（もうこれ以上はエロチックな歌はだめ、またミシ・アルその他の歌もだめとうたう）
⑩偉大なる神　7曲～10曲
⑪熊の魂の赴く方向に矢を放つ
⑫熊を殺す（祭りの期間中は、熊を生きているものと見なす。この時点で、もうこれ以上は歌をうたってはいけない、笑ってはいけないこととする）
⑬埋葬（歌をうたってはいけない、笑ってはいけないという期間がその後4、5日間続き、これを埋葬の意とする）

資料Ⅱ「ハンテ族の熊祭りの芸能の進行次第と歌の量」

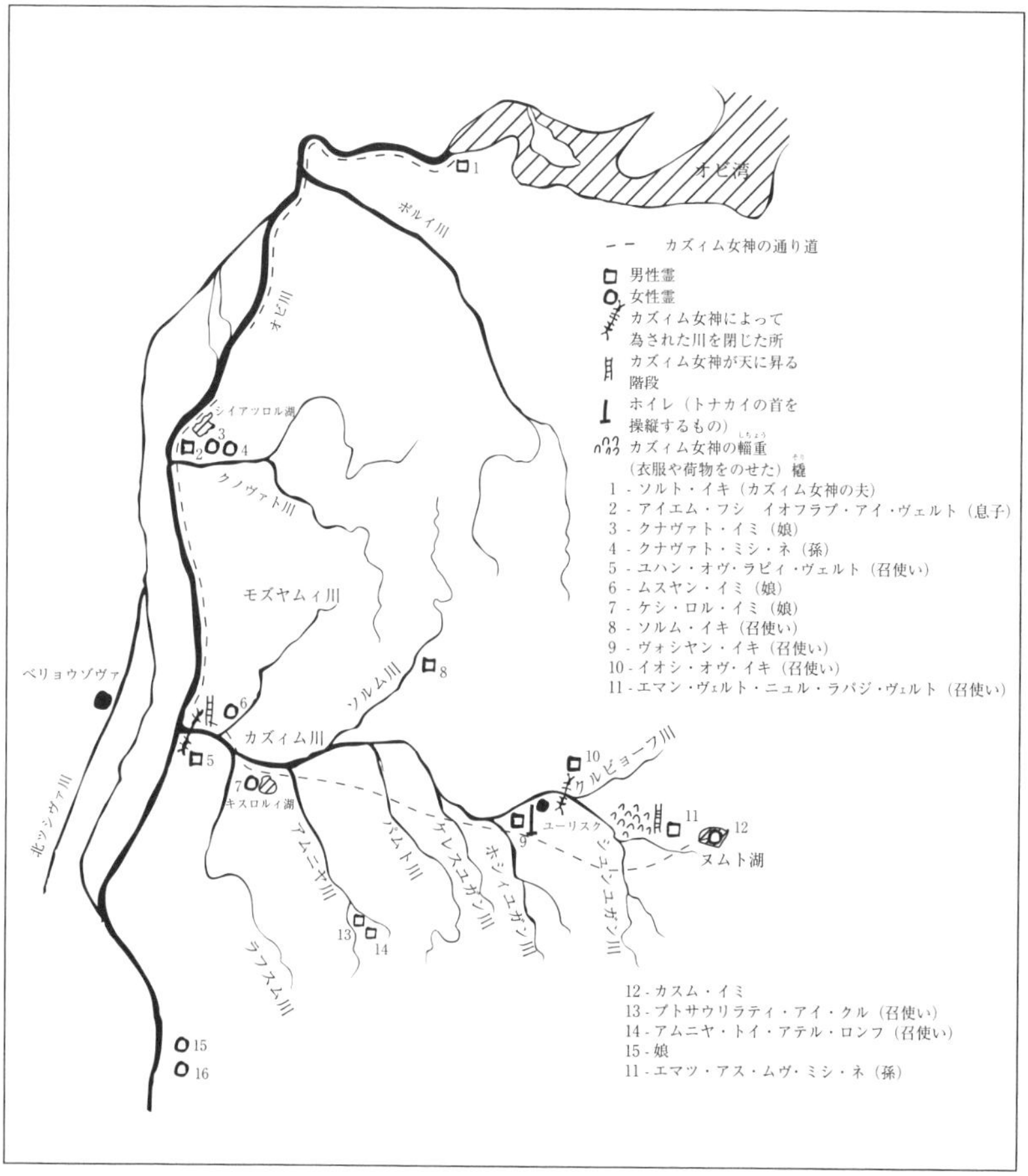

資料Ⅲ「カズィムの女神の通過した道筋と彼女によって創造されまたは任命された霊」

るカズィムの女神の歌の説明[10]によると、資料に記載の川沿いの点線が、女神がオビ川の河口付近から川の流れを遡り、さらに支流のカズィム川方面へと移り住んで行った道筋を示している。また女神によって創造されまたは命名された他の霊達の所在地とそれぞれの名称も明瞭に表記されている。さらにカズィム川で、女神がかつて川の流れを閉じた場所や女神が天に昇る階段の所在地まで表記されている。確か一九九七年だったかと思うが、ハンテの現地ビデオ記録画面を見ている時、筆者に、熊祭りの場で歌（語り）を聞くことはまるで学校の地理の勉強のようなものだと説明してくれたハンテ人がいたが、まさにこのようなことがあるからではなかったかと思う。最初この話を聞いた時は、熊の歌に述べられている熊の通り道の各所の地名かと思ったが、このことも含まれていたのではなかったかと思われる。このように大地の至る所に霊がささやいているのであり、大地こそが物語りを形作っているのだ。こういった事はしっかりと学習しなければならないことになっているのだ。

三　熊の霊送りと「まれびと」来訪との違い

日本や中国、あるいはヨーロッパ等の温帯気候地域に分布する「まれびと」やそれに類似した伝承と、シベリアを中心とした亜寒帯気候地域に分布する熊祭り（霊送り儀礼）に登場する熊との違いは、両者に関わる神観念の違いがあると言えるのではないか。折口信夫の説明する「まれびと」は、毎年海の彼方の楽土、常世《とこよ》の国から来臨するものと述べられているように[11]、まさに時間の止まった世界からやって来る神霊である。ところが熊祭りの動物としての熊には生死があり、〝霊送り儀礼〟の呼称のアイヌと〝熊遊び〟の呼称のハンテの熊祭りにおいては、ともに熊が初めに生理的な死に至り、そして霊として終焉への道を歩むというように、いわば二度の死の道を辿るのである。そういう二重の時間を経過することによって、はじめて時間のない国（アイヌではモシリと言うが、熊の本来の世界）に到達するのである。次の年もまた動物としての熊は出現するのではあるが、それは同じカムイモシリからやって来ると幻想されてはいるものの、別の個体（生き物）の話であり、「まれびと」とは異なった存在といわざるを得ない。アイヌの神観念が一般的に言われている神観念との違いについて、中川裕は次のように記している。[12]

カムイという言葉は普通「神様」と訳されているが、こうして見てくるとキリスト教やイスラム教のような唯一の絶対神とは明らかに違うし、日本古来の八百万の神というのともちょっと違うのがおわかりであろう。…（中略）…狩猟採集をなりわいとし、自分たちを取り巻く生態系のシステムに自らを調和させて行くすべを、生きるための知恵として追求したアイヌ人が、その中に認めた「人間を超えた力」、それをカムイと名づけたわけなのだから、それはわれわれの言う「自然」という言葉に非常に近いものだということができるだろう。

アイヌにとってのカムイとは、獣や鳥、昆虫、植物、それに雨風や雷といった自然現象、さらには天然痘などの病気、飢饉、それに諸道具など、人間（アイヌ）には無い力を有したもののすべてなのである。カムイユーカラ（神謡）にはそれらのカムイがこもごもに語られているのだが、まれびとのような威厳のかたまりみたいな存在とは全く異なっている。

ところで熊祭り（霊送り儀礼）の熊の外見は、怖い獰猛な獣の様相をしているが、それはカムイモシリにおいては人間と同じような生活振りをしていると考えられており、人間味が濃厚だとのことである。カムイユーカラにはもちろん熊の歌とおぼしきものが記録されているが、今日の熊祭り（霊送り儀礼）においてはそれは歌われていない。その内容は熊送りを受けるに至ったプロセスを自己描写しているものであって、かつてはイオマンテ（熊祭り）の中で歌われたものではなかったかと筆者は想像をたくましくしている。飼い主に二、三年飼育された子熊がまず生理的に殺され、解体され、そしてその頭だけが祭壇に安置されて三日間ほどの飲めや歌えの饗宴を過ごす。それが終わると人間より沢山の木幣（イナウ）や酒などの土産物を背負わされて、子熊の父母がいるという熊の本来の世界（カムイモシリ）へと送り帰されるのである。個体としてはもはや再生することのない世界に消えて行く（二度目の死）のである。

日本の北海道のアイヌの熊祭り（霊送り儀礼）におけるこういう二度の死の儀礼は、西シベリアのオビ川流域のハンテ族の熊祭りにおいても見られる。森の巣穴などでハンテ人に見つけられた熊は撲殺解体されるが、これが第一回目の熊の死（生理的な）である。そして、頭部のみが橇に乗せられて聖地巡りをし、村里へ到着すると猟師小屋に運び入れられ、ぬいぐるみ状態の熊の頭部は祭壇に据え置かれる。そして数夜にわたる歌舞、飲み食いの饗宴が催されるが、ここでは、アイヌの熊のカムイユーカラに見られるような内容の熊の歌が実際に演じられており、それが二度目の死へと向かう道筋を示していることは、アイヌのカムイユーカラの場合と同じである。その先述の「ポトム川の歌」の一節には次のように歌い語られている。(13)

三日三晩歌を歌い
私のことを楽しませる。
彼等はツンドラの獣である私の籠（胃袋を象徴している）を一杯にし

揺りかごの女の子（のように）揺りかごに寝かし
揺りかごの男の子（のように）揺りかごに寝かした。
（…中略…）
神々を呼び集める五日間の夜が
私達の前を今過ぎようとしていた。
大切に扱われた獣の魂の入れ物、
それが（優しくされて）溶けてしまった。
戯れの最後の夜を
私達は今終えようとしている。

この世に誕生して野山を駆けめぐり、木の実やクルミなどのタイガの恵みを喰いに喰い、蚊や虻に悩まされた夏の幾年間を経巡り、ある雪の降る日、巣穴の所で人間に殺されたこと、そして上に述べたような饗宴の祭りを受けるに至ったこと、つまり、熊の一生、いわば熊の業《ごう》の一部始終を語るのがこの種の熊の歌である。ここにおいて二度目の死があるという証拠は、前掲の資料Ⅱ、「ハンテ族の熊祭りの芸能の進行次第と歌の量」の記載に見られる。それをご覧いただきたいが、第四夜目の最後の次第⑫⑬に「熊を殺す」「埋葬」と記してあるように、まさにこの祭りは葬儀のアナロジーとでも受けとめられているのだ。そのように説明してあるということは、熊が息をしていると見なされている間とは、歌や踊り、仮面の寸劇等が賑やかに演じられている時間であって、それを閉じるということは熊の死（二度目の）を示しているのであり、熊祭りの終焉なのである。逆に言えば熊祭りとは歌や踊りの饗宴だということになる。そのようにして熊は霊と化して行くのである（守護霊となる）。

ともあれ、ユーラシアの東端と西端（西方の地）で、つまりアイヌとハンテ族において、上にみたような類似の二度の熊の殺し儀礼が執り行われている。その他の亜寒帯の地においてもそれらと同様なものが存在するのではなかろうかと筆者は推察している。

四　熊の霊送り儀礼に見る原初的な神観念

ところで熊の霊送り儀礼は、先述のように生き物（動物）を最終的に霊化するものであった（もっともアイヌのカムイユーカラにおいては、熊はアイヌモシリという熊のカムイの本来の世界へと送り帰されると、異なる説明がなされているのだが）。それは、はじめから神霊化されている「まれびと」が来臨する祭りの場合とは違って、動物としての肉体の死と、儀礼的な死との二度の死のプロセスを経て達成されるものであった。そこのところを前三において、ハンテ族の熊祭り（霊送り儀礼）の演目次第の命名を証拠として述べたわけである。これをアイヌの場合で考えてみると、その二度目の死の一歩手前の次第に位置付けられるのが、熊の頭骨飾り（ウンメムケ）における人々の所為ではないかと思う。祭壇に安置しておいた毛皮付きの頭骨の毛を剝ぎ取り、頭骨に穴を穿って目玉や舌、脳味噌などの中身を取り出した後、中に木屑を詰め、表面を縄で縛って別人様の熊頭に仕立てて、口に新たに、笹の葉を舌だと称してはませる。そしてこれを棒杭に差して刺繡単衣を着せて、外の祭壇の前に顔を東の方向に向けて立てる。このようにして熊の霊を高い山（天界）の方へ送り出すのだという。つまり、霊送り（つまり二度目の死）に先だって、熊の外貌を動物の態から化粧をほどこして象徴化された熊の態へと切り替えるのではないかと推察している。

一見殺伐な所為をほどこしているが、一種の区切りを示しているのだろう。

それではこの祭儀における神観念（神霊観）を一体どのように捉えたらよいものであろうか。キリスト教とイスラム教などのような絶対神のことはさておき、従来キリスト教徒側から異教（Язычество）などと蔑視されて来た民俗信仰世界の諸種の神観念世界において、それは一体どのように位置付けられるものであろうか。アイヌの場合は、先に引用した中川裕の記述にあったような何か自然にちかいもの（カムイ）と言えるのだろうが、ハンテの場合はそれがどうなのだろうか。

チモフェイ・モルダノフが、北部のハンテ族の熊祭り（霊送り儀礼）に登場する諸種の神霊（精霊）群を整理分類して、「神話的宇宙図[14]」というのを作成しているのを前第二章で紹介した（七九頁）。それをご覧いただきたいが、その図において、人間や家（テント）、動物、植物などが存在するこの地上世界（此岸）は、下から二段目の狭い円弧の所である。その上方に描かれている絵図が、神霊（精霊）界と称すべき彼岸世界である。複数のその層を説明すると、最上段の中央に人型のある弧形状の頸木が描かれているのは、創世神のヌミ・トルムを表している。その下の中央部の頸木部分が偉大なる神霊アス・トゥ・イキと彼と関わっているその他の精霊たち（波線で描かれている）を表している。さらにその下方にお碗状の絵が描かれているが、地域の守護霊たちを表している。この絵の下方が人間界に接しており、もう一つの方向（上の方）がアス・トウイ・イキ神霊世界に関わっているのである。ところで、いわゆるシャーマニズムの世界観がよく言うところの地下世界はここには描かれておらず、しいて言えば円弧の最下段に位置しているものと推察される。ともあれ、この図においては、動物霊や家などの守護霊から創世神に至るまで多種多様な神霊（精霊）が描き出されている。先述した折口の提唱した「まれびと」は具体的な神格が説明されていないものだが、それはこの図で言えば一体どの辺に位置付けられるものと考えるべきであろうか？

さて、熊の霊送りの対象である熊の霊性を強く感じ取っているのがアイヌ人たちであり、またハンテ族の人々である。一体そこはどのように意識されているのであろうか。そのところを熊の歌について見てみよう。まずアイヌの熊のカムイユーカラ「山岳を領《うしは》く神（熊）の自叙」の一節から。(15)

我は神のごと
どっと斃れ伏しぬ
（…中略…）
うつらうつら眠りて
ふと眼覚むれば
かくありけり
一本の立樹の上に
手をだらりと下げ
脚をぶらりと下げて
我ありたり

人間に捕えられて撲殺され、そして解体された後の自分の手や脚の不様《ぶざま》な姿を自己描写しているのだが、そういう肉体に宿る自分を、もう一人の自分が見ているまなざしの存在を感じさせる。同じことはハンテ族の場合にも言える。「ポトム川の歌」という熊の歌の一節に(16)

私は牙のある獣、（私は）自由な獣
私は（そいつに）襲いかかる。
（……中略……）
ツンドラの獣に（しなければならない）五つの動作
彼等はそれを五度行った。

これは、熊が巣穴で人間に捕えられようとしてその者に襲いかかったが、しかし逆にその者によって殺され、五度にわたって獣皮を切り裂かれる[17]というお定まりの処置を受けた（つまり解体された）もので、そのプロセスを歌っている。これもまた肉体とともにある自分をもう一人の自分が凝視している様子が読みとれる。こういったまなざしとしての「我」（「私」）こそが、霊送り儀礼を行うアイヌ人やハンテ族の人々の、熊に対する丁重な振る舞いを誘っているもののように思う。あるいはこの「我」（「私」）を、最高度に崇める行為が霊送り儀礼のプロセスと言い換えてよいのかもしれない。ともあれ、結果としてこの儀礼を経て誕生する霊（守護霊）とは、最もプリミテイブな神霊と言えるのではなかろうか。

そしてこの原初的な霊は、先述したチモフェイ・モルダノフの構想した「神話的宇宙図」においては、より抽象化されたいくつかのレベルの高位の神霊たちとともに同じひとつのパンテオンを形づくっているのである。それら諸種の霊的存在同士の間にはおそらく発生に年代差があり、そういう歴史的変遷の跡がしのばれる熊祭りの神霊（精霊）世界なのではないかと推察する。

五　天界の神霊が熊祭りに登場するに至った経緯

上記においては、ハンテの熊祭りの霊魂観の古層部分にスポットを当てて述べたが、天上界の創世神のヌミ・トルムが登場するのをはじめ、そこには高位の神霊達の出現もあるのであり、それに関わる次第の方が今日の熊祭り（ハンテ族）のプログラムの中では重要視されている。四日間の祭りプログラム（一九九八年一二月のカズィム川流域のシュンユガンで開催）での最終日の次第の後半部は、その種の霊位の高い神霊の登場一色となっていた（七演目）。また、それら神霊への信仰心の厚さの裏返しといってよいような、供犠儀礼も至る所（聖なる場所など）でなされていた。この熊祭りにおいてもその顕著な次第があった。例えば熊祭りの開始に先立って、三頭のトナカイが殺害されて熊に供えられたこと、後日そのトナカイの獣皮が近くの神聖な樹木の高い所に吊り下げられる次第があった。つまり、当該祭り対象の熊がまるで神聖な神様扱いされていたという印象である。その点は、熊の霊魂を高い山とかその本来の地に送ること、そういったイオマンテ（熊の霊送り）が祭りの中心次第であるアイヌの場合とは随分と異なっている。アイヌの熊祭りには熊に生贄を供えるというようなことはなく、その意味ではアイヌの方がより古形を保っていると言ってよいのかもしれない。ハンテ等のオビ川流域先住民の熊祭りがこんな風に変化したのは、いつ頃からのことで、またそれは何に起因していたのであろうか？　これまで筆者は、何か原因があっただろうとは予測していたのだが、モルダノヴァ・タチアーナの近著『ペリムトルム――熊祭りの創始者――』[18]を読むと、この点が明確に説明されていた。それを要約してみよう。ペリムトルムとは、ウラル山脈の東側の山麓辺を流れ下っているペリム川あたりに居住していた先住民（マンシ族）の神霊トルムのことであるが、それは元々は先住民の守護霊的存在であったのだという。ところが中世の六、七世紀の頃、ペリム公国が設立された折り、それが天界の創世神トルムの子息と位置づけられ、高位の神格へと昇格して行ったものだという。このことを次のように説明している。[19]

ペリムの霊の名称はペリム川に由来していて、古くは多分特定の氏族の霊であった。それがオビ・ウゴールの中央部で結集して行く過程で、その影響が強まり、最強のリーダーとして周辺の小共同体を統一し出した当初から、それを表象する名の神霊となった（六〜七世紀）。その後に広大な領域の統一を成し遂げて、ペリム公国の名のもとに歴史上に記載され、この神霊は天上界の神トルムの息子としてのステータスを獲得した。その民俗的様相の現れのひとつが、天界の神トルムの威力ある兄の方の息子ということであり、その神霊が人々の文化的幸せ創造に関与したのはペリム公国の威光と影響力が大きかった期間である（一五〜一六世紀以前）。

また同著者は、キリスト教の贖罪意識の影響が、熊を殺害するペリムトルムの熊の歌のストーリー展開に認められるとも記している。[20]

カズィム流域ハンテ人の説明では、熊祭りの創始者である文化的英雄としてのペリムトルムは、ペリム人移住者とその領域の神霊、高位の神を他の土地においても持続したいという欲求に関わっている。基本的なそのストーリーは次のようである。未来の人々の無事息災のために氏族の息子は殺害される（供犠される）が、おそらくこれは神の息子のキリスト教的贖罪観念の変形したかたちである。

熊の天上界誕生についての神話のあれこれの話において、神の父と神の息子、つまりトルム（父）とペリムの神（息子）、あるいはペリムの神（父）と熊（息子）、あるいはトルム（父）と熊（息子）となっている。

以上に見たように、天上界の神霊観という影響が強まったのは、中世のペリム公国政権が確立されて以降のことであり、また、先住民の異教世界にはなかった大宗教キリスト教が当地に浸透して以後のことであった。とはいえ、今日に見るハンテ等の熊祭りの全てがその色合い一色となっているというわけではない。モルダノヴァ・タチアーナのご主人のモルダノフ・チモフェイが提示してくれた「神話的宇宙図」に示されているように、図の下から三段目の円弧には、天上界の神霊たちに隣接するかたちで、地上世界（此岸）の諸種の地域的な守護霊の世界が存在しているのである。たとえば、一九九八年一二月にカズィム川流域のシュンユガンで執り行われた熊祭りの次第にそれが存在していたことを、チモフェイは次のように記していた。[21]

演目の第二類は霊ミシの歌である。霊ミシは、それぞれの氏族の守護霊であり、川、湖、森の支配者である。歌は祭りにやって来る神々の名においてうたわれる。それぞれの霊は、ことごとく何処に住みどんな役割をはたしているかを自己紹介する。彼らが祭りの場に到来する主たる目的は、人々の狩猟と漁撈に成功をもたらすようにおどるためである。

ちなみにこの祭りの折りの演目次第全九五番のうち、この種第二類のミシ・アル（精霊の歌）が一二演目あった。また仮面の寸劇の番数の中にも五番はこの種の霊が出現するものがあった。
なおまた今日に伝わるハンテ族の熊祭りにおいて、中世の公国時代やキリスト教の影響を蒙る以前の古風な要素が遺存していることに関連し、モルダノヴァ・タチアーナの前述の著には、次のような説明も記されている。[22]

神話についての別の解釈として、熊は地上の霊から誕生したというのがある。アビ（гагара）の卵が地上の女性によって熊の息子に化したというのがあり、あるいは丸太を越えつつ道に迷った若者が熊と化したという論考がある（Черцов.В.Н. の二〇〇一年の著の八—九頁、Лукина.Н.В の一九九〇年の著の四三頁）。Черцов.В.Н. はことに散文体の神話（昔話）「熊の妻モシ」に注目し、そこにはポル氏族の女性始祖は雌熊から生まれたと説明され、つまりその解釈における熊の出現は自明の理と受け止められているのであり、彼女はポルフラトリーの始祖として現れる。研究者の考えでは、この神話は最も原初的なものと解されている（二〇〇一年の著者の七—九頁の記述より）。

ともあれ筆者は、ハンテの熊祭りの意義の重要性は、上述のような後代に変化した部分よりも原初的な姿を遺存しているところにあるのであり、その方面の考察が今後深められて行くことを望むものである。

註

（1）坂井弘紀『中央アジアの英雄叙事詩』（東洋書店、二〇〇二）一四頁
（2）星野紘　チモフェイ・モルダノフ共著『シベリア・ハンティ族の熊送りと芸能』（勉誠出版、二〇〇

一）参照

（3）註2と同著所載一三七―一四五頁

（4）註2と同著所載、「精霊の歌　ソシバ中流の女神ミシネの歌」一四六―一五三頁、「カルタシの歌」一五四―一六九頁

（5）金田一京助採集並びニ訳『ユーカラ　アイヌ叙事詩』（岩波書店、一九九四）二四頁

（6）久保寺逸彦編訳『アイヌの神謡』（草風館、二〇〇四）四七九頁

（7）*Молдонов Т.А.* Картина Мира в Песнопениях Медвежьих ИгрищСеверных Хантов（Издотельство Томского университета,1999）

（8）註2と同著三四頁

（9）註2と同著四一頁

（10）註7に同じ

（11）『折口信夫全集　第一巻』（中央公論社、一九六五）「国文学の発生（第三稿）」所載

（12）中川裕『アイヌの物語世界』（平凡社、二〇〇一）二九頁

（13）註2と同著一四二―一四三頁

（14）註7と同著六八頁

（15）久保寺逸彦編著『アイヌ叙事詩　神謡・聖伝の研究』（岩波書店、一九七七）六八頁

（16）註2と同著一四一頁

（17）ここは雌熊についての所為なので四度とすべきだったのだが、この歌が歌われた時に歌い手が雄と間違ったので、五度となっている。

（18）*Молданова Т.А.* "Пелымский Торум-устроитель медвежьих игрищ-"Ханты-Мансийск, Полиграфист, 2010

（19）註18に同じ　二六頁

（20）註18に同じ　一一一頁

（21）註2と同著の三六頁

(22) 註18に同じ　一二一頁

第四章　殺伐な儀礼からの獅子舞考

星野　紘

一　はじめに

我が国においては獅子舞は盆踊りに次いで、地域住民にとってはポピュラーな民俗芸能（地域の伝統芸能）である。正月や春秋の神社の祭礼時にカボチャ大の赤い獅子頭に唐草模様の布幕を胴体としている獅子が、口をパックリと開けて人の頭を囓《かじ》り、日々の幸いや健康を呪《まじな》っている光景をよく見かける。筆者の生まれ故郷は新潟県であるが、子供の頃に同様の獅子の姿には接していたが、もうひとつ別の獅子舞があることは知らなかった。それが故郷の隣の村にもあることなどはつい知らなかった。後で解ったのだが、そこはこの二種の獅子舞が混在している地域であった。少年期に知らなかったものとは、三匹獅子舞とか鹿踊などと称されるもので、東日本一帯にのみ伝承をみてきたものである。

ともあれこの種の民俗芸能は、大正末年に東京の明治神宮外苑の日本青年館の竣工を記念して開催された〝郷土舞踊と民謡の会〟が引き金となって〝民俗芸術〟の概念が生まれ、その時からこれらは調査研究の対象とされることとなった。昭和三年から月刊誌『民俗芸術』が刊行されて、今日言うところの民俗芸能の種類ごとの特集号も編纂された。昭和五年の一月には獅子舞特集号が組まれ[1]、その中に掲載された文章から、今日の獅子舞研究の基本的な観点が提出されていたことを知ることが出来る。そのひとつは小寺融吉の一文「固有の獅子舞と輸入の獅子」である。伎楽の伝来とともに移入された大陸方面の獅子舞が列島内に広まったが、もとより日本には鹿、猪などの動物を頭に象った固有のシシの踊りがあったことを説いた。一方前者の獅子は、頭役と尻尾役の二人が一体の獅子を形成し弄するもので、二人立ちの獅子と言い、日本固有の方は、一人の演じ手がシシの頭も尻尾も含めて一体を弄するので一人立ちの獅子と呼ぶこととした。つまり二種の獅子舞が混在しているのを、芸態上の観点からこのように二分して見せたのである。この分類法は今日の研究者にも受け継がれている。他方、もうひとつ提出されていた論点は柳田國男の一文「獅子舞考」に記された考え方である。龍や鹿などの屍体分割譚から説きおこして、地誌類、口碑などの諸資料を博捜して、末尾において、それは、アイヌの熊祭りのような牲《にえ》の祭りに似た動物撲殺儀礼に関わっていたであろうと仮説していた（アイヌの熊祭りに対する今日の解釈は、「牲の祭り」ではなくて、「熊の霊送り」という理解が一般的である）。この柳田の発想は、もっぱら歌や踊りの芸態論に執着して来た後の芸能（民俗芸能）研究者からは一顧だにされずに今日まで来ているのである。ちなみに近年の芸能研究者の動向を紹介してみよう。フォッサマグナの西側の構造線糸魚川・静岡あたりを境に、その東側に分布すると、小寺が述べた一人立ち系統の獅子舞と、その西側に分布する腰の太鼓を叩きながらの太鼓踊りの両者のどちらが先行していたかという、歴史的時代の古さ争いである。両者の踊り歌には中世末から近世初期頃に京《みやこ》で流行した小歌の影響が共通して見られ、ことに近畿地方の太鼓踊りの演目「じんじゃく踊り」の歌詞が、東の方の一人立ちの獅子舞にも影響を与えていたふしがあり、西の太鼓踊りの方が先行していただろうとの見解があった。これに対して、前者の方にこそ古風が見られると反論していたのが本田

安次であった。(2)

実は私は、初めは太鼓踊が先で、獅子舞は太鼓踊に獅子頭をかぶせた形かと考へていたが、…（中略）…獅子踊の讃め歌は、その時々の即興歌ではあるが、即興歌をうたふといふそのことが古風であり、踊り歌の方も、古拙のままにうたはれてゐることが注意される。

京《みやこ》ぶりを是とするか東夷ぶりに古拙を認めるかといった、なんとも結論が出て来ない、こんな風な芸態論争の中で柳田の説は歯牙にもかけられないで来た。もちろん柳田の挑戦は難題であったから遠ざけられたのだろうが、芸態蛸壺論を超えた人類文化論という視野の広い魅力を有していた。柳田の捉えようとしていたことを一歩でも前に進めたいという思いで筆者は当稿を草することとした。少しばかり手元に集まった資料をもとにこうもあろうかという推定をしてみたい。

二　獅子舞の殺伐な儀礼

柳田國男は「獅子舞考」の中で、獅子舞（頭）に対する人々の所為は遥か昔の遺風をしのばせるものがあると、伊勢の御頭《おかしら》神事について次のように記していた。(3)

至つて古い時代の民間の信仰が、独り其形体を今日に留めて、本旨を逸失した例は無数にある。…（中略）…由緒ある各地の行事の中にも同じ名残は尚豊かに見出される。獅子舞などが既に平和の世の道楽になつて居ながら、屢殺伐なる逸事を伝ふるも其為である。伊勢の山田の七社七頭の獅子頭が、常は各町の鎮め神と祭られつゝ、正月十五日の終夜の舞がすんで後に、之を山田橋の上に持ち出して刀を揮うて切払ふ態を演じ、即座にこれを舞衣に引くるんで、元の社に納めたといふなども…

これはいわゆる二人立ち系統の獅子舞に対しての所為であるが、フォッサマグナのやや西の方の（太平洋岸）の構造線近くよりの伝承である。同じく西側の構造線から遠くない日本海側の富山県や石川県の二人立ちの獅子舞に「獅子殺し」の演目があり、隣接する飛騨地方の金蔵獅子にも似た次第が行われている。実は殺伐な様相をともなうこのような伝承は、フォッサマグナから東方の一人立ち系統の獅子舞の何ヶ所かの舞納めの次第で行われていることに近年気づいた。それを以下に紹介しよう。

その一つが新潟県の阿賀北地方の獅子舞の終了時の儀礼として行われるマクガリ（幕がり）である。新潟県教育委員会から一九八一年に発行された調査報告書『越後の風流獅子踊り』によれば、以下のように一二ケ所でこれが行われている。

岩船郡神林村福田：「マクガリ」と言って獅子頭から幕をはずして収納する
岩船郡神林村牛屋：獅子宿でお神酒をあげて「まくがり」をし、若い衆が夜ごもりをする
岩船郡荒川町金屋：サイの神の前で古老がハサミを入れてマクガリをする。
　　三匹ともハサミを入れる。それからかぶって宿に帰る
岩船郡荒川町大津：古老がハサミで切る。獅子踊がすむとマクガリの踊を踊ってマクを切る
岩船郡荒川町坂町：ご馳走をしてお神酒をいただき、唄あげの人が獅子のマクを切る

岩船郡荒川町名割：最後に一番小さい子に踊らせ、獅子が逃げないようにつかまえて、歌あげをする人があごの下を切る（マクガリ）
岩船郡荒川町下鍛冶屋：獅子舞関係者が集まり、最後にマクガリの踊りを踊って古老がマクを切り終わる
北蒲原郡黒川村近江新：マクガリは獅子踊りの前幕のツナギと背幕のツナギのそれぞれ一ケ所の糸を切る行事である
北蒲原郡中条町大出：獅子頭前部の真ん中の部分と、両脇の三ケ所を切り離す（幕かり）。そして幕を獅子頭の裏側からまわして前に持って来て鼻をかくして保管する。この鼻を隠す習慣は、頭を一時的に踊り手がはずす時も同じ動作をする
北蒲原郡中条町高野：マクカリ
北蒲原郡中条町八幡：昔は最後に「ハナスエ」を踊り、それが最後の「マクガリ」となる踊りであった
北蒲原郡中条町関沢：獅子頭に幕をつけるときは、踊るとき以外は真ん中の糸を切っておく。これを「のどきり」という。全部結んでおくと獅子が生きるといわれ、踊るときは全部結ぶのである

（※上記の所在地の神林村、荒川町は現在村上市となり、黒川村、中条町は胎内市となっている）

要するにマクガリとは、祭り時に箱から出された獅子頭を幕と糸で結んで、一定期間それを人にかぶせて舞わした後、糸を切り、幕と頭を切り離す所為の儀礼である。ここに記さなかった初めのマクツケにおいても儀礼は行われており、糸で両者が結わえつけられることによって、木具としての頭が生気を帯びる

のである。獅子頭同士が保管箱の中で互いにケンカして噛み合う例を柳田は先述の論考で紹介していたが、同様の言い伝えは越後にもある。岩船郡山北町寒川では、獅子を箱に入れっぱなしにしておくと騒いでしょうがないから時々出して舞わしてやるのだと言っているとのこと。上記に引用した事例の中に、関沢では、幕をつけられて甦った獅子が、それを踊らせる時には全部を結んでおくが、そうでない時は真ん中の糸を切っておくと言い、それを「のどぎり」と称している。その間は生気を失っていると見なしているのである。また鼻も生死に関わる重要部分で、大出では、踊り手が一時的に頭をはずしている時は幕で鼻を隠しておくという。つまりこの間獅子は呼吸をしてないということである。同じようなことを下鍛冶屋でも言い伝えていると聞いた。鼻といい喉といい、喩えられている動物の命に関わる大事な器官だ。そもそもマクガリとは動物の首を切る所作なのであり、その所為は残酷と言わざるを得ないものだ。

　新潟県のこの伝承と類似の儀礼は、東日本の他の県にも分布していることが解って来た。新潟県の阿賀北地方に接する庄内（山形県）の一人立ちの獅子舞（こちらは五頭獅子で獅子踊りと称している）にもこれが濃密に分布していることが、五十嵐文蔵氏『庄内地方の祭と芸能』[4]などによって報告されている。獅子郷と言われる旧藤島町、余目町、羽黒町に分布して来たものだ。こちらでのこの獅子納めの儀礼は、神道関係の用語ではないかと思われる「精抜き」の呼称が使われている（始めの儀礼の方は「精入れ」）。「精抜き」での殺伐な所為は、獅子頭の左目の上あたりを刀で突き刺す。こちらでは越後の場合と違って、幕から取り外された頭を台上に据えてそれに酒、米などの供え物をし、灯明を立てて行われる。菊地和博が藤島町八色木の場合を次のように記している。[5]

> 歌の終了後に、師匠が「えーいっ」という大声を出して中立ちのシシの左目上部あたりを刀で突く所作

をするのである。

さらに同類の伝承は、越後や庄内の他の地でも、例えば秋田県にある。ここの三匹獅子舞はささらと呼ばれ、佐竹秋田藩主が水戸から国替えで移封された折りに随伴された常陸方面のものという。仙北郡西木村（現、仙北市）上桧内戸澤のそれに、獅子納めの儀礼として獅子頭の顎に貼り付けられた鬚を刀で切り取る「顎髭切り」の所作がなされている。ここではさらに武藤鉄城氏の私家版（一九五四年刊）などによれば、目玉を抜いたり、牙剣を取ったりのことも行っていたと記されている。

八月十五日は「幕切り」と称して獅子納めをやるが、その儀式で、太夫が刀で獅子の顎髭を切り目玉を抜いたり牙剣をとったりする。(6)

また青森県津軽方面の三匹獅子舞でも、獅子頭の角をもぐ儀礼所為を行うことが、神田より子によって報告されている。(7)

一野渡では獅子頭を山田薬師であると言い、獅子納めの時に獅子頭の角に右手をかけ、右に二回、左に二回まわして　の「ウタノツムギ」という呪文を唱えるという

さらにこれが太平洋側に分布する鹿踊にも見られることは、岩手県教育委員会発行の調査報告書『岩手の民俗芸能』に掲載されている、大船渡市日頃町中小通《こがよう》の鹿踊の納めの儀礼でも鋏を使った所為が行われ

ている。

世話役は、和鋏を手に囲に入り、中立ちの鹿踊りの頭頂のツノガラミのしばってあるところに鋏を入れ膳の上に戻し儀礼を終わる。(8)

この種の東日本一帯の一人立ち獅子舞を集中的に調査研究して『シシ踊り――鎮魂供養の民俗――』(9)を上梓した菊地和博は、さらにまだまだ同類の殺伐儀礼伝承が色々に広がっている事例を記していた。(10)青森市歴史民俗展示館「稽古館」の一九九九年の刊行物によれば、「桃の木の枝で目つぶしの所作を行ったり、お神酒を飲ませたり生魚を食べさせる仕草をしてシシを鎮めるという儀礼」があると言い、秋田県の白岩ささらや下川原ささらの資料によれば、「八月七日にシシにツノを装着させる「笠そろい」を行い、八月二十一日に「笠納め」の儀礼があり、その中で「角もぎ」といってツノをはずすことを行っている」と言う。

三　動物模擬の芸態

獅子は動物であろうか？　それは西域方面でライオンをもとに象られたものと聞いているが、中国の龍にも似た架空の動物で、あるいは聖獣などと称されている。つまり自然の動物ではないわけであるが、二人立ちの獅子舞にしても、一人立ちの獅子舞や鹿踊にしても、それを見ているといかにも動物らしい生態を描き出そうとしていることが感じられる。猛々しい威嚇的な面相で人を縮み上がらせるのが第一印象なのにもかかわらずである。ことに二人立ちの獅子舞が大仰にあくびをしたり、犬猫みたいに身体のシラミをとったりして見せる。あるいは一人立ちの獅子舞の人気曲「女獅子奪い」に代表されるように、雄と雌の恋い争いを見せたり、人間との格闘場面を演じてみたりとしている。また、ひとびとの暮らしの中で、精をこめて作りあげた田畑の農作物が鹿や猪、熊などによって食い荒らされるが、そのような害獣視された獅子を追い払う寸劇風の演技も各地で見受けられる。さらに悪魔払いとか寿福招来の祝いといった呪《まじな》い儀礼において、獅子が大きな口を開けて人々の頭を噛むとか、歯打ちを見せることもある。

ところで、こういった獅子を動物に見立てる様々な事例の中においても、折口信夫《おりくちしのぶ》は、ことにこれを害獣視することのあることに鑑み、大陸伝来の獅子舞を受容した日本人の心情にはその意識が強かっただろうと述べていた。周知のように折口の祭りの芸能の始原論の根底には、常世の国からのまれびとの到来という考え方があって、次の一文に見られるように、獅子舞をこのまれびとに列する存在と位置づけていたように思われる。

此は、言ふまでもなく私どもの常に持つてゐる仮定の一つ、海彼岸《ウミノカナタ》の賓客が此土を来訪して、災厄を未然に祓ひ退けて行つてくれるといふ信仰の分化した、一方面に過ぎないのです[11]。

そして、獅子舞の〝しし〟という発音が、日本人が害獣視している動物の〝しし〟と共通しているので、日本にもこれが容易に定着したのだと記していた。

日本の側から獅子の知識に割り込んだものは、すべて農村の邪魔ものでした。かのしゝ、ゐのしゝ、

いづれも農村の害物です。此考へからさういふもの丶全體、或は一部分に扮装して祭りに参加する様にもなつた訣です。(12)

こういった害獣を追い払う様子の芸態について、東日本方面のシシ踊りの特質、野獣性ということについて言及していたのが菊地和博である。(13)その例が、岩手県の鹿踊に見られる「鉄砲踊り」と「案山子踊り」という演目である。害獣視された動物を捕獲せんとする人間側と鹿たちとのやりとりを描出したものである。前者は猟師の鉄砲で脅迫された鹿たち、そして後者では農民の立てた案山子に遭遇して驚愕する鹿達の様子が演ぜられるが、いずれの演目も捕獲殺害されずに鹿達は逃れ去った。踊りの上では見のがされた動物達であるが、『会津風土記』や『八戸勘定所日記』の誌するところによれば、江戸時代後期の農民がいかに猿、鹿、猪などの動物に手を焼いていたかが述べられていると言う。だからといって、この二つの演目には、単なる人間による一方的な害獣撲殺ぶりが表現されているというのではなくて、人間側の害獣視観を、動物側から見返している面があると菊地は注釈している。

そもそもシシ踊りとは、「狩猟して食べる側・害獣を服従させようとする側＝人間」が、「食べられる側・服従させられる側＝野獣」の扮装をして踊る芸能である。そのなかでも特に二つの演目は、食べられる側・服従させられる側から、食べる側・服従させる側を観察して人間行動を見抜こうとする内容である。(14)

つまりこの見方は、一方的に動物を害獣視する人間側にある種の内省を迫るものがあるという指摘である。

もうひとつ菊地が挙げている野獣性の事例は、動物（獅子）というものはともかくやっつけなければならない憎っくき対象であるという、一切同情のないストーリーの芸能のものである。棒や太刀で獅子を倒す庄内の五頭の獅子踊りにある一場面である。

襷がけをして身構える複数（多くは二人ずつ四人組）の「棒使い」と「太刀使い」がシシ五頭と対面し、両者は互いに相手に襲いかかっていくような動作を繰り広げる。最後はシシたちが跪いてカシラを垂れて降伏する。[15]

これと類似の芸能は石川県などの北陸地方の二人立ちの獅子舞にも行われている。

かように巨大な獅子が囃子を奏しながら町内を悠然と歩み、ところどころで、この獅子に対して戦いをいどむ演舞をおこなうのである。獅子に対して戦いをいどむものを棒ふりと称し、勇壮な演舞を展開して最後に獅子を殺す、これが金沢の獅子の最大の特徴なのである。[16]

以上野獣に見立てた獅子に、人間側がひとかけらの同情もなしに対処する後者と、人間側がやや内省的に接している前者の場合との二つの事例を菊地は提示したのであるが、筆者はいずれの場合も、獅子を現代人の目からとらえた動物観にもとづく野獣性であると思う。つまり、ヒューマニステックな対応をするとか、逆に獰猛視して銃殺するとかといったような態度である。他方前述二で紹介した殺伐な儀礼をともなう獅子舞の場合はそれとは観点が異なり、後述するように狩猟採集民的なものではないかと思う。

四　死屍分割される演技

前述二の殺伐なる儀礼のところで紹介した三匹獅子や鹿踊の一団が民家や寺、神社などを訪問して、一踊りして後去って行く時の歌に

我が里は雨が降るやら雲がたつ　おいとま申す　いざや我がつれ〲

といった文句が歌いかけられる例が各地に多くみられる。果たしてこの獅子たちは何処へ帰るのであろうか？　門付け芸人のグループなのだからストレートに演じ手たちの根拠地に舞い戻ると解したいところだが、何かぼんやりしたところがある。あるいは動物たちの故郷の山の方へ去り行くものと取れるとも思われる。ところが前三で引用した菊地和博がその著書の中で、この種獅子舞のもうひとつの野獣性を示すものとして、津軽の熊頭の獅子舞にある「山越え」の曲を挙げていた。「「山」はシシたちにとって安住の地であり異界として描かれている側面が感じられる」と菊地は説明していたが、筆者も多分そうであろうと思うと同時に、それは霊界へ赴くものと理解したい。

先述した越後の三匹獅子において、物体の頭が、ホロ幕を結びつけられることによって命を吹き込まれるという共同幻想の事例を紹介した。ここで、一九九八年ロシアの西シベリアで調査したハンテ族の熊祭

りにこれと似たような執り行いがあったことを思い出す。前第二章で紹介しておいたが、チモフェイ・モルダノフが書き出してくれた全演目次第の一覧表をご覧いただきたい。[17] 熊祭りは四夜にわたって行われ、九五番の歌、寸劇、踊り等の次第があったが、毎日冒頭に「朝の目覚めの歌」が記してある。これはどういうことが行われるのかというと、祭壇に安置された頭と毛皮ばかりのぬいぐるみ状態の熊に歌いかけられるもので、頭にかぶせてあったスカーフを取り去って行う。赤ん坊を目覚めさせる内容の歌であるが、何日か前熊を撲殺した直後から猟師がその父親がわりとなり、その妻が母親がわりとなってめんどうを見て来たものだという。つまり生体としての命を失ったモノを生かし続けて熊祭りを行っているのである。また一日（夜）の終りの「夕べのお休みの歌」も同趣意のものである。次に第四日目、最終日の⑫に〝熊を殺す〟と記してあることに注目してもらいたい。つまりこの時点において熊は生体の死から数えて二度目の死を迎えたというわけである。要するに歌や踊りの饗宴がこの時点で閉じられたことをそう表現したまでのことである。物体としての獅子頭と熊祭りのぬいぐるみ状態の死骸との生死のありかたがどこか共通しているように思えるのである。越後のをはじめ一人立ちの獅子舞は、幕を頭（物体）から切り離すことによってその年のパフォーマンスの終わりとなる。獅子の終わり（死）と熊の殺し（熊祭の終わり）の違いといえば、熊祭りの熊頭がその場限りのものであるのに対して、獅子頭は何年も繰り返し用いられるという点にある。ともあれ、後者は前者のアナロジーのように思えてならないのだが、いかがなものであろうか。

さらにもうひとつ、一人立ちの獅子舞と熊祭りの歌や踊りとの類似性を思わせる点がある。熊祭りの芸能の根幹にあるのが「熊の歌」である。その内容は、誕生してから人間によって殺害され、今ここに祭りを受けるに至るまでの熊の生涯の一部始終を自ら語りしているものである。野山を餌を求めて歩きまわり、夏季には蚊や虻に悩まされたこと、秋には木イチゴやクルミなどを腹一杯に食べられたことが忘れられない。この歌で特徴的なことは、人間によって撲殺され解体されるところにある。残虐な行為がなされるのであるが、それを受けている動物側では、あたかもそれを宿命であるかの如くに受けとり、冷徹なまでに克明に自己描写している点である（今日の動物愛護主義者からすればとんでもないことがなされているのだが）。これとまさに同様なことが北海道のアイヌの熊祭り（熊の霊送り儀礼）の熊の歌でもなされているので紹介しよう。

我は神のごと
どっと斃れ伏しぬ
（…中略…）
うつらうつら眠りて
ふと眼覚めれば
かくありけり
一本の立樹の上に
手をだらりと下げ
脚をぶらりと下げて
我ありたり

解体された自分の手脚が立ち樹にぶら下がっている様子を描いているが、どうしてこのように残虐な所為に従順な自己描写が出来るのであろうか？　その理由として次の二つのことが考えられる。ひとつは、狩猟採集民にとっては獣や草の実などは自らの生をつなぐ不可欠な存在であって、捕獲される対象を〝可哀相〟などとは言っていられなかったからである。このことを金田一京助は次のように説明していた。

「殺す」「食ふ」といふことが、我々から見れば残酷であつたり、無慈悲であつたりするが、アイヌの心持から云へば、熊を殺して食ふあの熊祭でも、敬虔な神送りの行事で、下界へ遊びに来てゐた客神をもとの家へ帰す慇懃を尽した宗教的作法で、神の心に協ふ行ひである。(19)

それからもうひとつの理由は、すでに生体としての死を経過し終えて祭りを受けている、霊的存在にとっては、もはや生体としての苦痛などは一切無関係となっているのではなかろうかということである。熊祭りによく似た、自らの屍体分割されるプロセスの自己描写が、同じく狩猟採集民であるオーストラリアのアボリジニーでもヴィヴィッドに形象されている事例があったので紹介しよう。カンガルーの踊りの歌である。

ヤマイモをさがすカンガルー
イモのつるをさがし、さがして、
夜明けまで歩きまわる。

夕方になる

ヤマイモをさがし、さがして森を歩く。
狩人が射止める。
口にくわえたヤマイモが落ちる。(20)

カンガルーが生をつむぐためにヤマイモをさがし出し、やっと見つけて口に喰えていたのだが、丁度その時狩人に射止められて、口のヤマイモがポロリと落ちたという。どこかユーモラスな、自虐的とも思えるような客観的な自己描写である。見方によってはなんとも無慈悲な表現である。資料には、カンガルーはアボリジニーの神話に登場する動物であると注記が添えてあったが、カンガルーはすでに死した神話的存在なのである。つまり過去に死に追いやられた自らを再演しているのである。死屍分割の話ではないもののそれに類するものと言えよう。

ところで話をもとにもどす。東日本分布の一人立ちの獅子舞は、村廻りして民家や寺、神社などの屋形を種々にほめ讃え、踊りを披露し、投草という謝礼の物を頂戴し立ち去って行く祝福の門付け芸人の類いである。こういった者たちの芸脈は折口信夫が言及していた万葉集の「乞食者《ほかいびと》が詠《うた》ふ歌(21)」につながっているると思われる。その歌には、熊の歌、カンガルーの踊りに類するような動物が死屍分割される様が描写されている。例えば鹿の歌の場合は次のようである。

鹿《しか》待つと　我が居る時に　さを鹿《しか》の　来たち嘆かく
たちまちに　我は死ぬべし　大君《おおきみ》に　我は仕《つか》へむ
我が角《つの》は　み笠《かさ》のはやし　わが耳は　み墨坩《すみつぼ》　我が目らは

ますみの鏡　我が爪《つめ》は　み弓の弓弭《ゆはず》　我が毛らは　み筆《ふみて》はやし
我が皮は　み箱の皮に　我が肉《しし》は　み膾《なます》はやし　我が肝《きも》も
み膾はやし　我がみげは　み塩のはやし……(22)

鹿の身体が解体されて、耳、目、爪、毛、皮、肉、肝、みげ（内臓。註22に記載）のそれぞれが大君の御用にさしあげられる様が縷々と述べ立てられている。そういった表現が人様の顎を解き、寿祝となっていたのであろう。ここで気になったのは上記引用の歌の文句の末尾に、「右の歌一種は、鹿のために痛みを述べて作る」との注記をつけ加えていたことである。これはこの歌の作者に擬された者の言ということであるが、今日の動物愛護主義者が言う〝可哀相だ〟という見方に共通していると思うが、筆者は、ここに狩猟採集時代の人々の一見残酷と思える動物に対する対応の仕方が万葉時代まで引き継がれていたものではないかと推察している。こういった表現は、近年まで沖縄県の八重山地方のユングトウという滑稽話しにまで生き延びていたのではないかと思われる。狩俣恵一が八重山の口碑に万葉時代の乞食の詠を引き寄せた、そのような一文を草していた。牛のユングトウというものである。

私は　古見の　与那田家の牛です
穴のなかに　落ちて　もーもーと
鳴いて居ると　そばを　通る人が
（私を）見ておられる。
私の家の桁に

大きな　綱が　ありますから
取って来て下さい
角を括り　腹を括って
（私を）出して下さい　正月に屠殺し
高膳を据えて　黒木の箸で召し上がり
年をとって下さい
（以上）申し上げます。[23]

以上縷々述べて来たが、最初の三匹獅子舞や鹿踊のマクガリとか精もどし、精抜きなどといった舞納めのいささか殺伐な儀礼所為の話しにもどろう。端的に言ってこれら獅子舞の芸態には、先述の熊の歌、カンガルーの踊り、万葉集の鹿の歌などのような、屍体分割される自己に対する犠牲的というか、冷徹な客観描写の姿は明瞭には見られない。しかしながら越後の獅子舞のマクガリの態、すなわち舞の終末部に鋏で糸を切られる姿には、悠久の昔の狩猟採集時代の面影がたたえられていないわけでもないように思われる。庄内の獅子踊（舞）についての調査資料が多く出されているので、それらに記されていることを中心に情報をつなぎ合わせて、これら獅子舞に付随している殺伐な儀礼の意味すること、如上のような自己犠牲的な屍体分割譚の可能性を探って見たい。余目町史に、町内（現在は鶴岡市に合併されている）のいくつかの獅子踊の、刀で獅子の目を十字に切るなどの殺伐な所為が記してあるが、古関の獅子踊の場合は次のようになされるとある。[24]

儀式の前に獅子組頭と五頭の獅子との乱斗が行われる。やがて獅子は力尽きて式場に引かれて頭を脱ぎ、儀式に移る。

儀式は踊り手から脱ぎ取られた頭を祭壇に安置して行われるが、その時点よりも前に組頭との間に乱斗が行われるということは、これが単なる儀礼次第ではなくて演目次第の後にそれがあるということではなかろうか。越後の獅子舞の中条町八幡のものが「ハナスエ」を踊ってからマクガリを行うと記されていたのもそれであろう。五十嵐文蔵が紹介していた藤島町（現在鶴岡市）渡前の獅子踊にも弓で獅子を射る次第がある。

村役が弓で獅子を射て若し当たらないで獅子神につくと来年も踊れるというので、終わり頃になると、獅子どもはサッと逃げたという(25)。

今日では少子高齢化などにより後継者難の時代で踊り子調達に苦労しているが、かつては踊り手志望の若者が殺到して踊り手に採用されることは至難のわざだったという。そのような中で弓を避けて逃げたということではなかったかと思う。ともあれ獅子の終焉までの間に弓射の次第が挟まっていたのである。先述の越後の荒川町（現在村上市）名割の例では、「獅子が逃げないようにつかまえてからマクギリする」と記してあって、それがどうしてなのかの説明がないものの、これなども殺伐な所為に至る前に間《ま》があったということだ。これが何を暗示しているのか見えないところがあるが、獅子（動物）が単に恐怖を感じていたということではなかったように思う。たとえばアイヌの熊の霊送り儀礼の終末部の神送り直前の熊の頭骨飾り（ウンメムケ）の残酷な所為はそれを暗示するものではないかと思う。

頭部から皮が剝がされ、舌、顔面の肉、眼球、脳が取り出される。…（中略）…また、鼻孔の軟骨が破られ、削り花が詰められる。そして削り花で撚った縄で頭骨をしばり、頭飾りが終了する。(26)

このような人々による残酷と思える所作が加えられる一方、先刻熊のカムイユーカラの一節を紹介した中に、殺害解体された自らの肉体が、〝手をだらりと下げ、脚をぶらりと下げ〟たと神さびた自らを宿命と受け止め且つ冷徹に描写する熊の内心が有ったわけである。ウンメムケの所為からは見えない内心があったのである。これと同様に獅子の頭を幕から切り離す、外見からは殺伐と見える所為にもこういう自己犠牲的な内心があった可能性がなくはないのだと思う。

ともあれ、万葉集の鹿の歌や八重山の牛のユングトゥに見られた肉体各部の分割譚に類する語彙の破片が、マクガリ、のどを切る、鼻をかくす、目を突く、顎髭を剃る、目玉を抜く、牙をとる、角をもぐ等々と、あたかも東日本の獅子舞や鹿踊の殺伐儀礼の中に散らばって存在しているものの如くである。万葉の鹿の歌には踊りが伴っていたと折口は記していた。(27)東日本の一人立ち獅子舞や鹿踊の淵源はあるいはそれに連なっているのかも知れない。このことは一人立ちの獅子舞が東と西のどちらが先きに始まったかが問題ではなくて、動物の死屍分割が日常であった狩猟採集時代に思いをはせてみるべきことなのだと思う。

註

（1）『民俗芸術』復刻版（国書刊行会、一九七三）第五冊所載
（2）『本田安次著作集　日本の伝統芸能　第一〇巻』（錦正社、一九九六）所載「鹿躍歌考」二三一―二三三頁
（3）註1に同じ　二五五―二五六頁
（4）五十嵐文蔵『庄内地方の祭と芸能』（阿部久書店、一九九八）
（5）『民俗芸能　通巻八八号』（日本青年館公益事業部、二〇〇七）所載、菊地和博「八色木獅子踊りにみる特色」一四頁
（6）『無形文化財記録　芸能編3　民俗芸能〈風流東日本〉』（文化庁、一九七四）八九頁
（7）『まつり　四三号』（まつり同好会、一九七九）所載「津軽の獅子舞」一三七―一三八頁
（8）『岩手県の民俗芸能』（岩手県教育委員会、一九九七）一一四頁
（9）菊池和博『シシ踊り――鎮魂供養の民俗――』（岩田書店、二〇一二）
（10）註6と同じ　一五―一六頁
（11）『折口信夫全集　第一七巻』（中央公論社、一九六七）所載「神楽（その一）」二五三頁
（12）註11に同じ
（13）註9に同じ　二五五―二七一頁
（14）註9に同じ　二六五頁
（15）註9に同じ　二六六頁
（16）『まつり　四三号』所載小倉学「加賀・金沢の獅子舞」一五六頁
（17）当該著書に前掲の一文「熊の歌（語り）と熊祭りの神観念の原初性」の資料Ⅱ「ハンテ族の熊祭りの芸能の進行次第と歌の量」九六頁を参照のこと
（18）久保寺逸彦『アイヌ叙事詩　神謡・聖伝の研究』（岩波書店、一九七七）六八頁
（19）金田一京助採集並ニ訳『ユーカラ　アイヌ叙事詩』（岩波書店、一九九四）一七頁
（20）藤井知昭監修『音と映像による世界民族音楽大系　解説書Ⅱ』（日本ビクター株式会社ビデオソフト事業部、一九八八）三〇五―三〇六頁

（21）『折口信夫全集　第一巻』（中央公論社、一九六五）所載「国文学の発生（第二稿）」九八—一〇〇頁
（22）『新潮日本古典集成萬葉集四』（新潮社、一九八二）二六八—二六九頁
（23）『万葉古代学研究所年報八』（奈良県万葉文化振興財団万葉古代学研究所編、二〇一〇）所載「乞食者詠と八重山のユングトゥ」三六頁
（24）『余目町史　下巻』（余目町、一九九〇）
（25）註４に同じ　二〇一頁
（26）煎本孝『アイヌの熊祭り』（雄山閣、二〇一〇）七四頁
（27）註21と同著所載九九頁

第五章　暴れ牛と神さびる熊――牛殺しと熊殺しの違い――

星野　紘

はじめに

日本の初春の「御田植え祭り」とか「田遊び」などと称される行事（歌や踊り）の中で農耕牛が活躍する場面があり、中でも農夫の言うことに逆らったりして、牛が一種の狂態を見せる場面がある。本稿ではこれを〝暴れ牛〟と呼ぶことにしたい。この暴れ牛のパフォーマンスは中国をはじめ、大陸のより西の方の国でも類似伝承が確認され、ユーラシア大陸に広く分布している。そしてそれらの暴れ牛のパフォーマンスの背後には牛殺しがともなっていたと思われ、動物の殺害をともなう儀礼の歌や踊りのありかたの問題を考えさせる契機があるように思う。

紀元前七百年頃のギリシャの春の祭りのディーテュラムボスにギリシャ彫刻や悲劇といった芸術の起源を説いたJ・Eハリソンの『古代祭式と芸術』(1)の中で、春の祭りの時に牡牛の祭場への登場と牛の殺害儀礼が行われ、牛の皮を剝いでそれに藁をつめて耕牛の模擬を演ずると書いてあり、しかもそれに類する生きた伝承として樺太のアイヌの熊殺しがあると書き添えられていた。筆者はこの二つの動物殺しには趣の異なったところがあり、必ずしも同じようには考えられないのではないかと思っている。以下にそのところを論じたい。

一　ユーラシア域に広く分布する暴れ牛の態

鹿児島県の西部には太郎太郎祭りなどと称する豊穣予祝の春祭りが盛んであって、その中で暴れ牛の態が見物客を湧かしている。その一つの川内市の南方射勝神社の太郎太郎祭りではそれが次のように演じられている。(2)

庭に出るとオンジョが鼻取、太郎が馬鍬をもって後取りをし、代かきをしようとすると、牛は暴れ出して逃げまわる。そこでオンジョではだめだとテチョが鼻取りを代わり、代かきをするが、やはり牛は暴れて逃げまわり、騒然としたうちに終わる。この牛捕り―牛使いは、狂言としてよくできている。

この種の暴れ牛の次第は各地の田遊びに見られるものだと、新井恒易は『農と田遊びの研究』(上・下)で記していたが、(3)その一つである奈良県磯城郡田原本町池神社の御田植式の場合を引用紹介しておこう。(4)

まず神職が鍬をとって神前に向かい、「ただ今から御田植を行います」と言い、鍬を三度振って鍬初めをする。ついで鍬や鋤を用いて水しかけ、畔つくりの所作をし、牛面をかぶった二人立ちの牛を白丁の一人が引き出し、犂および馬鍬をつけてそれぞれ庭を三周、荒起こしから代かきのまねをする。このときに見物衆が牛をめがけて盛んに砂を投げ、牛も大いに暴れる。牛がよく暴れるほど、当年は豊作だという。砂は降雨になぞらえたものだという。

（新井恒易『農と田遊びの研究』（下））

この場合は牛が暴れるということよりも、牛苛めの色合いが強いようだ。ともあれ奈良県の伝承にはこのように牛が狂態を演ずる場合が多い。奈良市の春日大社の場合はまた、代掻きの演技の途中で、牛が暴れ出し、春日大社の巫女が扮している早乙女たちに襲いかかるので、見物人たちは、なんと色気づいた牛だことかとささやき合うという。

ところで、この種の暴れ牛の態は中国大陸でも行われている。中国南部の広西チワン族自治区では「舞春牛」とか「春唱牛舞」などと称する日本の田遊びなどに類似した芸能が盛んで、たとえば同区内の伝承に「螞拐節《マーグアイジェ》」（カエルまつり）があって、その行事次第の中に「舞春牛」の一部と思われる次第が組み込まれているが、次に引用してみよう(5)。

四人で演ずるもの。二人が牛に扮し、他の二人がそれぞれ水神面、神農面を掛け水神が犁を担いで牛の前方に、神農がその後方に位置して、二人はズボンの片方の裾を上にたくしあげ他の方は下げたままの姿で登場する。演技の途中で牛は遣い手の指図に逆らうので、遣い手はころびケガをする。何かと面白おかしいやりとりがあって、人々は大笑いする。しかし遣い手は勇を奮って田耕を進め、強情な牛もおとなしく田作業を続ける。その折りカエルの扮装をした者が何人か現れて牛の腹の下あたりを行き来し、興趣を盛り上げる。

（『中国民族民間舞蹈集成　広西巻』（下））

さらにまた、貴州省の威寧イ族回族苗族自治州板底郷のツォトンジ（撮泰吉）においても似たような伝承が存在する。[6]ここでも耕作中の牛が作業途中で止まって、暴れる様を見せる。

四人は荒地を耕し、種子を植えることを山神に告げる。すると山神は、「牛がなくては農耕もはかどるまい」と、耕牛を入手することを勧め、かれらを案内する。そして二人の村人が扮して登場した牛に近寄り、その口の中をかわるがわる覗いて品定めをし、その良し悪しを確かめた上買い入れることにする。その間、怒った牛にフイブ（漢族の先祖に擬された老人）は襲いかかられ、驚いて尻もちをつくなどの滑稽な場面を展開する。つぎに入手した牛をマホモ（苗《ミャオ》族の先祖に擬された老人）がひき、アブモ（翁）が後から犂を押して荒地を耕す。アダモ（媼）とフイブは杖を鍬がわりにして、そのあとから土塊を叩きながらついていく。ところが間もなく、牛は立ち止まりその場にしゃがみ込んでしまう。四人は山神のもとに赴き、うかがいをたてる。そして教えられたとおり、塩水を与えると、牛の病気は癒え、再び動き出す。こうして耕作を終えると、つぎに草を焼き、その灰を散布し、蕎麦の種子を蒔く。ついで刈取って脱穀してそれを山積みにする。

（伊藤清司「雲貴高原のまろうど神」）

ブルガリアのクケリの牛耕の態

実はこの種の、牛が農耕作業中に止まって倒れ込むといった態は、ここで写真を掲載するが、先年現地取材したブルガリアの春の祭りで、クケリといわれる異形の態のモノたちが出現する行事の中でも行われていた。(7) いわゆる日本の研究者が呼称しているところの訪れ神の一種と思われるクケリたち一行が村に現れ、豊饒予祝の牛耕の態を演じ出す。農民夫婦にリードされるかたちで、クケリたちは馬鍬を挽いて土起こしを演じて見せ、穀物（麦と思われる）の種子を撒いたりするが、途中で馬鍬を挽いている牛役となったクケリが突然地面に倒れ込んでしまう。やおらまた立ち上がり作業を続けるのであるが、上記に紹介した日本や中国の伝承と同じ態をするものだとびっくりした（もっともこちらは水田耕作ではなく畑の耕作なのだが）。

二　角や足など牛の肉体の部位に掛ける除災招福の呪い詞

牛が農夫に反逆したり暴れ回ったりの態が、どうやらユーラシアの広域に分布しているらしい事例を右に見てきたが、それは一体どういうことを表しているのだろうか？　それに関連していると思われる牛の角とか足など牛の肉体の部位に呪《まじな》い詞を唱え掛ける事例に注目してみたい。まず日本の例で、静岡県榛原郡相良町蛭ケ谷の蛭児神社の田遊びでの場合である(8)。

右の角のおへ（生へ）よふハ、七珍万宝の御《み》宝を、是の御蔵へだき角。左の角のおへよふハ、此所に〳〵来るまじものハ、天下のふ浄、ないげなく、ちんじちうよふ、風水旱魃、悪しきなんぞを他方世界ゑのけづの（除け角）。右の足の踏（み）様は、七宝万宝の御たからを、是の御蔵へふみ入たり、左の足の踏様ハ、此ところに〳〵来まじきものハ、天下のふ浄、ないげなく、ちんじちうよふ、風水旱魃、悪（し）きなんぞを、他方世界へはじき退け足

（新井恒易『農と田遊びの研究』（上））

要約すると、耕作牛の角、右、左の足に、七珍万宝の宝を招来し、天下の不浄、風水害、干魃などの悪しきものの除災ならんことを呪い掛けての詞なのである。ここで思い合わされるのは、中央アジアのウズベキスタンでのこと、南部のアフガニスタン境いのボイスン地方へ取材に行った時のことである。当地の牛耕伝承の有無を採集している折りに、牛の土起こしの歌が採集出来て、その内容が右の日本の田遊びの場合によく似た文句が掛けられていたことに気づいた(9)。

牛の土起こし

これは春、最初の農耕儀礼で、まず昨秋取っておいた小麦の半分を種蒔き用に残し、残りの半分でパン

を作り、出来上がったものを小さく切って、この儀礼の参加者全員に配る。その後集落の側の広い畑で二頭の牛に犂をつけて儀礼を行う。まず二人の美しい娘が油をもって来る。続いて白衣の老人がその油を牛の角に塗りつける。それを歌をうたいながら行う。

〽　犂をあなたに付けます
チェホ　チュ　チュホ　チュ（ムチで牛を打つ）
角に油を塗ってやるぞ　チュホ　チュ　チュホ　チュ
もし一生懸命犂を曳いてくれるなら油を塗ってあげよう
（……中略……）
黒い牛よ　おとなしい牛よ
堅い土を起こした牛
一生懸命働いた牛よ
頭に角のある牛よ
　おまえには内曲がりの角がある
鏡のような眼をしている
おまえの生んだ子供は
オウムとヒヨ鳥みたい
チュホ　チュ　チュホ　チュ

（星野紘『芸能の古層ユーラシア』）

白衣の老人がこのようにして犂を一押しした後、若者達が同様のことを行って終了する。丁度人間が鬢油をつけて飾るように、牛の角に油を塗って飾り立て、牛を誉め称えながら犂耕の推進を計ろうとの歌意だ。

いずれにしても、耕作牛の肉体の部位に呪い詞を掛ける伝承が、日本だけでなく中央アジア方面にも存在しているらしいことを示す事例である。ところでこれは何を意味しているのだろうか？　動物（生き物）の肉体の部位が有する効能というか、物質的なその部位の特異な様子から、その背後にある何か霊的なものの有り難さにすがろうとしている人間側の気持ちが働いているということだろう。この牛は単なる動物ではなく、一種神聖なものとみなしているらしいのだ。

三　暴れ牛の態の背後にある牛殺し

前項で言及した聖なる牛に連なるような牛の肉体の部位に関わるものだが、また異った趣意のものに次のような事例がある。沖縄県石垣島のユングトゥの歌の文句には、左のように、牛や馬の背に載せた収穫物があまりに多すぎて牛馬の背中の皮が擦り剝げてしまっている（つまり豊作になったという意である）と述べているものがある。

〽刈《か》りばん　刈りばん　刈らるぬ（刈っても刈っても　刈りおえない）

持《む》ちばん　持ちばん　持ちやぬるよ（持っても持っても　持てないよ）
馬《んま》の背《しー》の　ばきいるんけん（馬の背が剥げるまで）
牛《うしい》の　背《しー》の　ばきいるんけん（牛の背が剥げるまで）

（『南島歌謡大成Ⅳ　八重山篇』）

何か牛や馬を嘖《さいな》んででもいるかの様相である。[10]

また、一種の牛苛めにも見える伝承例に、田遊びの中で次のようなものもある。愛知県岡崎市の山中八幡宮のデンデンガッサリヤと称している行事の中の一次第である。[11]

> 中休みがすむと再び上歌・下歌をうたい、餅を用いて稲刈のまねをする。ついで一人が四つ這いになって牛となり、その背の上に大鏡餅をのせる。牛は這いだして追いまわされ、やがてどさりと倒れる。牛の背に負うた餅は稲などの表徴で、倒れることは豊年の兆しと見なされる。この餅は細かく切って参詣者に投げて与え、これを食うと無病息災になるという。田遊びの牛はほとんど代牛の態であるが、ここでは稲などを運ぶ牛の態となっている。以上のような単純化した田遊びで、伊勢踊りの歌などもとりこんでいるが、ほほえましい田遊びである。
>
> （新井恒易『農と田遊びの研究』（上））

演ぜられる内容は、右に見た沖縄のユングトゥと同様の豊穣となった収穫物を牛の背に載せるもので、こちらは背の皮が剝げるのではなくて、重みに耐えかねて牛がゴロンと倒れ込むという表現になっている。これもまた豊饒の象徴的表現であり牛の肉体（挙動）を一種型なるものとみなしている感覚も見えなくもない。ただし前者の牛の背の剝げよう、また後者の倒れ込むという表現から牛の肉体苛めの様が前述の暴れ牛に比して徹底しているように見える。あるいは殺牛の喩えとも読めなくはない。

ところで、右のようなパフォーマンスの背後に実際の牛殺しはあったと言えるのだろうか？　はじめから結論的なことを述べるが、折口信夫《おりくちしのぶ》の「田遊び祭りの概念」の一文には次ぎのように、そうだと叙してある[12]。

　此は、田の神――水の神と同じもの――の犠《にへ》なのだ。或は、田の神の為に働くものであつた。後には、実際に耕作の助けをしたので、行事にも、代かきに出ることになつてゐる。

（『折口信夫全集　第三巻』）

最初から牛は神への捧げものであり、殺されるものであって、その牛が労働作業にも、行事パフォーマンスにも登場しているのだという説明である。

ところでこの折口の説を裏づけてくれるような伝承が中国にはある。まずその一つが、W・エバーハルト・白鳥芳郎監訳『古代中国の地方文化[13]』が記している、古文献に載っている「打牛」（あるいは「打春」）と呼ばれる立春の頃の行事である。土牛という牛の模型を作り、打ちたたいたり、割ったりして一年の豊作を乞い願う。

中国高文化では、この儀礼の様々な意味が表されている。この儀礼は時折、打牛、ないし、打春と呼ばれる。これは、春の到来を促すとされている儀礼である。この儀礼は立春の日（我々の暦で二月五日）、またはその前日に行われる。前漢の文献だけが、この儀礼は晩冬に行われるとしている。…（中略）…その儀式は、いつも都市の外側で、役人の指揮によって行われた公式の行事であったと記述されている。粘土製の牛は、様々な色に塗られた。それは打ち壊され、その破片から、翌年の農業に関する予言をした。人々は牛の像を、すでに年の暮れに掲げる（漢代）。普通牛の像は、まず男性によって叩かれてから打ちこわされ、その際の破片は、耕地に豊饒をもたらす上で重要であった。

（『古代中国の地方文化』）

ここで描写された迎春の行事には、土製の牛の像の打ち壊しだけであるが、W・エバーハルトは、都市の高文化伝承地帯ではなく田園地帯には生きた牛殺しがあると考えていたようだ。まず宋代の例として、

宋代の詩に、粘土製の牛は通りを牽かれた後で、「屠殺」され、農民達は角をもって退散すると書かれているが、これは生きた牛に対してすることと全く同じである。[14]

（『古代中国の地方文化』）

筆者は、一九八八年に、たまたま広西チワン族自治区の南寧市にある広西民族学院の研究者たちと研究交流している時に、このことに関わるビデオ記録を見せてもらった。広西北部の貴州省境いの南丹県の山中に住むヤオ族（白いズボンを履いているので白袴ヤオと呼称されている）の秋の収穫後の葬送儀礼のもので

ある。儀礼に参加する村人一同が参集した場で牛二頭が屠殺された。棒杭に縛り付けられた牛の首筋めがけて死者のおじ（舅父）が大刀を振り下ろし、牛はガクッと肢を折りその場に倒れる。牛の軀体を解体して、村人一同がそれに駆け寄りその血を飲み肉を食すのだが、その直前の次第で、葬儀の弔い客が涙を流しながら牛を竹鞭で追う様を見せ、また馬鍬を背負った者が現れて牛の背後にそれを取りつけて耕田のまねをする。その意味は、死者があの世で食料豊富に安楽に暮して行けるようにとの願いがこめられているのだとか。この牛殺し伝承は中国の研究界でも注目されている事項のようで、『中華民族民間風俗辞典』には「舅爷砍牛」の名称で記載されている。次にそれを翻訳して掲載する。(15)

オジによる殺牛

ヤオ族の葬送習俗。貴州省と広西チワン族自治区との境界域に居住するヤオ族は、祖先崇拝の念が強く葬送儀礼を重んじている。老人が死ぬとオジが牛を殺して祀りに供える。姓氏ごとに水牛や黄牛を殺す。数名の若者が鞭で牛を追い立てて会場を二周し、牛を追いながら涙を流す。引き続き喪に服している者が頭を下げつつ馬鍬の刃を背負って登場し、牛の背後にそれを付けて耕田の様を見せる。また牛に青草を食まし、竹ヒゴの頸木を牛の首に掛け、荒縄で牛を棒杭に括りつける。突如大刀を担いだオジが現れて、牛がよそ見をしている隙に牛の首めがけて大刀を振り降ろす。周囲の者たちも牛に駆け寄り、刀で牛を解体する。牛の肉は煮沸された後、すべての家族が持ち寄った糯米によるごはんをそれに混ぜ入れ、芭蕉の葉でくるんだものを作り、周囲の人々に配る。見ている者は誰でもその分け前にあずかる。人々は包みを広げて牛の肉を見い出すと、軽く頭を下げて哀悼の意を表する。この種の習俗は母系社会に起源していて、今日は行われなくなった。

どうやら、暴れ牛とか、牛苛めなどといったパフォーマンスの背後にはこういった牛殺しがあったと言えるようである。

（『中華民族民間風俗辞典』）

四　暴れ牛と神さびる熊──牛殺しと熊殺しの違い──

ここで想い出されるのが、J・Eハリソンの『古代祭式と芸術』の中の牡牛追いの記述である。その中での牛追いについての記述は次のようである。

牡牛は荘重を極めた儀式をもって殺され、そして参列したすべての人々によって肉が食べられ、それから──皮が藁を塡めて縫い合わさせられ、次ぎにこの塡めものをした動物は足を張って立たされ、あたかも耕作しているかのように犂《すき》につながれている。死のあとに「復活」がつづいて来るのである。[16]

（『古代祭式と芸術』）

これは春祭りにおいて、時姫という女性達によって追い立てられて祭場に牡牛が登場し、その後に執り行われる次第についての描写である。先に紹介した中国の「打春」にも似た次第である（「打春」では粘土性の牛であり、これは皮袋で作られた牛である）。ともあれ、日本の田遊びとか御田植えに登場する耕作牛の態に似たような儀礼的な所作が紀元前七百年ごろにギリシャの地で行われていたことを示しており、またその種の芸態のものが、例えば東ヨーロッパのブルガリアの地でも現在行われているというように、ユーラシアの東から西にかけての広域にわたって存在することもむべなるかなと思わせる記述である。

さらにハリソンは次のようにも記していて、[17]この点をここでは考えてみたい。

この祭事の精神は今日遠い樺太島のアイヌの間にいきている

（『古代祭式と芸術』）

と、アイヌの熊祭り（熊殺し）と上記で見てきた牛の儀礼とを同一視しているのである。

ところで、アイヌの熊祭りはギリシャなどの農耕地帯からは遠隔の地に所在する伝承である。一年の季節の巡りの中の春に執り行われている農耕民の牛殺しの儀礼に比べ、熊祭りは極寒の地の農耕地帯とは異なる季節の巡りの中で執り行われる。亜寒帯または寒帯の北極圏域の狩猟漁撈民の伝承である。このような一般常識からするとＪ・Ｅハリソンの見解はすぐには受け入れ難いように思われる。もっとも同人が指摘しているように、牛や熊といった動物を殺して人々がその肉を食し、血を飲みあうという点では共通してはいるが。

ここで、芸術（芸能）表現を対象として、この双方のパフォーマンスの異動について、ことに人々の動物へのまなざしの注ぎ方について比べてみたい。はじめに熊の場合であるが、アイヌの語り（歌い）伝承であるカムイユーカラ（神謡）の表現を見てみたい。その前に、カムイということを説明しておきたい。中川裕の『アイヌの物語世界』によると、カムイは神と表記されることが多いが、これはアイヌ特有の神霊観念というべきものだ。人間（アイヌ）にはない威力を有する全てのものがカムイだと説明されている。

獣、鳥類、魚類、昆虫などの動物や菱などの植物の類いの生物から、火、水や、あるいは雷や風などの自然現象や毒薬、さらには天然痘などの病気、はては船などの道具類などが含まれている。中でも特に熊やフクロウのカムイは特に重要視されていて、それらを殺しての祭りはイオマンテ（神霊送り）と称されて重々しい儀礼となっている。総じて外形的表面の内にある霊的存在へのまなざしが細やかに目配りされていることがカムイユーカラの表現から察せられる。

ここで、熊祭りのカムイユーカラの一遍の「山を領《うしは》く神（熊）の自叙」の一部分を引用する。[18]

その時
松脂の神
立ち現われ
付子の神
ともに
我が下肢に
我が手先に
我が足に絡みつき
我が手をとらへて自由を奪ふ
我は神さびて
我は神のごと
どっと斃れ伏しぬ

如何になり行きしか
夢の如く仄かなり
うつらうつら眠りて
ふと眼覚めれば
かくありけり
一本の立樹の枝の上に
手をだらりと下げ
脚をぶらりと下げて
我ありたり
その傍らに
我蘇生したるなり、
我が下を見れば
かくの如くありき
大いなる老熊が
神さびて
神々しき姿にて
身を横たへて
ゐたりけり

熊躍遊戯図（「北蝦夷画帖」より）

猟師の放った矢の毒薬が熊の手足、身体にまわり熊は意識を失う。そして熊は〝神さびる〟という状態に陥ってしまうのだ。その後自分の肉体は猟師たちによって解体され、眼が覚めてみると（我が身にかえってみると）、自らの手、脚が立樹にだらりと吊り下げられている。そのようにして自らの肉体（死骸）が横たえられているのを知ったというのである。ここには自らの肉体が猟師によって残虐にも殺害され解体されたことへの反逆も恨みも一かけらも述べられていない。まるでそれが定められた運命ででもあるかの如くに恭順である。これは一体どういうことなのだろうか。動物が自らの肉体と自らの霊魂とを冷静にじっと見つめているある種の澄み透った感覚が漂っている。ひとつこれと対照的な表現例（芸能）もあるのでそれと比べてみよう。「熊躍遊戯図」（「北蝦夷画帖」）という絵画資料[19]がある。

ここで描かれている図は遊びのパフォーマンスであり、人々の熊（動物）へのまなざしは、せいぜい、人間の攻撃に耐え、また反逆しようとする熊の肉体的反応に随伴している熊の心根に向けたものといった程度である。描かれている図は、飼い熊を殺してイオマンテ（熊祭り）を行おうとしている場面の物真似である。今しも檻から引き出された熊（人間が扮している）に綱を付けて、周囲の者たちがその暴れる熊を制御しているといった図である。これに反して前者のカムイユーカラの場合は、熊の肉体が殺害された後の自らの死骸を見つめる熊のその心にまで人のまなざしが及んでいる。つまり熊の心根を二重にとらえている。肉体的反応に随伴するそれと、それ自体を見つめている心根とである。実は熊とかフクロウなどのカムイのイオマンテ（霊送り）の場合にこれをあてはめて考えてみると、右に記した二番目の心根とは、その霊送りの霊魂に関わっていると思う。イオマンテすなわち熊祭りのプロセスを経て、この霊魂が家や集落などの守護霊等へと昇化して行くのではないかと思われる。いずれにしても、右のカムイの引用のくだりに表現してあった、熊が〝神さびる〟という表現は、今述べた熊の心根が二番目の状態へと移行して行くその姿のことではないかと思う。ところで、こういった熊の心根、あるいは霊魂へまなざしを注ぐに到るのにはそれなりの背景があるのではないかと思う。おそらくそれは、熊を殺害する狩猟民の、肉や毛皮、熊の胆といった彼らの生活上に有用な肉体的部位を提供してくれる熊への、絶大なる感謝の気持ちの裏返しの念が働いてのことではないかと思われる。今後とも彼らの生活を支えてくれる動物に対し、丁重な心配りがなされているのである。

次ぎに牛殺しや暴れ牛のパフォーマンスの場合を考えてみよう。牛が農耕民の生活にとってかけがえのない存在であることは、狩猟民に対する熊に劣るものではないと思う。しかし、ここで上記に例示してきたいくつかの伝承例を思い返してみたいが、概して牛の肉体の背後にある牛の心根へのまなざしは、熊祭り（イオマンテ）に比べて、牛（動物）の身になってみるという思いはそう深くはない。

まず奈良県の田原本町の御田植式で、見物客が代掻きの牛に砂を投げつけて牛を苛めているくだりの場合であるが、これは絵画資料の「熊躍遊戯図」の場合に似ていて、せいぜい牛の肉体的苦痛の背後で反逆しようとしている牛の怒気を描写している程度である。むしろその心の動きを楽しむというような、サディステックな遊び心が働いているのである。

次に、二で紹介した静岡県の相良町蛭ケ谷の田遊びにおける牛の角や足に呪《まじな》い詞を掛けている場合である。角や足といった肉体の部位が持っているある不思議な力に目を注いでいる。牛の肉体の持つ有り難さにあやかろうとしているのである。これは牛の心根というより、牛自体のある種の神聖性に注ぐまなざしである。かならずしも屠殺される牛の個体へ注がれているものとは限らないものだろう。

続いて、三で紹介した愛知県の岡崎市のデンデンガッサリヤにおける牛が大きな鏡餅の重さに耐えかねてその場に倒れ込むというパフォーマンスの場合である。その場に倒れ込むという動作から牛が受けるダメージに言及しており、確かに背後にある牛の心根には目が注がれている。ただその動作が収穫物の豊穣を象徴していると理解されている点は、肉体の部位が持つ有り難さというか、神聖性に言い及んでいるわけで、直前に述べた角や足褒めの事例に共通していよう。

最後に、三の終わりの方で紹介した中国広西チワン族自治区のヤオ族の葬式の折りの牛殺しの場合を考えてみよう。ここでは葬儀参列者が屠殺された牛の肉を食べあうという点では、すでに記したようにアイヌなどの熊祭りの場合と共通している。しかし、ここでの牛の存在に対する人々のまなざしは、熊殺しの場合とは異なっているようだ。まず牛は、死者への弔いのために殺されており、またその牛を弄してのパフォーマンスは、言い伝えによると、死者のあの世での幸せのためになされると解釈されてていて、牛自体の心根の問題とはまた別のことである。熊祭りの熊に注ぐアイヌの人達の思いやりの深さは、前述のように殺す対象である動物自体になりきるというか、その芸術（芸能）表現は動物自体からの物語（あるいは表現）になっている（たとえばカムイユーカラの場合の一人称語り形式）。そこがそもそも異なっているのである。農耕民にとっての牛は、馬鍬や鋤きなどの農具にも相当する耕作作業における人間（農夫）への協力者、使役されるものである。動物の心根に思いをはせるよりも、人間側の利益を考えることの方が優先している。先に検討した牛の肉体部位の角や足、あるいは牛の胴体がこける様などに不思議な力を嗅ぎ取りはするものの、それはあくまでも人間のためだけの除災招福なのである。くだんの動物自体のことではない。これらあたりが暴れ牛や牛殺しと熊祭り（熊殺し）との相違点である。

註

（1）J・Eハリソン　佐々木理訳『古代祭式と芸術』（筑摩書房、一九七三）七六―七七頁
（2）新井恒易『農と田遊びの研究』（上下）（明治書院、一九八一）の下の五五五―五五六頁
（3）註2と同著
（4）註2と同著の下の一七七―一七八頁
（5）『中華民族民間舞蹈集成　広西巻』（下）（中国ISBE中心、一九八八）五六頁
（6）伊藤清司「雲貴高原のまろうど神」『自然と文化』二四号（日本ナショナルトラスト、一九八九）所載四～七頁
（7）二〇〇六年三月三日に採訪したブルガリアの黒海近くのトラキア地方のポヴェダ（POBEDA）村のもの
（8）註2と同著の上の二六〇頁
（9）星野紘『芸能の古層ユーラシア』（勉誠出版、二〇〇六）一八七―一八八頁
（10）『南島歌謡大成Ⅳ　八重山篇』（角川書店、一九七九）一二四頁

（11）註2と同著の上の五〇七頁
（12）『折口信夫全集　第三巻』（中央公論社、一九六六）所載「田遊び祭りの概念」三八七頁
（13）W・エバーハルト、白鳥芳郎監訳『古代中国の地方文化』（六興出版、一九八七）一六七頁
（14）同右
（15）『中華民族民間風俗辞典』（江西教育出版社、一九八八）二七九頁
（16）註1と同著の七六頁
（17）註1と同著の七七頁
（18）中川裕『アイヌの物語世界』（平凡社、二〇〇一）二九頁
（19）久保寺逸彦編著『アイヌ叙事詩　神謡・聖伝の研究』（岩波書店、一九七七）六八頁
（20）谷本一之『アイヌ絵を聴く』（北海道大学図書刊行会、二〇〇〇）一一八頁

第六章　ユーラシアに広がる神懸かり的な旋回舞踊

星野　紘

従来日本において、中国、韓国、インド、インドネシアなどのアジア域の祭祀舞踊について語られることはあっても、ロシアやヨーロッパ方面をも視野に入れた、ユーラシア域全体についてそれが言及されることはまずなかったように思う。しかし、アジア域のそれとて地理的に考えれば大陸の他地域の伝承と無関係ではない。従来はそこまで手を伸ばして調査研究するのはまだ早計と考えられているふしがあった。ユーラシア域の全体的視点からの言及は、部分的ではあるもののすでに先人によって提出されていて、そういった業績をたよりに整理すれば、総体論が語れないわけではないのではないかと筆者は考えた。それらに加えて、西シベリアなどのロシアや中央アジア方面への筆者の採訪調査体験をも加味してこれを論じてみたい。

はじめに、日本での舞踊概念の登場や、バレエなどの西洋のそれと異なる東洋の舞踊の特徴への言及がなされた従来の舞踊研究を紹介し、続いて、ユーラシア大陸の祭祀舞踊には、神懸かり的な旋回舞踊が広がっていることを指摘してみたい。神懸かり的なものの特徴は、中央アジア史研究者の護雅夫や折口信夫《おりくちしのぶ》などの先人が指摘していた旋回性にあると考え、これには宗教職能者などの少人数によって演じられる場合と大勢が円形をなして演ずる場合の二形式があることを述べた。前者は日本、韓国、中国などの東アジア方面や西シベリアの熊祭りの精霊の舞踊など限られた地域に見られるが、後者は大陸の全域（砂漠やステップ地帯を除く）に分布し、ヨーロッパ方面でもホロダンスなどと称して盛んに踊られている。

一　舞踊の概念

従来より、身体の動態表現としての舞踊への考察は、それが日常的に実地体験されている対象でありながら、その生きている動態を言葉で分析説明することのやっかいさから、それほど多くは語られて来なかった。

そもそも日本における舞踊の概念の登場は、明治末の坪内逍遥の著作の中の言及に端を発し、大正以降に一般化したものである。それまでは、例えば明治の鹿鳴館の舞踏会の宴にみられたような、西洋から移入されたダンスが〝舞踏〟と翻訳されていて、当時はまだ〝舞踊〟の概念は使用されていなかった。明治以前の日本には〝おどり〟と〝まい〟の用語しかなかったのである。(1)大正時代からその〝舞〟と〝踊〟とを結びつけて一語とした〝舞踊〟の概念が使われ始めたものだという。(2)

ところで、〝舞〟と〝踊〟の芸態については、折口信夫の次の定義が研究者間に一般化している。

いろんな用例からみても、旋回運動がまひ、跳躍運動がをどりであつた事が明らかである。(3)

一方、柳田國男は、祭りの場での神へのたたえ言を語っている時に、それを聞いているうちに感動のあまり立ち上がっての所作が舞であり、ここでの主行動は言語表現であった。それに対し動作が主行動のものが踊であると述べていた。(4)結果として、この柳田の見解に同調することになるかと思うが、各地の事例を観察してみると、旋回動作の舞と跳躍運動の踊の二種の舞踊が別々に存在するものの、舞と称される舞踊の芸態には跳躍的な部分が含まれており、逆に踊と称される舞踊の中に旋回動作の部分を包含している場合もあるのだ。(5)

ともあれ、これまで日本で語られてきた身体の動態表現としての舞踊の存在論をふりかえってみよう。小寺融吉は一九二八年に『舞踊の美学的研究』を刊行し、その中で、足を中心としての動作の〝歩く〟〝走る〟〝飛ぶ〟と、上半身を主体とした〝身ぶり〟〝手ぶり〟とに分けて言及していた。(6)このように舞踊を、たとえば身体の上半身、下半身と、舞踊手の身体の部位に分けて論ずることは器械的図式的な発想にもとづいている。上述した折口、柳田をはじめ日本でこれまで言及してきた舞踊論は、舞踊を単に舞踊手の身体に限定せず、それをとりまく時間的空間的な複合的諸環境を含めての言及であったといってよい。つまり、人間存在の生態の一環としての舞踊存在という見方であったかと思う。まず折口の舞と踊の説明は、〝旋回する〟、〝跳躍する〟と時間的な幅を含む芸態として論じられていた。また折口は先述の説明に引き続き、舞の方は早く芸術的な内容を持つに到ったが、踊の方は遅れていたと記して、(7)芸術性を有するに到った時期の遅速についても言及していた。また、本居内遠は、舞と踊の美醜感について独特の言い回しで説明していた。(8)

舞と踊とは同じ態ながら、根ざす所に異ありて、舞は態を模して意を用ふる故に、巧にて中々に賤しき方あり、踊は我を忘れて態の醜からむもしらず、興に発しておのずからなるが根元なる故に、却りては雅びて洒落なる方あり、

つまり意識的に演じられる舞は醜く、無意識的な所為の踊に自然なものとしての美を認めた独特の考え方である。この視点は、舞踊は単に演者としての存在であるばかりでなく、これを見る者の感覚としても存在していることを指摘していたといってよい。さらに先に引用した、柳田の舞と踊の弁別の視点には言語表現との相関関係が考慮されていた。つまり舞踊は単なる身体（肉体）表現にとどまるものではないということである。さらにまた舞踊は地理風土的特性を持つ存在であることについても言及されて来た。江戸期に近世芸能の主役となった歌舞伎の舞踊は〝踊〟と呼称され、それが江戸を中心に展開したものであるから、東日本方面では、西日本を中心に盛行していた能の舞や幸若舞といった中世以来の〝舞〟をも〝踊〟と称し、逆に舞の盛んであった西日本方面では踊をも舞と言い習わしていたと折口信夫が書いていた。(9)

以上、舞と踊の区別に言及したのだが、かつて本田安次が記していたように、(10)古事記、日本書紀の頃には、〝儛〟の一語しか存在しなかったことは、古代においては舞と踊りの区別は問題ではなかったのかもしれない。

二　東洋的なもの

先述の著書の中で小寺融吉は、東洋の舞踊は一挙手一動に意味がこめられていると次のように述べていた。

東洋の舞踊は、西欧のそれに比して、非常に表情に富んでゐる。一進一退、一挙一動が凡て何物かを意味してゐる。(11)

これに対して西洋のそれは、

その動作は、常に、例の「歩く、走る、飛ぶ」の三つの基礎的動作に出発して、器械的体操的動作となる。(12)

と指摘し、東洋のものとは対照的に無意味な器械的動作だとした。

また郡司正勝は、西洋のそれが「伸びる」ことに力を入れているのに対して、日本など東洋のそれは「かがむ」ことを根本理念としていると次のように述べていた。

ギリシャ以来の西洋の人体の優美の美学は、その神に迫った完成美に理想があったというべきであろうが、その理念には肉体の「伸び」がみられる。「憧れ」の表現がそれである。これに対して、日本では、美の理念としての肉体は顕示されていない。肉体を否定することによる精神美が強調されてきたために、肉体を叩きのめすことによる美的感動があるといえばある。「痩軀鶴のごとし」が、東洋的な一種の美的表現であるのは、そこに、心身ともに脱落しつくした、肉体の聖なる美をみようとしているからであろう。…（中略）…

西洋の理念が、総体として神へ向かう「伸び」の表現にあるとすれば、日本のそれは、「かがむ」もしくは「縮む」のを根本の理念的表現とするのではないかと思う。(13)

以上の小寺、郡司の説明には、東洋の舞踊に対置されるものとして、トゥシューズで爪先立ち天空へ飛翔するかのような跳躍のポーズを見せるバレエを考えていたように思う。同様の考え方は、『芸能の人類学』の著者姫野翠も、インド舞踊に対置するかたちで述べていた。

つまりバレエは外向的な、あるいは遠心的な踊りであるといえよう。

一方インドの舞踊は、それが部族的なものであっても、またバラタナーティヤムのような洗練されたものであっても、足を地にしっかりとつけなければならない。(14)

もうひとつ日本でよく言われてきた日本的というか、東洋的特徴として、腰を落とした演技（舞踊）という捉え方がある。今日の民俗芸能研究の開祖のように敬われてきた文化功労者の本田安次もそのことを指摘し、特に沖縄の芸能の腰を入れる所作、ガマクの型を事例としてあげていた。

西洋舞踊の…（中略）…空中に飛躍しようとするに対して、東洋の舞踊は、腰を一段と落し、腰を据ゑて舞踏する優雅な、おちついた繊細な舞踏の方針がその特色であると思う[15]。

従来は、このような西洋バレエとは異質のものとしてのアジアの舞踊の特徴という見方だけのものであった。しかしここでは、西洋バレエのピルエット（一方向への旋回を何度も繰り返す振り）も含んでいるのだが、一つは、旋回するという芸態の面からアジアのみならずユーラシア一円の祭祀の舞踊の一側面を特徴として説明してみたい。

三　神懸かり的な舞踊

前二章の末尾で引用した一文の筆者の本田安次は、ここでテーマとしている祭祀の民俗的舞踊について、他の研究者の追随を許さない豊富な採訪体験をもとに、文字資料としては残り難い身体的表現（芸態）の把握、描写分析、グローバルな視点からの系統的な整理をして見せた。本田の一文「日本の舞踊の動きをたずねて[16]」によれば、舞踊の始まりにおける神懸かりとの関わりを指摘し、旋回性、神霊の憑依の現れとしての跳び上がる動作の二つの芸態を事例としてあげていた。前者については後に詳述するが、後者について次のような具体例をあげている。愛知県の花祭りにおける「市の舞」や、中国地方の神楽の蛇綱に関わる舞い手の跳躍動作（腰抱きと称する舞い手の跳び上がりを押さえる役の登場がある）をそれだと指摘した。それに付け加えて、跳び上がる動作との類似点を持つが、乱舞《らっぷ》形式の即興的振りの踊りの存在にも言及していた。

又、欣喜雀躍などといふ言葉がありますが、嬉しい時、喜ばしい時も跳び上がり、走りまはることがあります。心持がそのまま動作にあらはれたものであります。これがいはゆる即興的な舞踊につながります。これらは別に動きの型があるのではなく、心のまゝに手足が動くことになります。

その具体的事例として、沖縄のアッチャメーガーや両手を頭上にあげて振りつつ踏み替え足をする阿波踊り等もこれに属するものと位置付けていた。さらに同人はこの乱舞形式は神懸かりの舞であり、原初的な踊りの姿であると見られると述べていた。本田はそれを次のようにも説明していた。

この神懸かりの舞といふのは、所謂乱舞形式のもので、「古事記」にはこの折、「天《あめ》の石屋《いはやど》に空筒《うけ》伏せて踏《ふ》み動響《とゞろこ》し」と述べられてゐる。台湾や沖縄の或る踊や、樺太や北海道のアイヌの多くの踊が、両者極めて似通つた乱舞系統のもので、南洋の島々や、タイ、ビルマ、印度方面のものとも、又、北方大陸の土着民たちのとも一つ系統をなしてゐるところを見るに、もと日本内地の舞踊も、一様にこの原始乱舞形式を主としたものであったに相違ないことが考へられる。(17)

ともかく、旋回形式の舞踊（これには後述するように個人形式の舞と集団舞踊のかたちとがある）、それに跳躍に特徴を持つ舞踊、そして欣喜雀躍的な即興的舞踊（跳躍的）の三者が、神懸かり舞踊の芸態の小分類として本田安次によって指摘されていた。舞踊の芸態としてさらにもうひとつは、物真似を主としたものである。たとえば、顔の表情や指先の様々のかたちを駆使して物語を語るインド舞踊や、当て振りそのほかの物真似表現に執着している歌舞伎舞踊などをその例としている。世界の舞踊の芸態は、おおむね以上の本田の指摘していた四種の芸態に分類できるのではないかと思われる。

（一）旋回形式の舞踊

護雅夫はトルコのイスラム神秘主義教団の旋回舞踊についての論文[18]の中で、その来歴の説明として、日本の盆踊り、念仏踊りに関する折口信夫の考え方を援用しつつ、これは内陸アジアに端を発するものだと述べていた。ここでは同人のこの考え方を一つのヒントとして、藤井知昭監修の『音と映像による　世界民族音楽大系』『新・音と映像による　世界民族音楽大系』[19]などに収録されている世界各国各地域における祭祀舞踊の映像記録を点検してみると、アジアからヨーロッパにかけてのユーラシア域に、この種の芸態の舞踊が広く分布していることが解る。

まず最初に護雅夫の考え方を紹介する。トルコのイスラム神秘主義教団の旋回舞踊は、集団の舞踊の舞い手の個々人が一方向への旋回を何回となく繰り返していくものである。そしてその来歴について護は、かつて江上波夫が言及していた匈奴《きょうど》や鮮卑《せんぴ》などの北東アジアの騎馬民族の事例、それに護自身の調査に基づく突厥《とっけつ》の可汗《カガン》の即位儀礼をもとに次のように説明していた。

要するに、内陸アジアのシャマニズムの儀礼において、まわることとは、神や超自然的な存在を天井から招ぎ降ろして、林、木など、あるいはまわるもの自身に憑依させる信仰的動作になった[20]。

また護は、旋回して神や超越的な存在が憑依するその芸態は、折口信夫が説いた盆の踊り、念仏踊り等の旋回に共通するものだと述べた。ちなみに折口はそのような趣旨のことを、「盆踊りの話」の中で、次のように記していた。

道を歩きながら、鉦を敲いて、新盆の家の庭で輪を作つて踊る式は神祭りと同一で、月夜の晩に、雨傘を指したり、踊りの中心に柱をたてたりする。神を招く時には、中央に柱を樹てゝ其まはりを踊つて廻るのが型である。[21]

まさに護雅夫が内陸アジアの事例でその由来を説いていたことに全くかさなっている考え方である。盆踊りの輪の中心部には音頭櫓が置かれることが多いが、それに灯籠や提灯を下げたりする所がある。

次にこの種の旋回舞踊の分布状況や、これに群舞と個人舞の別があることが前述の世界民族音楽大系の映像ほかで確認できる。日本の盆踊りにみるような集団での旋回舞踊の輪踊りは、モンゴルなどの中央アジア域では今日稀なようだが、チベットでは力強い足踏みに特徴を見せるものが盛んであり、この系統の輪踊りは中国の西南域の少数民族、あるいは南の方の台湾の原住民などもこれを踊っている。他方この種の芸態の輪踊りは、東南アジアから太平洋オセアニア地域では少ないようである。ところが、西アジア域からヨーロッパ方面にかけては各地で多く踊られている。これは護雅夫の説の西方への広がりを物語っているのではなかろうか。このように推察するのも、かつて内陸アジアの騎馬民族が西遷し、ヨーロッパ方面まで制覇した歴史があったからである。ことに東ヨーロッパの各国各地でこれが盛んに踊られていることを映像記録は見せてくれる。[22]筆者はこれまで南アジア方面の情報に疎かったが、チベット系民族の住む

ブータンあたりの北部域にこれが見られ、さらにインド南部のケーララ州あたりでも踊られているとのことである。(23)

ところで、群舞としての旋回舞踊と個人旋回舞踊とはどういう関係にあるのであろうか。明確に説明したものは見あたらないが、先述の折口信夫もその別を特に問題にはしていなかった。さらに各地の伝承事例を見てもその双方の芸態がミックスされたような伝承も存在している。その一例としてブータンのラマ教の仮面舞踊チャムあたりでも二つの芸態がミックスされているのを見ることができる。

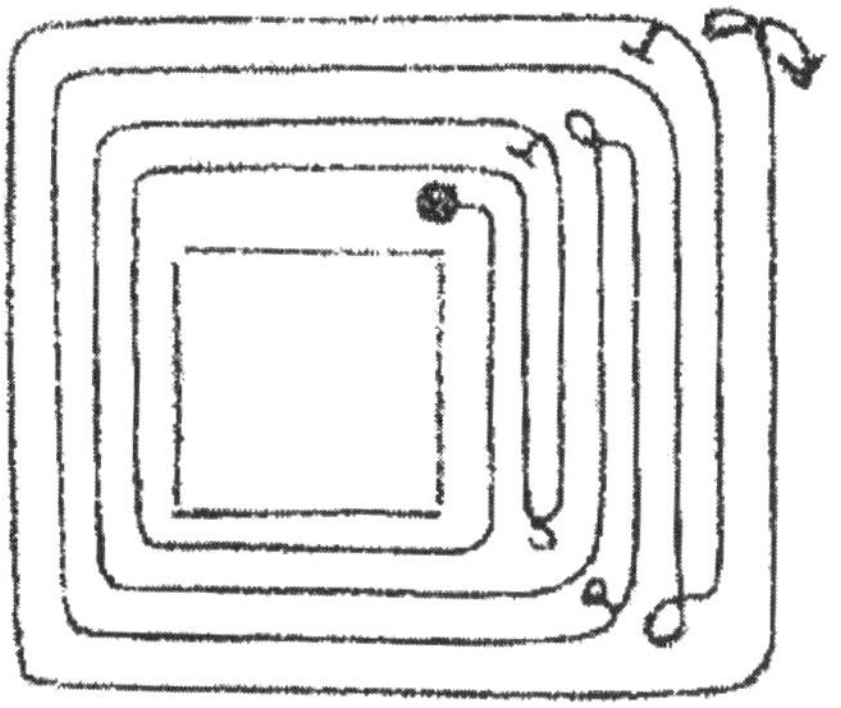

図１　花祭りの「地固め舞」
“廻って、廻り返し、また元に廻り返す”足取り図
※『早川孝太郎全集　第１巻』（未来社、1971）所載「花祭」の図17より引用

（二）日本、中国、韓国の祭祀舞踊の旋回性

日本の祭祀舞踊として、まず神楽のそれに言及しなければならない。その芸態の特徴は、〝廻って廻り返す〟という順逆順の旋回形式が基本になっていることである。このことを最も典型的に示しているのが、巫女舞である。例えば秋田県の保呂羽山の霜月神楽におけるそれを見てみよう。ここでの巫女の舞は順廻り、逆廻りを二回ずつ三回繰り返すかたちであるが、この種の巫女舞の基本は、図１の花祭りの「地固め舞」の舞い手の足取りに見るように、順回り、逆回り、順回りをそれぞれ三度ずつ繰り返すかたちが多いようである。(24)図１は一番最初の竈の前の舞であり、東、南、

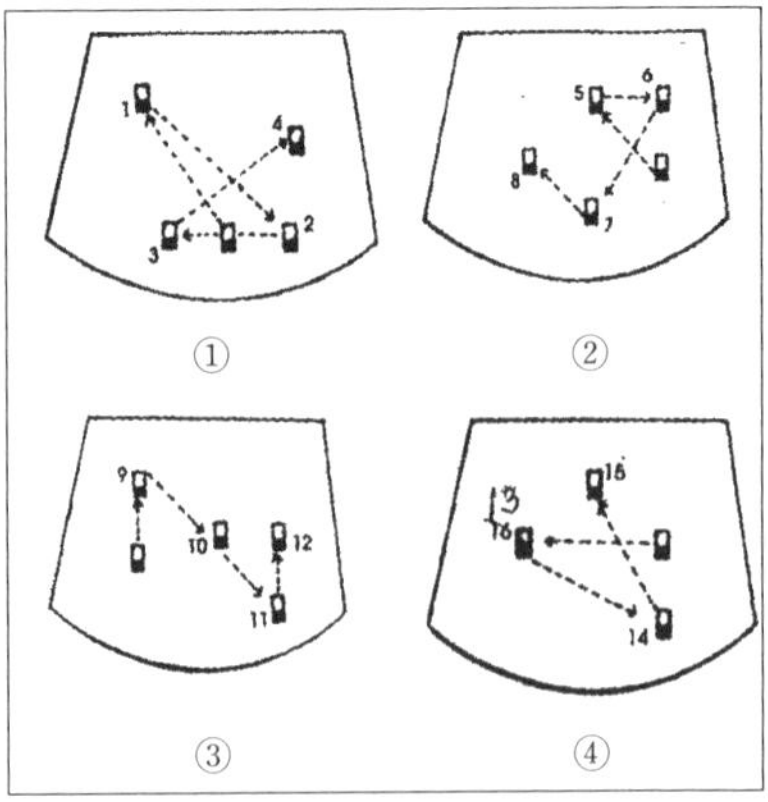

図２　中国貴州省土家族の儺堂戯における「踩九州」の足取り図
※『儺韵・貴州徳江儺堂戯・上冊』（中国・貴州民族出版社、2003）より引用

西、北、中央の五方位にこれを繰り返す。図にみるように、廻って（右廻り）、廻り返し（左廻り）、また元に廻り返す（右廻り）の三返を行っている。図ではさらにもう一度逆廻り（左廻り）して次の手へと移って行くが、このような旋回のプロセスのうちに神懸かり、その託宣を述べるのが本来の姿であったろうと思われる。

　次に、中国の〝儺〟と総称されている祭祀舞踊の舞の手を見てみよう。周氷は芸能を記譜したものを八卦舞蹈譜と命名していたが、[25] 八卦の八方位を意識した足取りをするのだという。貴州省の土家族の儺堂戯の中の「踩九州」のそれを、[26] その種の舞踏譜の一例とみなして紹介しよう（右の図２を見ていただきたい）。陰陽の位置が円形状に配置されたその八方向を、陰々とか陽々とかと同じ卦が連続するのを避けて足を踏むとのこと。今、この図に示されている足取りを①から④へとたどってみると、日本の廻って廻り返す振りのように明確にはなっていないものの、それに近い動態のように見えないことはない。図２の①と②は右廻りのようで、③が中間的動き、そして④が左廻りのような感じになってはいる。

　次に、韓国の場合である。巫女によるクツの舞踊の旋回様式には二通りあるようだ。まずソウル付近の万神と称される巫女の場合について、板谷徹の一文[27]をもとに紹介しよう。まずこれは、「採り物を持って交互に手を振り上げ、逆廻りにくるくると旋回する舞を幾つも繰り返す」と説明され、〝交互舞・旋舞〟

と名付けられている。ここでの交互舞とは、「採り物を持って交互に手を振り上げ」と記しているので、これが日本や中国の場合のような、〝廻って廻り返す〟ものと違いを見せている。この〝交互舞〟に引き続いて、逆廻り（左廻り）の一方向のみの旋回を繰り返し続ける〝旋舞〟へと展開して行くが、〝交互舞〟はその準備段階の手のようにも見える。後者の一方向のみの〝旋舞〟は、先に紹介したイスラム神秘主義教団の旋舞を思わす芸態である。

しかしながら、韓国の巫女によるこの種の祭祀の舞い方については、今見たような韓国の中央部、北部方面のものとは別に、済州島のシンバンと称される巫女によるものなど、南部方面の場合はこれと芸態が異なっている。それを玄容駿の『済州島巫俗の研究』に記載の説明を借りて見てみよう。まず前者のそれについては、[28]

初めには腕と足をゆっくりと動かし、前後左右にゆっくりと移動する舞であるが、漸次動作が早くなり、旋回もし、そして上下への跳躍をする踊りへ移る

と、つまりこれは板谷の言う〝交互舞・旋舞〟に近いかたちのものであるが、済州島のシンバンの踊り方は、

一定場所での上下への跳舞躍ではなく、左右旋廻舞、上下左右、縦横無尽の暴れまわる踊りではある[29]

と記し、こちらでは日本のような廻って廻り返す振りもあることをも指摘している。また中央部北部方面のものと南部方面のものの両者は大筋では似たような振りだと、この書の著者は捉えていたようだ。

すでに論じた如く、憑神の方法としての踊りであるとみえる点は同じい[30]。

当著者の観点は、韓国の南北、あるいは日本の場合の神懸かりに至る過程での旋回舞踊の様相は、シベリアおよび中央アジアの巫儀の神懸かりの場合とは、大きく異なっているという考え方である。後者の地では廻って廻り返すといった芸態は存在しないと見ているようだ。前者の憑依形式のものとは異なるその神懸かり現象を指摘し、

儀礼の対象である神がシャーマンの招請によって人間界へ降下して、シャーマンに憑依するのではなく、シャーマンの魂が霊界の神に向かって旅行していく点である。この旅行がいわゆる脱魂（エクスタシー）という異常心理を基礎にしているのであるが、この点が済州のシンバンと違う[31]。

つまり日本、中国、韓国の東アジア域の神懸かりの所為は地域ごとに差はあるものの、おおよそ廻って廻り返すといったふうな日本の神楽のような芸態を含み、旋回するという点では共通項を有している。しかもそれはシベリア、中央アジアといった北の方面のものとは一線を画している。また、東アジアの三ヶ国のそれは、日本では神職関係者、中国の場合は師公などと呼ばれる者、そして韓国ではムーダンとかシンバンなどの巫女と言われる宗教職能者が関わり、祭壇を構え、神降ろしをし、献饌などの諸次第を行っ

た後に、この種の祭祀舞踊が舞われる。その祭場には陰陽、五行五方とか、八卦思想などに基づくコスモスが設定され、厳粛な雰囲気の中で執り行われる。なお、日本の神楽における神懸かりの伝承事例は今日希薄となっているものの、それでも中国地方や九州方面の蛇綱に寄りかかっての次第や「将軍舞」の演目において、錯乱状態に陥るケースがなお存在しており、このような場合には飛び跳ねる所為となっている。

(三) 西シベリアの熊祭りの舞踊の旋回性

前(二)で記したように、日本の神楽に、韓国の巫女の祭祀に、あるいは中国の儺の祭祀など東アジアの祭祀舞踊には、一人、二人といった少数の舞い手(宗教職能者)が旋回したり、跳び上がったりしたりの神懸かり的所為がある。この種の芸態は台湾などの道教の祭祀などでも同様であるが、所謂中国及びその周辺域の東アジア域に特徴的な芸態のようである。結界された祭場(舞台)のコスモスにおいて、東西南北中央の五行五方や陰陽八卦に基づく方向に足が運び出される。これと同類の少人数の舞い手による旋回形式の舞踊は、他地域では存在しないものかもと考えていたが、西シベリアのオビ川流域のハンテ族の熊祭りにおいても、それに似たかたちの踊り方が存在していたのでここに紹介したい。一九九三年にオビ川中流域のポルノバットで開催された熊祭りについての報告によると[32]、祭り終末部での偉大なる神々が登場してくるくだりで、これが舞われている。

　ヒーンイキは七回まわって踊る。[33]

ヒーンイキ(Хинь ики)とはオビ川の下流域の高位の精霊で、人々の病気や死を司っている。彼は黒い上っ張り（上衣）姿で、鈴のついた狐皮の帽子をかぶり、両手にそれぞれ狐毛を持って熊祭りの場にやって来、部屋の不浄のものを追い払いつつ旋回舞踊をするのだ。

また最高位の霊位の天界に住む神ヌルミ・トルム（Торум）が七人の息子たちとともに、大地を象っている楕円形のタガ（箍）を担いで熊祭りの場に登場して来て、次のように舞う。

最初彼はリズミカルにタガを腰の高さの位置で手に持って踊るが、その後徐々にタガを上方に持ち上げて行き、七回にまわって踊る。そして出て行く[34]。

七回その場をめぐるという所為は、上記のような舞踊の事例以外の儀礼次第としても行われている。例えば一九九八年の熊祭りの折り、熊への贄として三頭のトナカイを供犠したが、儀礼の終りにその場に居合わせた一同が各自その場を順めぐりの方向に七回めぐった。このように七という数字は重要視されている。例えば上述の二例以外の偉大なる神の所為にも次のようなことが行われた。ひとつは矢を七本持っての精霊（神）の登場である。両手にそれぞれ一本ずつ、両腰にそれぞれ二本ずつ、そして腰帯の後ろの方に一本と合計七本の矢を身に帯してである。両手の矢を巧みに打ち合わせての動作であった。また人形戯が一演目熊祭りに存在していて、それの操法にも七の数が関わっている。十文字の棒に布を巻き付けて男女二体を作る。この演目は創世神が人類を誕生させるものだという。遣い手一人が、トナカイの毛皮の上に寝転がって（頭は熊のぬいぐるみを据えてある祭壇の方に向けている）二体の人形を操作する。二体両者を近づけたり、相互に接触させたりと演じて見せるが、そうした折り居合わせた者たちが声を出す。すると人形は身を隠す。こういった所作を七回にわたってくりかえすとのこと[35]。先述のように、東アジアの宗教職能者の旋回舞踊が五行五方や陰陽八卦の観念で行われているのに対して、こちらでは七という数字の観念のもとで所作されている。このように違いがあるにしても、ユーラシアの遠隔地に位置する東西の祭祀舞踊の芸態がともに旋回性を有しているということは、事柄の広がりの大きさを示すものと理解してよい。

（四）輪になっての踊りで神懸かりのある事例

先述の（一）で言及した、護雅夫や折口信夫が指摘した旋回する芸態の舞踊とは、踊り手一同が輪になっての集団舞踊のことであった（上記（三）で述べた個人的な旋回舞踊とは形態が違う）。ところで、輪踊りという概念は現在のところ事典類には見あたらない用語だ。輪舞《りんぶ》とか円舞《えんぶ》の方は所載されていて、多勢が輪になって踊る場合と、二人が組み合って踊るワルツなどの二通りある。それはともあれ、この輪になっての踊りも、伝承は少ないが神懸かりと関わっているらしい事例もなくはない。

盆踊りとは別に、子供たちが一同輪になってめぐりながらの遊びの日本のカゴメカゴメも、一同ぐるぐる輪なりの旋回をした後、輪の真ん中で目をつぶった鬼役が、後ろの正面だあれ？　とまわりから尋ねられ、その誰かを言い当てるといったことをする。子供たちのこの伝承に、旋回して人に神付けをする習俗の残存を指摘したのは柳田國男であった。[36] 現存の本土側の盆踊りでは神懸かりを見せる事例を知らないが、奄美の八月踊りの類いにそれらしいことがあるとの報告がある。徳之島では八月踊りのことを七月踊りとか夏目踊りと称しているが、酒井正子の著作によると、[37] 踊りの夜の男女の踊り歌の掛け合いの中でそういった状態になると報告してある。踊りの輪が徐々にテンポアップして行き、踊り手一同渦巻き状態となって神懸かり的な様相を呈すると。

陶酔を醸成する回路――その回路に入ってゆけば、最後は神懸かりのような恍惚・興奮状態に行き着くまで止めない。それはシャマニスティックな忘我状態を作り出すプロセスにも似ている。

もうひとつ本土側の念仏踊りに、神懸かり状態になるとまでは言えないが、踊り終盤で踊りの隊列が乱れるケースを筆者自身が見ている（徳島県美馬郡つるぎ町貞光の「木屋の念仏踊り」）、左回りに旋回しながら踊っていた一同が、終わりの方でテンポアップした動きとなり、最後は踊り手たちがその場に倒れ込むようになった。あるいはここでも何か神懸かり的なものを伝えていたのかもしれない。

ところで筆者が大陸方面の人々の輪になっての集団舞踊を目にしたのは、一九八七年に中国雲南省のイ族とナシ族のそれであった。それ以降ここ四半世紀の間、ロシアからヨーロッパ方面の実演を見たり、ビデオ記録資料に当ったりして、この踊りの広がりの大きさを確認して来た。概してそこにおける神懸かり的徴候は稀ではあったが、それらしいことも無くはなかった。中国イ族の打歌と称される輪になっての踊りの終末部では、一同が、女列、男列の二列横隊に分かれてスピーディに踊りを競い合う場面に変わった。なぜなのかを確かめなかったが、激しく対抗しあっているという印象であった。

また先述のイスラム神秘主義教団の旋回舞踊に似たものがエジプトのカイロでも踊られているが[38]、その時、病人が「悪魔払いの踊り」を踊る場面があって病人は陶酔状態となった。一同柱の周りをめぐって踊っていたのだが、その中心の柱にはなにか意味があるようであった。

（五）神懸かりと舞踊表現との境界

個人的な旋回舞踊には、神霊が舞い手に憑依する神懸かりをともなうケースが各地で伝承されて来た。

先に述べた以外にもなお次のような事例もある。まず西アジア方面のものである。小寺融吉が先述の著書の中で、シリア、ギリシャ、イスラエルに神懸かりの舞踊事例の文献記録があることを指摘していたが、あるいはその種のものなのか、エジプトの事例の映像がある。[39] 前（三）の集団舞踊の文末で触れた「悪魔払いの踊り」と名付けられているもので、病気になった女性が病いの原因となった精霊を探し当てるために神懸かると説明されているが、供犠される鶏を手にした病人が昏睡状態へと陥って行く。その折り、楽器を奏打する者たちとともに病人は柱状の周りを輪踊りをしていたのである。次に中国広西チワン族自治区のヴェトナムとの国境辺に住む、ノンと称するチワン族系統の者達の〝巫求〟と命名されている伝承である。[40] 神霊の降下をうながす歌（天琴という二絃の楽器の伴奏がつく）の後、座して鎖の束を手にした数名の女性がやおら立ち上がり、左右の足を踏み替えながら踊り出す。これを舞踊と言うにはぎこちない振りである。びっくりするのは、やがて踊り手が床面にごろりと寝転がり足を宙にバタつかせる所為があることだ。概して神霊が憑依してしまうと、舞い手はその場にくずおれたり、なにか異常な状態に陥ってしまう。他方盛んに跳躍するといった場合もあるが、日本の愛知県の花祭りの「市の舞」という演目では、終わりの方で、笹を手にした舞い手が大きく跳躍を繰り返し、周囲の観客の頭をたたきまわったりする。

　ところで神懸かりの状態を〝狂う〟と言ったりするけれども、舞踊におけるこの概念には二様の意味が関わっている。『国語辞典』（小学館、一九七三年刊）によれば、いくつかの意味合いが列挙されているが、「神霊や物の怪《け》がとりつく。神懸かりする」という意味と、「気が違ったように、常軌を逸して激しく動く。㋑舞や芸事などを演じて、激しく動く。激しい踊りをする」という意味の両者が舞踊に関わっている。それは一体どういう絡み合いをしているのだろうか？　今日の舞踊の多くは後者の意味合いのものと考えられているが、前述のエジプトや中国のノンの人達のそれには、前者の意味合いのことも感じられなくはない。舞踊史においては、前者の意味合いから後者の意味合いへとの変遷があったと説明されている。また能の舞に、我が子が人買い商人にかどわかされて行方不明となっているのを必死になって探し求める母親などをシテとした狂女物においては、この双方の意味の移行過程の中間的な状態が留められていると柳田國男は記していた(41)。

乃ち最初に在つたものは言葉のあや又は力で、舞は寧ろその直接の効果、今一歩を進めて言ふならば、之によつて愈々神に依られんとする状態が、本来は舞といふものゝ姿では無かつたかと思つて居る。

然るに村々の神舞は型にはまり元を忘れ、どうして此様に一つ処をくる〱廻るのかを、もはや説明することが出来なくなつて居るが、能の舞などにはまだ昔の痕跡を残して居る。能のシテといふ舞人は大部分が神、さうでなければ精霊、さうでなければ物狂ひと呼ばれて、人か神かの境に立つ者であつて、所謂神気が副うた人でなければ、唱へられぬやうな言葉を今でもなほ口誦して居る。それを「面白う狂うて見せ候へ」などゝ、面白いといふ語を以て形容したのも、本来は一つの信仰現象に他ならぬのであつた。

この引用文に記された、「面白う狂うて見せ候へ」の事例としては次のようなものがある。例えば能「隅田川」で、我が子を探し求める母親に対し、隅田川の渡し舟の舟頭はまさにこのセリフを投げかけている。この狂い人の能は、そもそも能楽師によって演じられているわけで、真実の狂い人（精神障害者のような存在）であるはずがない。ここには真実の狂い人から二重に虚構が積み重ねられている。つまりここでの狂人の母親は、狂いを演ずるエンターテイナーでもある。

このように計画され、事前に稽古が積まれ、筋書きどおりに演ぜられる演技においては、たとえ神懸かり状態だとしても、自然なそれではない。しかし、これが虚構としての舞台表現だとしても、現実のこの世界の存在であるからには、確率は極めて低いもののハプニングは起こり得るのである。例えば歌舞伎の役者は舞台上でよく絶句する。能は面を掛けて舞うので、舞台面から落っこちたというシテ方の話などをたまに聞くこともある。さらに喧嘩祭りなどにおいては、争う双方のどちら（誰）が勝つか予断を許さないから、ある種のカオス状況を呈する場合がある。祭りになると人が変わるとはこういったことだが、それは各地に見られる現象だ。これも神懸かり的な状態と言えなくはない。柳田國男が先述の花祭りの中で、ターフレ、ターフレの掛け声がかけられることに関して、それは舞い手に狂え、狂えと呼びかけているのだと解説していたが、[42]「湯囃子の舞い」はこれを代表している。舞い手は他人の都合など考えずに周囲に湯を振り掛けまわるのだから。

註

（1）『郡司正勝刪定集　第三巻』（白水社、一九九一）所載「舞と踊」四一―四二頁
（2）注1に同じ
（3）『折口信夫全集　第一七巻』（中央公論社、一九六七）所載「舞ひと踊りと」二三七頁
（4）『定本柳田國男集　第一〇巻』（筑摩書房、一九六九）所載「日本の祭」二五四
（5）注3と同じ　二三九頁
（6）小寺融吉『舞踊の美学的研究』（国書刊行会、一九七四）
（7）注3に同じ一文

（8）『日本庶民生活史料集成　第一四巻』（三一書房、一九七一）所載「本居内遠　賤者考」
（9）注3に同じ一文
（10）『本田安次著作集　日本の伝統芸能　第一〇巻』（錦正社、一九九六）所載「舞踊」二九一頁
（11）注6と同じ　二七二頁
（12）注6と同じ　二八〇頁
（13）注1と同著所載「伸びる・屈む」八一頁
（14）姫野翠『芸能の人類学』（春秋社、一九八九）一三七頁
（15）『本田安次著作集　日本の伝統芸能　第二〇巻』（錦正社、二〇〇〇）所載「東洋の舞踊」五三〇頁
（16）『本田安次著作集　日本の伝統芸能　第一〇巻』（錦正社、一九九六）所載「日本の舞踊の動きをたずねて」二八三—二九三頁
（17）注16に同じ　二九一頁
（18）『民族音楽叢書九』（東京書籍、一九九〇）所載、護雅夫「イスラムにおける音楽と舞踊——メヴレヴィー教団の旋舞をめぐって」四二—六〇頁
（19）『音と映像による　世界民族音楽大系』（日本ビクター株式会社ソフト事業部、一九八八）及び『新・音と映像による世界民族音楽大系』（日本ビクター株式会社ビデオソフト事業部、一九九五）
（20）注18に同じ　五二頁
（21）『折口信夫全集　第二巻』（中央公論社、一九六五）所載「盆踊りの話」二六五頁
（22）注19に同じ
（23）二〇一二年九月一五日神奈川大学で開催された国際常民文化研究機構共同研究会の折りに、鈴木正崇慶應義塾大学教授より教示を受けた
（24）『早川孝太郎全集　第一巻』（未来社、一九七一）所載「花祭」図17
（25）周冰『巫・舞・八卦』（中国　新華出版社、一九九一）
（26）『儺韵・貴州徳江儺堂戯　上冊』（中国　貴州民族出版社、二〇〇三）一六二—一六三頁
（27）『民族芸術　VOL. 2』（講談社、一九八六）所載、板谷徹「神々の憑依と演戯・序説」六八頁

（28）玄容駿『済州島巫俗の研究』（第一書房、一九八五）四二一頁
（29）注28に同じ　四二一頁
（30）注28に同じ　四二一頁
（31）注28に同著　四二三―四二四頁
（32）チモフェイ・モルダノフ『北部ハンテ族の熊祭りの歌に見る世界図』（ロシア　トムスク大学出版部、一九九九）四四―六二頁 *Молдонов Т.А.* Картина Мира в Песнопеиниях Медвежьих Игрищ Северных Хантов（Издотельство Томского университета,1999）
（33）注32と同じ　五一頁
（34）注32と同じ　五四頁
（35）注32と同じ　五三頁
（36）『定本柳田國男集　第二〇巻』（筑摩書房、一九七〇）所載「童児と昔」三三九頁
（37）酒井正子『奄美歌の掛け合いのデイアローグ』（第一書房、一九九六）六一頁
（38）注19に同じ
（39）注19に同じ、『新・音と映像による世界民族音楽大系　解説書Ⅱ』一七二―一七三頁
（40）星野紘『芸能の古層ユーラシア』（勉誠出版、二〇〇六）三五三―三五七頁
（41）『定本柳田國男集　第一〇巻』（筑摩書房、一九六九）所載「日本の祭」二五五頁
（42）注41と同じ　二五三頁

第二部　伝統的世界観と口承文芸

第一章　神々と精霊の国

齋藤君子

マンシの創造神話によれば、「光り輝く夫であり父がこの世界を、このシベリアを創造した。樹木もなく、乾いた土地もなく、いたるところに水があり、いたるところに霧があった(1)」という。「シベリア」とは霧に包まれた湿地が広がる自然環境を言うらしい。原初の水界から大地を創造したのは天神ヌム・トルムである。

ハンテ・マンシに認められる特有の観念は、言葉や思考が物質化されていることである。口から出た言葉は人間関係や外界に一定の影響を及ぼすものと考えられていた。ある昔話では、一人の女性が夫にベリーを摘んでいた場所に残りたいと口にすると、夫は妻を森に一人残し家に帰ってしまう。一度口にした言葉は現実のものになると考えれば、むやみなことを口外することはできなくなる。

オビ・ウゴールのフォークロアの最大の特徴は、それが神話であろうと昔話であろうと、物語の中のできごとはすべて現実にあったことと信じられてきたことである。単に昔むかしあったこととして語られているというだけではない。叙事詩や昔話の中に登場する勇士、兵士、聡明で善良な主人公たちは現在も生きていて、いつでも助けに来てくれる状態にあり、人びとは彼らが援助の手を差し伸べてくれるのを期待して彼らの物語を語るのである。聞き手たちは主人公たちの身を案じながら彼らが展開する物語に耳を傾けた。ある人はある主人公のことを思い、またある人は別の主人公のことを思いつつ……。敗北した勇士についても、「なぜ彼を滅ぼしたのか⁉」と同情した。ハンテ・マンシの叙事詩の慣用句に、「だれが歌でおまえをここへ呼んだのか、だれが話でおまえをここへ呼んだのか」という表現があるが、これは語り手が物語の中のできごとや主人公を新たに創造しつつ、語っているように思える。

口承文芸を伝承するに当たっては、ディテールと言えども省略することなく、完璧に語らなければならない。それが伝承者に課された掟である。その結果として、時を違え、さまざまな語り手から記録されたテキストがほぼ一字一句一致するという、口承文芸には珍しい現象が見られる。ただし、公刊されている神話の中には簡略化されて語られているものもある。というのは、外部からやって来たよそ者に対しては、神話の中の聖なる部分を省略し、筋だけを語るからである。彼らにとって口承文芸の語りは神聖な行為なのである。子どもたちに対しては、長大な物語を簡略化したものか、あるいは子ども向けの昔話を語る。

ドイツ人研究者シタイニツが次のような、たいへん興味深い事例を報告している。ハンテの老人が歌をうたってくれ、石の目をしたポルの七人の女にまつわる部分に差し掛かった。ここでシタイニツが、「書き取りたいので、うたわないで話してください」と頼むと、老人はポルとモシというフラトリーの名称を隠し、「ポルの女たち」と言うべきところを「ベリーを摘んでいた女たち」と言った。シタイニツが「それはポルの女ではないのですか」とただすと、老人は否定した。ところがその翌日、シタイニツが、「メロディを記録したいので、数行うたってください」と頼むと、歌の中ではやはり「ポルの女たち」と言った。伝統的な形式が確立している歌では、なにひとつ変えることができなかったのである。

水鳥が海底から取ってきた土から大地ができたとする聖なる昔話は、分量的にも内容的にも昔話だが、そこにはカルタシ、トルム、ミル・ススネ・フムなどといった神話的登場人物が登場する。

オビ・ウゴールと呼ばれてきたハンテとマンシは、シベリアとヨーロッパ・ロシアを隔てるウラル山脈の東側に居住する民族である。彼らの土地はシベリアではもっとも西に位置し、ロシア文化の影響を最初に受けたにもかかわらず、強固な民族意識を今日まで保ち続けてきた、たいへん誇り高い民族である。とくにカズィム川流域に住むハンテ人はマンシ人より保守的なことで知られる。そのことを証明するような事件が一九三〇年代に起きた「カズィム蜂起(2)」である。

当時、カズィム川流域のハンテ人は大きな集落を作らず、分散して暮らしていた。どの集落も戸数は多くてせいぜい四軒だった。一九三〇年、ソビエト政権はカズィム村にクリトバーザ（「文化センター」を意味するロシア語）を建設し、ここでハンテ人子弟に教育を施し、彼らを新しい「文化的生活」に慣らそうとした。しかし、クリトバーザという言葉をハンテ人に対して用いたのは大きな誤りだった。ハンテ語で「クリ」は「魔物」を意味するからである。翌三一年、カズィム川のすべての流域から四八人の生徒が学校の寄宿舎に集められたとき、両親たちは子どもを預ける条件として次の五項目を提示した。

1　子どもたちの体を洗わないこと。
2　散髪しないこと。
3　病気の治療をしないこと。
4　食事や服装は民族のものにすること。
5　冬とカラス（ハンテにとってカラスは生命のシンボル）の日（三月二〇日ごろ）、それに夏場の三週間は子どもたちを家に帰すこと。

ところが、一九三一年の暮れにカズィム川流域のハンテ人約五〇人がクリトバーザに押しかけ、寄宿舎に預けていた子どもたちを連れ戻し、学校を閉鎖すること、クリトバーザをカズィムから撤去すること、富裕層として弾圧された「クラーク」の権利を回復すること、土地ソビエト選挙をやり直すことを要求した。そして翌年の一月、政権側の代表者との間で会合がもたれ、土地ソビエトのやり直し選挙は認められたが、その他の事案については先送りされた。ハンテの代表者たちはその後集まり、自分たちの要求を改めて土地ソビエトに提出した。

ところが四月になって中心メンバー四人が逮捕される事態が発生し、これを境にソビエト政権との関係は冷戦状態から戦争へと変化した。その要因のひとつになったのは、カズィムのハンテ人と親戚関係にあったネネツ人たちが蜂起に加わったことである。

一一月末、先住民たちは彼らの聖なる湖ヌムトに来ていたロシア人代表団五人を捕え、先に逮捕されているハンテ人四人と交換する作戦を採ることにした。ところが一二月四日、彼らは捕えたロシア人全員を絞殺し、この一件をロシア政権側には秘密にしておくことにした。ところがその後、ネネツ人との間に亀裂が生じ、蜂起に加わった人びとの心はばらばらになり、この事件は権力による弾圧によって幕を閉じた。逮捕者は八三人を数え、そのうち五二人は有罪判決を受け、一一人は銃殺刑に処せられた。カズィムのハンテ人で有罪判決を受けたのは三三人に及んだ。

二〇一三年にわたしたちがカズィム村を訪れたとき、往来で出会った村人たちがハンテ語で自由におしゃべりしている光景を目の当たりにし、少々面食らった。この村の人口はわずか一五〇〇人だが、そのうちの三分の一はコミ人とネネツ人である。異民族間の結婚も多い。わたしのホームステイ先の一家は夫がチュクチャ人、奥さんがハンテ人、養子の息子はロシア人という、まさにハイブリッドな家族だった。このような環境の中で母語を維持し続けることはたいへんむつかしいように思われるが、奥さんのリムマは家庭内では彼らの共通語であるロシア語を使い、村人とは母語のハンテ語で話す。勤務先がハンテの古い文献を保管するアーカイブスであることもあり、彼女は職場でもハンテ語を使い、民族文化の保存に熱心に取り組んでいる。暇を見つけては村の古老を訪ね歩き、彼らの語り伝える話を記録し、ハンテ語とロシア語の対訳本を出版するなど、民族文化の保存と紹介に努めている。現在は村人たちからふしぎな体験談の聞き書きをし、本にまとめたいと奮闘している。

わたしたちの調査に同行してくれたタチヤーナ・A・モルダーノヴァとオリガ・A・クラフチェンコの姉妹は父親がハンテ人、母親がロシア人という家庭で育ったが、ふたりとも自由にハンテ語を話し、現在はハンテの民族文化の研究者として活躍している。姉のタチヤーナは民族学者で、著書も多い。この姉妹は父親と父方の祖母からハンテの伝統文化を継承していることを誇りにしていて、ふたりともその貴重な担い手として活躍している。妹のオリガは祖母からシャマンの資質を受け継いでいて、掌を使って病気の治療をする。治療方法は祖母から受け継いだものではなく、彼女の言葉を借りれば、「あるとき天からわたしの上に降りてきた」のだそうだ。

自民族の伝統文化をたいせつに守り、次の世代に伝えようとする彼らの姿に勇気をもらった。

一　エコに徹した暮らし

ハンテ・マンシは半定住型の生活を送ってきた民族である。夏場は川や湖で魚を捕り、冬になるとタイガに建てた小屋へ移り、毛皮獣を追い求めた。一七世紀から一九世紀における社会単位は家族だった。数組の夫婦が一つ屋根の下で大家族を形成して暮らしてきた。

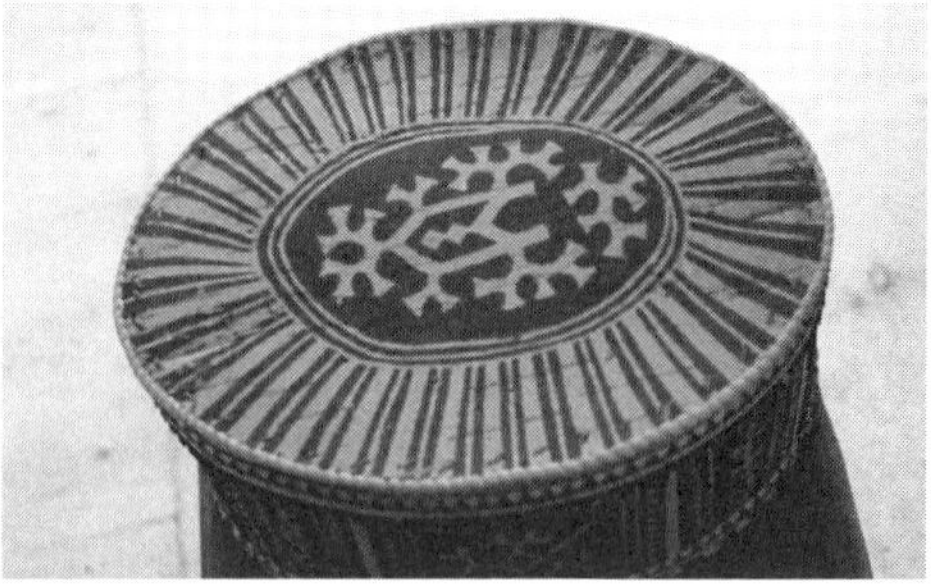
女性用の白樺皮製小物入れ　カズィム村民俗博物館

住居は古くは半地下式の小屋で、屋根の穴から出入りした。夏の家から冬の家に移動する途中は、支柱を円錐形に組んでその上にトナカイ皮や樹皮を張ったチュムというテント小屋か、あるいは支柱の上に片流れの屋根をのせた、粗末な仮小屋で寝泊りした。

暖房は移動中のテント小屋や仮小屋ではオープンファイアーだったが、木造家屋の場合は入口の脇の隅に設置されているチュヴァールと呼ばれる竈を用いた。これは木枠の上に干し草を混ぜた粘土を塗って作ったもので、煙道が屋根を貫いて天空へと伸びている。料理には屋外の竈を用いた。木造家屋の入口の正面と左手の壁際には床が張られていて、そこで縫物をしたり寝たりした。

テント小屋の内部には、上から布や毛皮を吊り下げて囲った部屋（ロシア語でポーログという）がある。材質は違うが、日本の蚊帳のようなものを想像されたい。地面にはムシロか毛皮が敷かれていた。

集落には集落共同の建物があり、そこにはイッテルマという祖先の人形《ひとがた》が収められていた。祭りや集会はここで開かれた。各家の周辺には別棟の納屋や産小屋があった。

生活用具はもちろんすべて自然素材を使って自分たちの手で作られた。小物を入れる器や食器にはシベリアマツ（ロシア語でケドル）の根を編んで作ったものや、白樺の樹皮を縫い合わせて作ったものがある。糸は動物の腱を細く裂いて作る。木の削り屑は食器や体を拭くのに用いたり、割れものを運ぶ際の詰め物としても利用した。苔は建物の隙間を埋める材料にしたり、赤ん坊のおしめ代わりにしたりした。

食べ物は主に肉と魚で、それに山菜が添えられた。魚は新鮮なものはそのまま生で食べる。獲物の少ない冬に備え、もちろん保存食も作る。冷凍や燻製、あるいは天日干しにし、長い冬に備えた。凍った魚をナイフで薄く削って生で食べるのはシベリアの先住民族に共通する食文化である。

夏のツンドラで女たちや子どもたちが摘むベリーは貴重なビタミン源である。キノコ類は不浄のものとされ、以前はまったく利用されなかった。例外はベニテングタケとサルノコシカケ科のチャーガ（和名は樺孔茸）である。ベニテングタケには幻覚作用があり、煮汁を飲んで幻覚症状を起こし、その作用を借りて夢占いをしたり、長大な叙事詩を語ったりする。チャーガはいぶして儀礼の場を浄めるのに用いたり、煮出して飲んだりした。チャーガには薬効があり、癌に効くとして日本にも輸入されている。

彼らはこうして自然から与えられる動物や植物を余すところなく利用してきた。常に再生する余地を残しながら、自然をうまく活用してきた。

二　自然崇拝

ハンテ・マンシの宗教は自然崇拝である。彼らは大自然のありとあらゆるものに精霊の存在を感じ取り、怖れ崇めてきた。神話によると、原初、大地は一面水で覆われていたという。その大地に生命の誕生をもたらしたのは天上界の力であり、神の力である。

人間も熊もかつては神の子だったが、神の手で天上界から地上へ降ろされた。人間は死ぬと、善良な男の場合は五つ、女の場合は四つある魂のうちの一つが再び天上にある明るい国へ飛んでいき、暖かい海辺で永遠の生命を生きる。そこは水が凍ることもなく、常に緑の草が生い茂る常世の国である。ところが、この世で悪事を働いた人が死ぬと、その魂は下界へ行く。そこは天井が低くて犬の尻尾ぐらいの高さしかないので、立つことも座ることもできない。だから下界へ落ちると、いつも這いつくばって暮らさなければならない。下界の国は邪悪な疫病神が住む国であり、病気と死が支配する国でもあった。

地上に住んでいるのは人間と動物だけではない。タイガの森にも、川や湖にも精霊たちが棲んでいる。人間を取り巻いている自然の中でとくに神聖な場所と考えられているのは、周囲となんらかの形で異なる場所、たとえば高台、島、切り立った岸壁などである。そのような場所に棲息している動植物はその土地の精霊の所有物とみなされ、人間が勝手に取ることはタブーとされてきた。聖なる場所のそばを通るときは必ず供物を捧げる。ボートを漕いで川を進むときも、聖なる場所に差し掛かると漕ぐ手を止め、食べ物やタバコを水中に投じて旅の安全と豊漁を祈る。

二〇一三年にフィールド調査で、わたしたちはヤーコフ・ミハイロヴィチの操縦するモーターボートに乗り、カズィム川を下って漁場へ向かった。その途中、聖なる場所に差し掛かったときのことである。我々の案内役をしてくれていたタチヤーナ・モルダーノヴァはボートを止めさせると、持っていた食べ物を少し水中に投げ入れたあと、わたしたちにこう説明した。

「わたしたちは川を往来するとき、聖なる場所に差し掛かると必ずボートを止めて供物を捧げ、お祈りをします。この土地に住み着いたロシア人たちは最初のうちはこの様子を岸の上から眺めて、『あいつら、馬鹿なことをやっているわい』と嘲笑っていました。ところが、彼らが供物をしないでその場所を通り過ぎると、エンジンが故障して動かなくなるなど、必ずなにか災難が起きました。それで今ではロシア人たちもわたしたちハンテ人に見習って、供物を捧げるようになりました」。

神聖な場所の多くは女が足を踏み入れることを禁じてきたが、逆に女性専用の聖域もあり、女たちはそこで祈りを捧げた。

地上で活躍した最初の人間は女だった。そのためか、口承文芸に男女が登場する場合、決まってレディファーストである。日本の昔話であれば「お爺さんとお婆さんがいました」と言うところ、ハンテの昔話では、「お婆さんとお爺さんがいました」と言う。

人間の価値は女も男も仕事によって判断される。美しい衣服を身に着けている娘は働き者で、手仕事が得意なことを示している。そういう娘は結婚したらいい主婦になること間違いなしである。クロテンや狐をたくさん捕ってくる若者は腕のいい猟師であり、妻や子どもをしっかり養うことのできる能力を身に付けている。口承文芸の主人公として活躍するのはそうした娘や若者たちであり、みすぼらしい身なりをした若者ではない。

三　自然界に宿る精霊たち

天上界に住み、天、宇宙、天候を司り、宇宙のモラルと秩序を守っているのが天上の最高神ヌム・トルムである。太陽と月を手に入れたのも、世界洪水を起こしたのも、このヌム・トルムである。人間一人ひとりの寿命を定め、豊かな獲物をもたらしてくれるのもヌム・トルムであり、ヌム・トルムの家には人間の一生の歩みを記した「運勢の書」が保管されているという。この神は白髪の老人で、光り輝く黄金の服を身に着け、黄金の椅子に腰かけている姿は威厳に満ちている。黄金の杖を手に持ち、天の穴から地上の様子をじっと見守っていると言われていて、この不動性こそが天神たる所以である。

天神には七人の息子と娘が一人いる。娘はいないという説もある。伝説によれば、七人の子どもたち全員が揃って天神の意思に背いたために、天神は激怒して彼らを地上にある無人島に降ろした。この無人島は暖かい海に浮かんでいたと語られるが、その暖かい海がどこにあるかは定かではない。天神の末息子が狐の姿になり、北風に顔を向けて狐の声で「寒くなれ！」と唱えると北風が吹きだし、海が薄い氷で覆われた。天神の子どもたちはその氷を渡って陸に上がり、各地へと散っていき、それぞれの場所で守護霊になったとされている。

この末息子は祖母である姥神カルタシに養育されたので、ハンテでは〈イミ・ヒティ（媼の孫）〉、マンシでは〈エクヴァ・ピィリシ（女の息子）〉と呼ばれる。この人物にはその他にも〈ハンテの長老〉、〈下界の商人・上界の商人〉[3]、〈ミル・ススネ・フム（直訳すると、「世界を見つめている人」）〉など、さまざまな呼称がある。神話では大地や人間を創造し、人間に獲物を捕る方法を教えたのはこの末息子だという。彼はまた、ヘラジカを仕留めた最初の猟師でもあり、人間に火をもたらし、有用植物や動物を創造した文化英雄でもある。一説によると、下界から太陽と月をもたらしたのはトルムではなく、トルムの末息子だという。また、彼は天上界と地上界、地上界と地下界の仲介者として活躍する一方で、昔話の中では周囲の人をばかにし、小さな罪を犯すことさえあるが、それでも彼は人びとにもっとも愛されている主人公だといえる。

幼い孫を文化英雄に育て上げた媼神カルタシは大地母神である。人間に子どもを授け、病いから守り、子どもの育て方を教えてくれたのはこの媼神である。カルタシが兎の姿で人前に現れるのは、兎が多産であることと関係している。

天神ヌム・トルムの弟、ないしは息子のクリ、またはクィニは天神のパートナーとして登場するが、人間に危害をもたらす邪悪な神である。天体を隠し、害獣を創造し、人間をそそのかしてトルムのいいつけに背かせ、人間界に疫病をもたらしたのはすべてこのクリの仕業とされている。その結果、クリはトルムの怒りを買い、天上界から放逐された。下界で生まれたという説もある。人間の寿命を決めるのは天神トルムだが、寿命が尽きた人間はクリの支配下に入り、下界へ連れていかれる。寿命が尽きる前に死ぬのは生前死者を侮辱した人である。

火の神は〈火の母（プゴス・アンキ）〉と呼ばれ、人びとに親しまれてきた。人びとはこの神に祈りを捧げ、この神を介してさまざまな願いごとをしてきた。占いや悪霊払いをするときも、〈火の母〉の援助を必要とした。ヴァフ川流域では、〈火の母〉というのはトルムの母だとされている。

V・M・クレムズィンとN・V・ルキナによれば、[4]自然現象の中でとくに畏怖されているのは雷の精霊と風の精霊だという。ハンテは雷が鳴ると、太鼓の撥のような翼を持った、雌のライチョウに似た鳥が大声で叫びながら空を飛んでいると考えた。この鳥が真っ赤な口を開くと稲妻が光る。この鳥はときどき地上に降りてきて大きな叫び声を上げるが、冬になると他の渡り鳥と同じように暖かい南の地へ飛び去ってしまう。あるいは、冬になると喉が凍ってしまうという。

それぞれの自然現象には、その現象を支配する精霊がいるとする観念もある。雷の精霊は虹の弓、すなわち稲妻を放って悪霊を退治してくれるといい、崇拝の対象になっている。風を支配しているのは風の精霊ヴァト・ルングである。この神は目には見えないが、天候が穏やかなのはこの精霊が冷静な状態にある証拠だと言われている。この精霊が憤慨すると強風が発生する。そうなると、風の精霊は人間に悪さをしたくなり、屋根から白樺皮を剝ぎとったり、小屋をひっくり返したりする。風の精霊が黒雲の精霊と仲が良いときは、黒雲の精霊が北の方から黒雲を追うのを手伝うこともあるが、喧嘩をしているときは黒雲を け散らし、穏やかな、暖かい天候にする。

マンシでは、雷爺チョホム・アンチフと風爺ヴォート・アンチフはトルムの兄弟だとされている。同様の観念はハンテにもある。たとえば、ユガンのハンテは稲妻爺を天神トルムの七番目の息子コン・イキの分身の一つ、あるいはその息子として崇拝してきた。

竜巻については、マンシは竜巻が人間に触れると病気や死をもたらすとして怖れてきた(5)。

冬の空に輝くオーロラは戦争や疫病といった大きな災難に見舞われる前兆と考えた。この災いから逃れる方法は別の土地へ移る以外になく、人びとはオーロラが消えるところまでひたすら歩き続けた。

ハンテは自分たちを取り巻く世界にはさまざまな精霊が棲んでいると考えてきた。森には森の精霊ウント・トンフ、ヴォント・ルンクがいる。森の精霊は歌の中では「毛むくじゃらの」、あるいは「毛むくじゃらの足の」と形容され、茂みの中に棲んでいるという。狩りをする人を手伝ってくれるので、春と秋にはこの精霊に供物を捧げる。

森にはヴォル・ポチャクという霊も棲んでいる。これは水子の霊で、普段は目に見えないが、ときどき亡霊となって人びとの前に姿を現す。死んで生まれた子や生後数日して死んだ子は共同の墓地に埋葬することを禁じられていた。ヴァフ川流域では水子の遺体を布にくるみ、家の近くの切り株の上に置いた。女の子が森の中に人形を置き忘れると、ヴォル・ポチャクが現れるといって怖がられた。ヴォル・ポチャクは「ヴァヴ、ヴァヴ！」と泣きながら人間の跡を追い、「川向こうへ渡して！」とせがむ。猟師がその願いを聞き入れて向こう岸へ渡してやると、お礼に獲物を大量に授けてくれるが、舟に乗せるときは用心しなければならない。自分と向かい合わせに座らせないと背後から水の中に突き落とされ、命を失うこともあるのだそうだ。ヴォル・ポチャクは運命の草を三本持っていて、川を渡してもらうとき、その中の一本を選ばせる。一本は緑色の草で、これを選んだ人は大成功するが、寿命は短い。もう一本は黄色い草で、

福は小さいが長生きできる。残りの一本は枯れ草で、これを選んだ人は凶である。(6)

森に生育する樹木の中で崇拝の対象になってきたのは白樺である。かつて森の中で祈りを捧げるときは、白樺林が選ばれた。白樺は白いので、天の木とみなされている。シベリアマツ（ロシア語でケドル）はカルタシの木とされていて、人間を養ってくれるという。このマツの実は栄養価がきわめて高いので、タイガに生きる人びとにとって貴重な食料となっている。トウヒ（ロシア語でエリ）は目に見えない精霊の木とされている。木肌が黒いのはこの木の中に病気の精霊や死の精霊が潜んでいるからだ。トウヒの森は湿っていて、雷が落ちやすい。人びとは雷が背の高いトウヒを真っ二つに裂き、中に隠れている病気の精霊や死の精霊を殺してくれると信じてきた。カラマツは「森の人」たちの木とみなされていて、森の巨人のように強い。マツは勇士の木である。

水の精霊イエンク・トンフ、イエンク・イキは川や湖など、水中ならどこにでも住んでいる。一説では、オビ川の河口に住んでいるという。文化英雄がこの水の精霊の娘を妻にする話があるのは、魚を主要な食べ物とする民族らしい。

深い淵や湖には巨大なカワカマスの姿をしたサルトという精霊が棲んでいる。この精霊は怒るとボートをひっくり返したり、かじったりする。とくに新しいボートを嫌うので、水上に下ろす前に煤を塗った。この精霊が人間に対して魚を捕ることを許さない場合もときにある。その前兆は水の上に細かいさざ波が立つことである。(7)

地方の精霊や一族の精霊には民族共通の精霊と違って、それをかたどった像がある。その多くは木製で、単なる棒や木のこともあれば、人間や動物を象った木像のこともある。金属製や布製のものもあり、立木に固定されていたり、屋外に置かれていたり、家の長持ちの中や洞窟内に置かれていたりする。もっとも

カズィム村民俗博物館オープニングセレモニーにおける「カズィム川の女神の踊り」 撮影2013年齋藤

多い収納場所は高床式の納屋である。かつてはそこに精霊の像だけでなく、それに付随する品物一式が一緒に収められており、集団で儀礼が行われた。カズィム川の女神は、以前はこの川の流域で暮らすハンテたちの守護神だったが、たいへん強力な神だという情報が広がり、他の川の流域からも人びとがこの女神に供物を捧げるために集まってくるようになった。集落から離れた場所に聖なる納屋が立っていて、そこにカズィム川の女神に捧げられた装飾品、毛皮、金などの供物が収納されていると言われているが、その納屋を見た研究者はまだいない。

その土地の精霊とはそこに住んでいる人たちの祖霊であり、遠い昔に活躍した勇士である。英雄説話の特徴のひとつは、主人公である勇士が物語の結末でその土地の住民たちの始祖になったと語られることである。すなわち、自分たちは天神ヌム・トルムの子孫だというわけである。もうひとつの特徴は、物語の中の出来事はすべて地上で起きたことであり、オビ川、コンダ川、カズィム川などといった具体的な地名が頻繁に登場し、主人公の移動した道筋がこと細かに叙述されることである。

精霊に供犠をする聖なる場所の中には秘密にされている場所があり、すべての人がそこを訪れるわけではない。聖なる場所の多くは女人禁制であり、そこではいかなる経済活動もおこなってはならない。

狩猟や漁撈の手助けをしてくれる精霊は、個人ないしは家族の精霊である。ハンテの猟師は自分が他の人より多くの獲物を獲得した場合、それは腕前がいいからではなく、自分の家の精霊のおかげだと考える。

メンクヴのマスク　1969年　Соколова З. П. Пережитки религиозных верований у обских угров. Л., 1971

家の精霊にも木、金属、骨、布などで作られた像があり、人びとはそれに服を着せ、食べ物を食べさせて世話をする。精霊が冷淡なときは、供物をしないで飢えさせたり、体罰を加えたりする。追い出すことさえある。家の精霊の居場所は家の中に置かれている長持ちや白樺皮製の箱の中である。

土地や一族の精霊にはそれをかたどった像があり、その多くは木製である。小さな納屋に納められていることが多いが、木に固定されていたり、野外に置かれていたり、長持ちの中に納められていたりする。中には荷橇の上に置かれているものもある。かつては精霊の像やそれに付随する品物を納めた特別な建物があって、集団で祈りを捧げたそうだ。

精霊に重要な願いごとをするときは、トナカイや馬を犠牲に捧げる。とはいっても、精霊が口にするのは鍋から立ち上る湯気だけで、実際に肉を食べるのは人間たちである。

自然界にはメンクヴという悪霊がいる。これはヌム・トルムが最初に創造した人間たちであり、失敗作である。彼らは逃亡してタイガの中に隠れ住み、未だにそこに住んでいる。姿形は人間に近いが、頭がとんがっているのが特徴で、体は鉄でできていて、爪が長い。熊祭りの場には馬の毛で作った長いマスクを付けたメンクヴが登場し、大声を上げて叫んだり、高笑いをしたりする。口承文芸に登場するメンクヴは多くの場合、愚かな人食いで、力は強いが智恵はない。

森の中で死んだ人がメンクヴになるともいう。北のグループでは、メンクヴは熊と密接な結びつきがあると考えられている。マンシの怪異譚「カズィム川から来た男」(8)では、熊祭りに参加することが許されていない、別のフラトリーに属する娘婿をメンクヴが祭りの場から連れ去ったという。また、ある人が森の獣に苦痛を与えたために、一つ目の巨人メンクヴに罰せられたという話も実話として伝承されている(9)。

北方ではミス、またはミシ（森の人）という森の精霊に近い形象の存在も知られている。森の中に家族で住んでいて、ミス・ネ（森の女）はたいへん美しく、愛嬌があるという。「森の人」は熊やクロテンをまるで犬のように鎖につないで飼っていて、これを使って狩りをする。彼らの家はたいそう裕福で、床には毛皮が敷き詰められ、クロテンの皮が大量にある。「森の人」の家に行った猟師が家に帰ろうとすると、「森の人」が獲物を授けてくれたが、その後間もなくしてその猟師は死んだという話が現実にあったこととして記録されている。

以上見てきたように、ハンテ・マンシの自然崇拝、精霊崇拝には長い歴史があるが、彼らの伝統文化はこの四〇〇〇年間に三度、極度の社会的緊張を強いられた。一八世紀のはじめ、ロシアを西欧化する政策を推し進めたピョートル一世はシベリアの先住民をキリスト教化するために政令を出し、土地の神々を祭る聖なる場所を破壊するよう命じた。一九三〇年代にスターリンがおこなった無神論キャンペーンもハンテ・マンシの精霊信仰に深刻な打撃を与えた。そして近年、西シベリアの工業化が進む中、石油を採掘するためにタイガの樹木が伐採され、舗装道路やパイプラインの整備が進められている。その結果、沼沢地が荒らされ、河川の水位が下がり、森林が枯れるなど、深刻な状況が起きている。このような乱暴な開発がこのまま進むなら、先住民の伝統的な生活が成り立たなくなる日も遠くないと危惧される。

四　精霊と交信する力を持った口承文芸の伝承者たち

弦楽器ナラス・ユフ　撮影1969年　Соколова З. П. Северные ханты. М., 2011

人びとの中には精霊と交信することができる超能力をもった人たちがいる。ベニテングタケを食べてベニテングタケの歌をうたうパンカル・クと呼ばれる人、昔話の語り手マニチエ・ク（直訳は〈昔話の人〉）、叙事詩のうたい手アレフタ・ク（直訳は〈歌の人〉）、それにシャマンなどがそれである。

病人が助けを求め、昔話の語り手のもとを尋ねることがある。語り手が昔話を語っているとき、病気の原因と関わりのある個所にくると、病人は楽になった気がし、そのことを語り手に伝える。

神話的な歌や叙事詩の歌い手には運命を予言する能力があり、三弦や五弦の弦楽器をつま弾くことによって精霊の援助を得、病人の治療をすることができると言われている。楽器の演奏だけで治療することもある。楽器の演奏はだれもが習得できるわけではなく、精霊と交信できる人に限られている。演奏技術は精霊から伝授されたものであり、技術の習得には厳しい試練を必要とした。楽器を売ることは魂を売り渡すに等しいとみなされた。

五　垂直構造と水平構造から成る世界

これまでに見てきたようにハンテ・マンシの観念では、世界は神々が住む天上界、人間が住む地上界、悪霊や生前に悪事を働いた死者が住む地下界の三層から成り立っているという。一説によると、天上界は七層から成るともいう。

この垂直構造の縦軸を南北方向に倒すと、水平構造の世界になる。天上界がオビ川上流の南の地に対応し、地下界がオビ川の河口から北極海へかけてに対応する。南の地は昼の国であり、ここにはモルチム・エクヴァ〈南女〉とモルチム・オイカ〈南男〉の男女二人の老人が住んでいる。渡り鳥たちは冬になるとこの地へ飛んできて、〈南女〉の両膝の間を通り抜けて美しくなる。二人の老人は〈生き水（生命を再生させる呪力のある水。生命の水ともいう）〉をたたえた湖に鳥の骨と羽毛を投げ入れ、死んだ鳥を蘇らせ、自らもこの湖に入って若返る。北の国は死者が住む国であり、死者の霊魂はオビ川を下って北極海に出ると信じられている。ホム岬には下界に通じる穴があるともいう。

世界が垂直構造をとっているとする観念は南のインド・イラン文化の影響によるものと見るのが多くの研究者に共通した見解である。本来のシベリア的な観念は世界を水平面上で分割して捉えるものだった。このような観念に従えば、黄泉の国はオビ川の河口にあるということになる。(10)

六　模様は語る

ハンテ・マンシの人びとは自分が身につける衣服や使用する道具のすべてを、タイガが提供してくれる樹皮や毛皮で作った。手作りといっても、決して質素な品とは限らない。単に用を足せばいいといった安易な作りではなく、作り手の心がこもったものが多い。そのことを端的に示しているのが、それらの品にほどこされている模様である。

女性の衣服に施された刺繍　M・I・イギシェヴァ　撮影2011年　Молданова Т. А. Казымский орнамент. Ханты-Мансийск, 2013

家族が身につける衣服、日常身近に置いて使う土器や白樺皮の家財道具、赤ちゃんを入れる揺り籠にもきれいな模様がほどこされている。女性の手の甲にも伝統的な模様の文身《いれずみ》が彫られた。木製品は何種類かの木を薄く削いで貼り合わせた寄木張りの模様で飾られている。それらの模様は動物や天体を表現したもので、神話を物語るものとさ

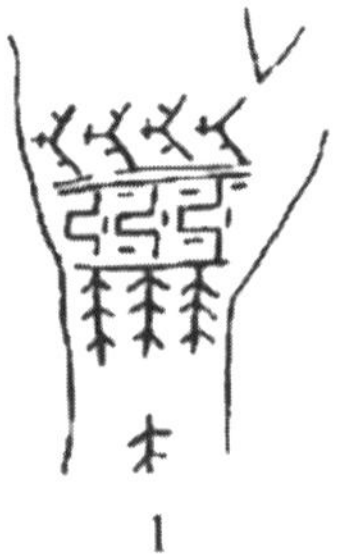

カズィム村在住の63歳女性の手に施された文身 「鼠の脚」と「鏃」の模様
Молданова Т. А. Казымский орнамент. Ханты-Мансийск, 2013

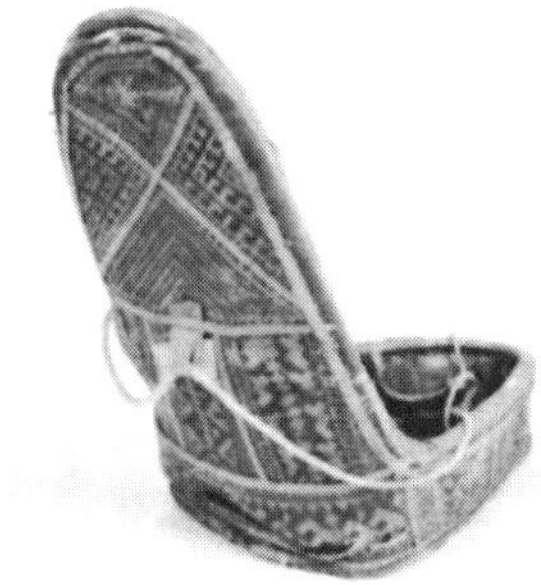

昼用の揺り籠　カズィム村民俗博物館
Молданова Т. А. Казымский орнамент. Ханты-Мансийск, 2013

れている。

ハンテ、マンシの伝統的な模様は直線、破線、三角形、菱形、四角形、円形などで構成された、単純な幾何学模様である。部外者の目には単なる装飾としか映らず、その図柄がなにを意味するのか、読み取ることはできない。しかし、ハンテ・マンシの女性たちがほどこす伝統的な模様には神話的意味がこめられている。T・A・モルダーノヴァの著書『カズィムの模様』[11]からそれぞれの模様が持つ意味を見てみよう。

直線はどんな模様にも見られる。模様に描かれる直線のことをハンテ語でパントという。その語源は一説によると、イラン語で「道」を意味するpandだという。しかし、ハンテ語のパントは道そのものではなく、生き物の四肢の跡、物が動いた跡（たとえば橇の跡）、あるいは移動中の動きそのものを言う。直線を辿っていくと、そこには生き物がいる。

ジグザグ模様は山がいくつもつながった山並、あるいは曲がりくねった道を表す。動物の模様にはかつては体内に必ずジグザグ模様を入れた。これが入ってはじめて、その模様が生きる。ジグザグ模様には生命を守る役割があると考えられていて、揺り籠の背の部分や赤ちゃんの足元にほどこされることが多い。ジグザグ模様から枝がたくさん出ているものほど、生命を守る力が強いとされている。この模様は魔の手を「さえぎる模様」であり、細かなジグザグから枝がたくさん出ているものほど、まるでよく茂った樹木のように、人間を魔の手から隠し、守ってくれる。ミトンの端、衣服の襟元や袖口などの開口部にこの模様を刺繡するのはそのためである。カズィムの女性が手首に文身を施したのも、同じ観念に根ざしたものと思われる。衣服の開口部を縁取りする習俗はシベリアの民族に限らず、広く世界的に知られており、その起源はきわめて古い。

三角形は「歯」を表す。リボン状に連続してほどこされる場合がほとんどで、三角のてっぺんが上を向いているものは「松毬の鱗片」を表し、下を向いているものは「頭」を表している。

鉄の**斧**には浄めや悪魔払いの機能があり、女性は儀礼のときに身を浄めるために斧をまたぐ。聖なる歌をうたうときは斧の上に立ってうたう。葬儀の際には遺体を運び出したあと、家の敷居の上に斧を置いて、死者の霊が家に戻ってこないようにした。

水鳥は川や湖沼の多い土地で暮らす人びとにとってたいせつな鳥である。**鴨**は豊穣の概念と結びついている。マガモの脚は子どもの玩具であると同時に、お守りでもある。マガモはカズィム川の精霊の聖なる姿の一つとされ、マガモを殺して食べることはタブーである。大地を創造するとき、大海に潜って水底から土を取ってきたのは、首が赤い**カイツブリ**と**アビ**だった。しかし、このような観念は現代ではすでに薄れ、これらの水鳥はオビ川の河口、ないしは地下に棲む疫病神や死神などの悪霊と関連づけられている。

蛙はカズィム川流域のハンテの口承文芸では、福や豊穣の観念と結びついている。物語の主人公は功を立てたあと、裕福な暮らしが訪れることを願って、「家の三隅が黒いクロテン、赤いクロテンの毛皮でいっぱいになりますように。四つめの隅で蛙たちが跳びはねますように！」と唱える。

次のような俗信もある。漁具に魚が掛かっているかどうか、確かめにいく途中で蛙を見かけたら、「体をふくらませておくれ」と頼む。蛙がこの頼みを聞き入れて体をふくらませてくれたら、大漁に恵まれる。モシのフラトリーは豊穣を象徴する蛙と関係している。

兎は女子どもの守護者である。このような観念は兎が多産であることと関係している。兎の姿で現れる女の精霊はシベリアのさまざまな民族に共通する存在であり、ハンテのカルタシも兎の属性を具えている。大地母神であり、産土神である彼女は、「冬兎で作った帽子をかぶり、春兎で作った帽子をかぶっている」と形容される。白髪が「春や秋の兎の毛皮のよう」とも言う。フラトリーの由来については、ポルは熊から、モシは兎から誕生したと説明される。説話の中では「モシの女」に代わって「兎女」が登場することがある。

女たちが日用品にほどこす模様が彼女たちのアイデンティティを証明するものであることを物語っているのが次に訳出する昔話「モシの女」である。

七　昔話「モシの女[12]」（ハンテ）全訳

むかし、たった一軒ぽつんと立っている小屋にモシの女が住んでいた。春になったあるとき、自分が縫って刺繍したきれいな毛皮のコートを外の物干しに掛け、日に干した。女は「もう少し干しておこう」と思い、家の中に入って他の仕事をはじめた。

夕方になって外に出ると、毛皮のコートが消えていた！　右を見、左を見たが、コートはどこにも見あたらない。風もないのに、どこへ消えたのかしら？　だれかが取ったのかしら？　あたりを見回したが、だれもいない。女は泣き出した。

「なぜわたしはあのコートをこんなところに干したのかしら。あれはわたしの母さんが、おそらく、二五年ほど前に縫ってくれたもの。でも、どこも破れてなくて、まだまだ三〇年はもつのに。盗んだのは四つ脚の地上の獣ではないのかしら。それとも、羽の生えた天の鳥が持っていってしまったのかしら。わたしはいったい、どこを探せばいいの？」

と小さな声でつぶやいた。

そのあと女は横になったが、どうしても寝つけなかった。朝早く起きて食事をし、髪を布切れで縛ると、足の向くまま旅に出た。長いこと歩いたか、ちょっと歩いたか、ついにへとへとになった気がした。あたりを見回すと、後ろで煙が出ている。煙は小屋の中から出ている。その家の煙突三本は地面の中に入り、三本は天へのぼっている。モシの女はその家の方へ歩いていったが、中に入る勇気はなかった。そこにだれが住んでいるのか、人間なのか悪霊なのか、だれにもわからない。聞き耳を立てると、中から聞こえるのは火がパチパチいう音だけだった。女は泣き出した。すると扉が開き、ひとりの女が出てきた。

「おまえさん、だれだい？」

女はモシの女に尋ねた。

「わたしはたった一軒立っている家から来たモシの女です」

とモシの女が答えると、その女が駆け寄って、

「おまえさんをここへ連れてきたのはなんだい？」

「わたしの母が縫った毛皮のコートがなくなったのです。消えたのです」

「どんなふうにしてなくなったんだい？」

と女が尋ねた。

「干そうとして掛けておいたら、消えてしまったのです。四つ脚の地上の獣が盗んでいったか、それとも羽の生えた天の鳥が持っていったのか、わかりません。それでわたしは足の向くまま探し歩いているのです」

とモシの女が答えると、女はモシの女にくちづけをして家の中に入れ、飲み食いさせた。モシの女は食べはじめたが、食べたのと同じくらい泣いた。

「泣くんじゃないよ。泣いたところで探し出せるわけじゃないんだから」

と女が慰めた。

「もちろん、あれを探し出すことはできないのだわ」

モシの女はそう繰り返した。

「おまえさんの夫の兄弟が来るまで、お待ち。あの人がそのコートをどこかで見かけたかもしれない」

女はそう言って慰めた。女がそう言ったとたん、だれかがやって来た音がした。やって来たのはこの女の夫だった。夫は入ってきたが、なにも言わなかった。

「おまえさん、気づかないのかい。わたしたちが知っている人がわたしたちのところにいるのを」

「おれの両目はまだ春風のせいで見えなかったが、今は見える。ここに小さな一軒家からやってきたモシの女がいる」

と夫が言った。そしてモシの女に尋ねた。

「おそらく、おまえさんはなにかを探しているのだろう。わたしは魚を捕りながら、狩りをしながら、地上を歩きまわっている。遠い道を旅し、近い道を旅しているが、わたしはなにも目にしなかった」

「わたしの母が縫った毛皮のコートがなくなったので、それを探し歩いているのです」

「ここをうろついているのはまだ悪霊ばかりで、人間はいない」

と夫が言った。

「それで、あなたはなにも見なかったのですか？」

モシの女がもう一度尋ねた。

「もしそのコートが夫の道が通っているところへ運ばれていたら、夫は必ず目にしたはず」

女が夫に代わって答えると、夫が後を続けた。

「妻よ、おまえの妹にテンの夏の毛皮をやりなさい。遠い土地に、ひとりぼっちの土地に、あの女の妹が住んでいる。もしかすると、その妹になにか言うことがあるかもしれない」

それから彼らは寝た。朝早く起きると、夫はとうに出掛けてしまっていた。氷柱《つらら》がまるでリスの毛皮のように寝床を覆っていた［寝床がすでに冷たくなっていた――齋藤］。ふたりの女は起きて朝食を食べはじめた。だけど、モシの女は食べたのと同じくらい泣いていた。

「わたしは自分の毛皮を探したいのです。あれを見つけたいのです。たとえそれが命に値するとしても」

モシの女は自分の姉にそう訴えた。それから姉に口づけし、旅に出た。長いこと歩いたか、ちょっと歩いたか、おそらく数週間歩いた。あるとき、女はまた力尽きた。「今日死ななかったとしても、明日は必ず死ぬ」とひとり思った。そのとき、女が前方を見ると、またしても小さな家が見えた。柱が三本地面に入り、三本空にそびえている。その家へ行ったが、体が弱っていて扉を開けることができなかった。するとふいに内側から扉が開き、女の人が出てきてモシの女の手を取り、家の中へ入れた。

「わたしのかわいい妹よ、いったいなにがあったんだい？」

と尋ねた。

「両目がはれて、しゃべることができません。まずは一息つかせてください。そうしたらなにもかも話します」

とモシの女が答えた。

　すぐさま女は寝床の支度をし、食べさせた。モシの女はぐっすり眠り込み、目を覚ましたのは夫の兄弟が来たときだった。扉が開き、熊のような毛むくじゃらの男が敷居をまたいで入ってきた。女のすぐそばに来て匂いを嗅ぎ、じっと見つめた。モシの女は驚いた。

「見知らぬ人がやって来たわけでなし……。なぜおまえさんはそんなふうに匂いを嗅ぐんだい」

と女が夫をとがめた。

　モシの女がもう一度目を開くと、何が見えたかって？　鉤に熊の毛皮が掛かっていて、目の前に稀に見る美しさの長《おさ》が立っていた。まったく、こんな男を見るのははじめてだった。その男が話しはじめた。

「小さな一軒家からやって来たモシの女よ、鳥も通わぬ、この遠い地で何をさがしている？」

「母からもらった毛皮のコートを探しています」

とモシの女が答えた。

「大好きな毛皮のコートがなくなったのか？」

「そうです。わたしはそのコートを着て、トルムが創った土地をすべて回りましたが、擦り切れることもなく、破れることもありませんでした。ああ、なんというコートなのでしょう！　それがなくなってしまったのです」

「おまえのコートはここから遠いところにある。そこは鳥さえ通わないところだ。おまえのようなか弱い女にはなおさらだ」

　夫の兄弟がモシの女にそう警告した。

「わたしはたとえ命をかけても、自分のコートを探し出したいのです」

「おまえに理性があるなら、これはおまえの魂には値しないだろう」

　夫の兄弟がモシの女に答えた。それから食事をすると、横になって休んだ。朝早く起きると、男はすぐに妻にいいつけた。

「妻よ、妹にリスの夏の毛皮をやりなさい」

　それからモシの女の方を向いて尋ねた。

「夫の上の兄さんはあなたに何をくれた？」

「テンの夏の毛皮をくれました」

とモシの女が答えた。

「あなたの夫の上の兄さんは、おそらく、あなたになにをやるべきか、知っていたのだ。さあ、旅に出なさい。あなたはオビ川を下り、海岸に出ると大勢の人たちに会う。でも、彼らの言うことは聞くな。彼らの方を見てもいけない。彼らを後ろにやり過ごしたら、町に出る。町はずれに木が一本立っていて、その木のてっぺんに家がある。木のてっぺんにある家の窓の下の梁におまえの毛皮のコートが掛かっている。木のそばへ行って、夫の上の兄さんがおまえにくれたテンの毛皮を置きなさい。木の両側には犬たちが並んでいるが、怖がることはない。おまえには気づかない。心配しないで先へ行きなさい。そして木によじ登って自分のコートを取りなさい。夏のリスの毛皮をかぶりなさい。そのとき、わたしのコートがついにわたしと一緒になったなどと考えないように。さもないと犬どもがあなたをたちまち引き裂いてしまう。

さあ、行きなさい。そして、わたしがあなたに言ったことを忘れないように」

モシの女は旅に出た。長いこと歩いたか、ちょっと歩いたか、足がくたびれたとき、オビ川の岸に人びとがいるのを見た。彼らは網で魚を捕っていた。一人が歌をうたい、もう一人が笑っていた。だが、ここでは探すものがなかったので、モシの女は立ち止まることさえしないで、どんどん先へ歩いていった。歩いていくと、目の前に町のようなものが見えた。町の前には木が一本立っていて、その木のてっぺんにかろうじて気づくような小さな家があった。近くに寄ると、夏のテンの毛皮を置いて、よじ登りはじめた。木の両側には犬たちが鉄の鎖につながれていた。犬と犬の距離はかろうじて一フィートあり、やっと通れるほどだった。だが、モシの女はそれでもやはり歩いて自分のコートを手に取った。人っ子一人見えず、夏のリスの毛皮を置いて、まるで自分が夏のリスであるかのごとく、帰り道に就いた。木の麓までやってくると、「ついにやった！　わたしはずっと自分のコートを探していた」と独りで考えた。ところが、そう考えた途端、犬どもが飛びかかって来て、その場で呑み込んでしまった。モシの女は死に、毛皮のコートがそこに残った。魂はさらに先へ進んだ。魂は進み、妹の家にやってくると、扉を叩いた。

「ああ、悲しいこと、あの人は死んでしまった！」

妹がそう言って泣きだした。

魂はのろのろとさらに先へ進み、姉のいえにたどり着き、扉を叩いた。

「ああ、悲しいこと、あの人は死んでしまった！　あの人はわたしの身内で、遠くにいたのに」

姉はそう叫んで泣きだした。

ところが魂は再びさらに先へのろのろ進み、自分の小屋へ行った。女の魂はどっさりある野の獣たちの毛皮と、どっさりあるテンの毛皮の間に潜り込んだ。だが、そこへ入り込んだのは無駄だった。蘇生することはできなかった。そこでまた家から外に出た。ちょうど大地が蘇り、春が来て、モシの女の魂は地面の中に潜り込んだ。そこではたちまち赤い花が育ちはじめ、ぐんぐん伸びていった。モシの女の魂、これは赤い花だったが、雌熊の体の中に入ると、雌熊は身ごもって赤ん坊を産んだ。それから雌熊はもう一人赤ん坊を産み、三度めにはハンテの女の子を明るいところへ連れてきた。これがたった一軒だけの小さな家から出たモシの女だ。

「わたしはハンテの娘を、天の娘を産んだ！」

と雌熊が叫んだ。

　時が経ち、雌熊はこの子を他の子たちと一緒に育てた。この子が大きくなると白樺の皮を剝ぎ、それを縫ってすばらしい模様の入った小さな箱を作った。おどろくばかりの出来栄えだった！　そうして日々を過ごした。あるとき雌熊が起きて言った。

「わたしのハンテの娘、わたしの天の娘、ここを出ていきなさい。どこかへ行きなさい。わたしにはわかるのです。人間たちがやって来て、わたしたちを殺すのが」

「わたしはみんなを残しては行きません。母さん、わたしが殺される方がましです。あなたたちは生きのびてください」

「わたしのハンテの娘、天からやってきたわたしの娘、神トルムがわたしの死ぬ日を決めたのです。おまえがわたしをそのことから救い出すことはできません。でも、あとでおまえが人間たちのところへ行って宴になったとき、人間たちはわたしの肉を食べます。そのとき、わたしのハンテの娘、わたしの天の娘、おまえはわたしたちの手と足を、わたしたちのシベリアマツの枝のようにすばらしい爪を岸辺の静かな場所に隠しなさい。死んだあと、わたしたちの魂がそれを見つけるように。おまえはたとえ泣いても、このことを忘れてはいけません！」

そんな話をしている間に、外で人間たちが歩きまわる音がした。雌熊が話を続けた。

「ハンテの娘、わたしの天の娘、おまえはまたわたしたちに会えます。日が暮れたら、わたしたちの魂が七つ星[*1]となって、天に現れます。おまえは尋ねられたら、『あれは〈雌熊の家〉です』とだけ答えなさい。わたしたちは七つ星になります」

その瞬間、外で人びとが家を壊し、家の扉を壊しはじめた。

「わたしの小さい娘や、人間たちがわたしの代わりにおまえを傷つけることのないように、できるだけ遠くへ行きなさい！」

と雌熊は女の子に叫んだ。

ところが、女の子は扉のところへ行って、装飾した白樺皮の小箱を家の前に投げた。人びとはその白樺皮の小箱を見て、尋ねた。

「どうしてここにこの白樺皮の小箱があるのか！」

「家の中から投げたのだ」

とひとりが言った。

彼らはこの箱をじっくり眺めたが、わからなかった。こんな模様をほどこすことは彼らの中のだれにもできなかった。

「われわれはまだ一度もこんな白樺皮の箱を見たことがない。どうしてこれがここにあるのだ。この巣穴に人間が住んでいるのではないか」

すると女の子は白樺皮の箱をもう一つ、外に投げた。人びとは驚いた。

「これはどうしたことか。熊の家に白樺皮の箱があるなんて、これまで一度もなかったこと！」

するど母親の雌熊が娘にもう一度言った。

「わたしの小さな娘や、ここを出ていきなさい！」

しかし、今度も娘は母親の言うことを聞かず、三つめの小箱を扉から放り投げた。またも人びとの間で叫び声が上がった。

「巣穴の中に人間がいる。そうでなければ、どうしてここに白樺皮の小箱があるというのだ」

「どんなわけでこんなところに人間がいるというのか。悪霊がここに住んでいるのだ。人間ではなく、悪霊だ！」

家の中では雌熊がまた叫んでいる。

「わたしの小さな娘や、できるだけ遠くへ行きなさい！」

すると人間たちが家の中に丸太を突っ込んだ。雌熊は巣穴の中から彼らに襲いかかろうとしたが、娘が押し留めた。

「母さん、わたしを先に出て行かせて！」

母熊は言うことを聞かなかった。死ぬ日が来たのだ。神トルムが決めたように、死ななければならないのだ。雌熊が巣穴から出ると、人間たちが襲いかかって殺した。そのあと人間たちはまたも、

「中にまだ小さな兄弟熊が二頭いる。仔熊が二頭残っているぞ！」

と叫び、曲がった丸太を巣穴の中に突っ込んだ。上の仔熊がそれを掴んだが、女の子がこう叫んだ。

＊1　この七つ星がどの星座を指すのか、明白ではない。プレアデス星団を〈モシの男の家〉と呼ぶ話がマンシにある。

「わたしを外に行かせて」

「姉さん、ハンテの娘、天の娘、彼らはおれたちを殺したあと、姉さんも八つ裂きにします。ここに残ってください」

仔熊はそう答えた。そのとき、人間たちが若い熊を引きずり出し、穴の外で殺した。女の子は今度は下の弟に頼んだ。

「弟よ、わたしは娘です。わたしの言うことを聞きなさい。おまえの代わりにわたしを外に引きずり出させなさい」

しかし、弟はそれを許さなかった。

「まずおれを引きずり出させる。おれが先に死ぬ。彼らが姉さんを苦しめるのをおれの両目が見ないで済むように」

そのとき、人間たちが二番めの弟を引きずり出して殺した。家の中では女の子がわっと泣き出した。人間たちが近寄って耳を澄ますと、熊の巣穴の中から人間の泣き声が聞こえた。

「どうしてこんなことがありうるのか」

彼らはそう言い合った。さらに耳を澄ますと、ほんとうに人の泣き声だ！　彼らが立ち去ろうとしたとき、女の子がさらに大きな声で言った。

「あなたたちはわたしの身内を皆殺しにしてしまった！　なぜわたしも殺してしまわないの？」

「人間だ！　引きずり出さねばならぬ。だが、いったいどのようにして？」

彼らは我先に叫んだ。

するとの町の長老の下の息子が肝を据えて巣穴の中に入り、泣いている女の子を連れて出てきた。見れば、その女の子はりっぱなテンの毛皮のコートを着、絹のスカーフをかぶっている。人びとはひそひそとささやき合った。

「小さな一軒家から来たモシの女を妻にしたのは、町の長老の下の息子だ」

「よくやった」

町の長老はそう言った。それから彼らはこの娘を家の中へ連れていった。この娘に絹で仕切りを作ってやり、この娘のために女の手仕事をする場所を作ってやった。そうこうするうち、男たちが娘の母親と弟たちを連れてきた。人びとが大きな喜びの叫び声を上げて集まり、毛皮を剝ぎだした。このとき、遊ぶ人は遊び、歌う人はうたい、占いをする人は占い、それぞれが好きなことをした。そして飲み食いし、踊った。[*2]だが、娘は絹の仕切りの陰でずっと泣いていた。あまりに激しく泣くので、両目が腫れあがってしまった。踊りが終わると、娘は観察をはじめた。人間たちがシベリアマツの枝のような熊の手の爪を捨てた場所を覚えておき、そこへ行って爪を拾い集め、岸辺の静かな森の中へ持っていった。彼らの魂が再生するように、娘はそこへ爪を置いた。[*3]

娘は戻る途中、ふいに母親の雌熊と兄弟熊が近寄ってくる物音を聞いた。娘は彼らの魂がしゃべっているのを聞いた。

「わたしはハンテの娘、天の娘を産んだ。わたしたちをここへ連れてきたのはおまえの泣き声だ。わたし

＊2　熊を仕留めたので、熊祭りが催されているのである。
＊3　黄泉の国へ行くには天まで届く山を越えなければならず、爪がないとその山を越えることができない。そのため、ハンテには切った自分の爪を保管しておく習わしがある。

たちは足の爪を見つけ、手の爪を見つけた。ごらん、今わたしたちの魂が天へ飛んでいく。ハンテの娘、天の娘、空に七つ星が現れる。見てごらん、七つめの星がわたしだよ！　わたしの右手と左手にはわたしのふたりの子どもたちがいる。おまえはこの星座を〈雌熊の家〉と呼ばねばなりません。おまえの涙が乾いたら、すぐにおまえはこのことをみんなに伝えなさい。みんなはまだこのことをなにも知らない。『なぜこの星座を〈雌熊の家〉というのか』と尋ねられたら、こう答えなさい。『雌熊がハンテの娘、天の娘を産んだのです。小さな一軒家から来たモシの女、それが雌熊の娘です。だから雌熊の家というのです』と。もうおまえは行かねばなりません。おまえは明日、『食べなさい』と言われるが、おまえはこう答えなさい。『わたしは自分の母親の肉は食べません。自分の母親である雌熊の肉を食べることはできません。あなたがわたしに七年強要したとしても、わたしは一切れたりとも食べません。ここに残ることができないのなら、わたしは気の向くままに、さらに先へ行きます』と」

娘はそのとおりにした。家の中に入り、言いつけられたとおり、母親の言葉を伝えた。町の長老は驚いた。

「わしの小さな娘、わしの小さな嫁、おまえは立ち去るために来たのではなかろう。おまえに許されている食べ物をなにか見つけようではないか」

こうしてモシの女は彼らのところに残った。この女が来てからずっと、人びとは元気で幸せだ。狩りでは獲物がうまい具合に道を横切り、漁場ではいつも大漁のあとにさらなる大漁が続く。そして娘が赤ん坊を産んだ。娘はこの子を今も育てている。わたしはすでに彼らのところに行ったことがある！

【解説】

※モシとポルという族外婚グループであるフラトリーの由来にまつわる神話的色彩の濃い昔話である。熊はポルの始祖である。この昔話に女主人公として登場するモシの女と、旅の中で出会う女たちとは夫同士が兄弟関係にある間柄である。つまり、彼らはポルの男たちということになる。

※女主人公は紛失した自分の毛皮のコートを探す旅に出るが、途中で死んでしまい、ハナウド（porykh。ポルというフラトリーの名称はこれと関係している）の花などの植物に姿を変える。この花を食べた雌熊が身ごもり、仔熊二頭と人間の女の子を出産する。雌熊は猟師たちが近くに来ていて自分の死が迫っていることを悟り、娘に「おまえと仔熊たちは七つ星になって生まれ変わる」と説く。この娘を嫁に迎えた結果、町は獲物に恵まれ、栄えたと語られる。

ハナウド（学名 Heracleum Sibiricum）の花

註

（1）Мифы, предания, сказки хантов и манси. М., 1990, № 107, стр. 291
（2）*Соколова З. П.* 2011; *Тимофеев Г.* Казымская трагедия // Югра. 1995. № 9
（3）斎藤君子「ハンティの叙事詩『いとしい勇士＝下界の商人・上界の商人』」『ユーラシア諸民族の叙事詩研究（1）――テキストの郊外と解説――』千葉大学大学院社会文化科学研究科、二〇〇一年、一〇一―一三〇頁
（4）*Кулемзин В. М., Лукина Н. В.* 1977, стр. 124
（5）*Зенько А. П.* Представления о сверхъестественном в традиционном мировоззрении обских угров. Новосибирск, 1997, стр. 17–19
（6）*Karjalainen K. F.* Die Religion der Jugra-Völker, III, Helsinki-Porvoo, 1927
（7）*Кулемзин В. М., Лукина Н. В.* 1977, стр. 130
（8）Мифы, предания, сказки хантов и манси. № 166, стр. 441–445
（9）Мифы, предания, сказки хантов и манси. № 73, стр. 198
（10）*Кулемзин В. М., Лукина Н. В.* Знакомьтесь: Ханты. Новосибирск, 1992, стр. 100
（11）*Молданова Т. А.* Казымский орнамент. Ханты-Мансийск, 2013
（12）Мифы, предания, сказки хантов и манси. № 25, стр. 84–90

第二章　祖霊崇拝

齋藤君子

一　祖霊

祖霊とは古の時代に活躍した勇士たちのことであり、今やその土地の精霊となって、そこに暮らす人びとを守ってくれている。かつて彼らは漁をしたり、狩りをしたり、トナカイを飼育したりして、人間と同じように暮らしていた。口承文芸の中では彼らは〈嫗〉、〈翁〉、あるいは〈婆〉、〈爺〉などと呼ばれている。マンシは祖霊について、「我々の勇士たちはかつて、我々と同じように暮らしていたが、その後、不死身になった」と説明する。生前、〈婆〉、〈爺〉は民衆のためにたいせつなことを成し遂げた人びとであり、彼らの霊魂は肉体が死んだあとも滅びることなく、今も地上で生き続けているという。人びとが彼らのことを忘れないで祈りを捧げれば、彼らはいつでも援助の手を差し伸べてくれる。狩りや漁の手助けをしてくれ、人びとが健康で暮らせるように守ってくれる。人間はそのことに感謝し、祖霊に供物をして祈りを捧げ、定期的に追善供養を営む。このように、人間と祖霊は互恵関係にあるのである。

マンシの祖霊の中でとくにたいせつなのはタグト・コチル・オイカという祖霊である。この祖霊はサルトィニアの下流二〇キロ地点に棲んでいて、このあたりの祖霊たちすべてを統括している。たいへん強力な祖霊であり、鎖帷子に身を包み、刀や弓矢で武装しており、火の中に飛び込んでも焼けないと言われている。秋になると、ソシヴァ川やオビ川流域からこのタグト・コチル・オイカのもとへ祖霊たちが集まってくるので、人びとは彼らに新しい衣服を着せ、供物を捧げ、御馳走をしてもてなし、この先一年、どうか健康で無事に過ごせますようにと祈りを捧げる。この儀礼が催されるときは、若者たちが毎晩集まり、さまざまな遊びに興じる。娘たちとの出会いの場ともなる。

二　霊魂観

ハンテ語で霊魂をイスという。タチヤーナ・モルダーノヴァ女史に「人間にはイスがいくつあるのですか」と尋ねたところ、彼女は次のように説明してくれた。

「霊魂の数は男女で異なり、男には五つ、女には四つあります。第一のイスは、眠っているときに体から抜け出し、ライチョウになって飛んでいくイスです。その人が死ぬと肉体を離れ、生前訪ねた場所を巡り歩きます。あちこちで知人たちに目撃されるのはこのイスです。第二のイスは死者の肉体とともに墓の中に四年ないしは五年滞在します。第三のイスは人が死んだときに作られるイッタルマという人形（髪の毛のかたまりに服を着せたもの。目鼻口はない。マンシの場合はイテルマという――齋藤）の中に入ります。このイッタルマは男の場合は五〇日間、女の場合は四〇日間、家の奥の隅に置いて供物を捧げ、晴れた日には表に出して日に当て、こまめに世話をします。幼児のイッタルマは四カ月、ないしは五カ月間家に置いて、そのあとは森へ持っていったり、特別に建てた小屋に収めたり、あるいは地中に埋めたりします」。

第四のイスは新たに誕生してくる赤ん坊の体内に入る。その子は自分の前世を夢で見て知っているという。その子がだれの生まれ変わりなのかを知る占いがある。幼い子を持ち上げ、だれのイスが入ったのか、見当をつけて名前を言い、その名前が当たっていれば、重く感じるのだという。斧の台尻を持ち上げて占うこともあるそうだ。第五のイスは男性の精力で、男性だけに宿っている。死後はこのイスは鷹、鷲、ワタリガラスなどの猛禽類になって飛び去る。だから猛禽類を殺すことはタブーとされている。誤って殺した場合、その家に赤ちゃんができなくなると言われている。帰国後、T・モルダーノヴァから贈られた著書[1]に目を通すと、この鳥はただの鳥ではなく、「鉄製のライチョウ＝鷲」の姿をしていると記されていた。

この世に生まれてくる子どもに霊魂を授けるのはカルタシという女の精霊である。これは産土神的な女神であり、無事に子どもが生まれた家ではこの女神に感謝し、供物を捧げる。

死者の人形イッタルマ　撮影1972年　スィニャ川流域にて　Соколова З. П. Северные ханты. М., 2011

人間が病気に罹る原因の中でもっとも重要なのは、肉体から離れた霊魂が「災難に陥る」ことである。霊魂を奪っていくのは死んだ親類や下界の精霊などである。病人の治療手段として有効なのは、住居と病人の燻蒸、呪術、そして供犠である。

ハンテ・マンシの観念によると、人の肉体の一部、たとえば切った爪や毛髪などに危害を加えることは、その人の身体全体に危害を加えることと同じ結果をもたらすという。人《ひと》形《がた》に危害を加えることも同様の結果を招き、その人形のモデルになった当人が病気になるか、死ぬとされている。日本でも藁人形に五寸釘を打ち込む例があるが、それと同じである。人物画を所有している場合も、その絵のモデルに危害を加えることができる。人物画を持っていることは殺傷能力のある武器を持っていることと同じことなのだ。

三　葬礼

人が死ぬとすぐにいい服を着せ、目を閉じさせる。親類は喪に伏す印として編んでいる髪をほどき、帯と靴の紐を解く。ハンテ語で棺をホプと言う。直訳すると〈舟〉である。一九三〇年代までは実際に舟の先端を死者の身長に合わせて切り詰め、これに遺体を納めた。丸太をくりぬいたものや、白樺の樹皮を二枚縫い合わせた箱を棺にすることもあった。夜のお伽には死者のもとに特別な語り手が招かれた。その場に居合わせた人の中のだれかが死者に向かって話をする場合もあった。

死の当日、ないしは翌日、トナカイを殺し、その血を死者が寝ているそばの壁に塗った。トナカイがいない場合は鳥を犠牲にした。

遺体は死後三日めに墓地に埋葬した。家で死者に最後のごちそうをしたあと、遺体を納めた棺を何度か持ち上げたり下ろしたりして、霊魂がすでに肉体から離れたかどうかを確認する儀礼があった。棺が重ければ、霊魂がまだ体内にいるか、戻ってきたかである。その場合は棺の運び出しはしない。四、五回棺を持ち上げて、葬儀を仕切っている人が棺の中に霊魂がいない旨を告げると、棺を家から運び出す。最初に持ち上げたときは軽かったのに、次に持ち上げたときは重いということもある。そういう場合は死者が葬儀の参列者の中のだれかの霊魂を「盗った」ことを意味するので、「だれの霊魂を盗った？」と死者に問いかける。霊魂を盗られた人はじきに死ぬと言われている。

棺の運び出しは以前はチュムの入口からではなく、チュムの覆いを持ち上げてそこから外に出した。墓地はたいてい集落の近くの高台にある。棺を墓に運ぶと白樺皮でくるみ、墓穴の脇に置き、火を焚いてお茶を沸かす。そしてトナカイの肉を煮てみんなで食べ、酒を飲む。棺のそばにも酒と食べ物を供える。それが済むと棺を墓穴に下ろし、その上に死者の服を置き、墓穴が浅い場合は棺を白樺皮と板で覆った。地面が凍結していて穴を掘ることができない冬場は、棺を地上にそのまま置くこともあった。墓の上には切妻屋根の小さな家を置く。これは〈死者の家〉である。壁の側面に小さな穴があり、取っ手の付いた小さな扉で閉じられている。北方の〈死者の家〉には小さな窓があって、ふだんは棒杭で塞がれている。

カズィム村墓地の朽ち果てた死者の家　撮影2013年筆者

筆者たちがタチヤーナ・モルダーノヴァの案内で彼女の親族が眠るカズィム村の墓地を訪ねた際、彼女は身内の墓へ行くとこの棒杭を抜いて、「来ましたよ」と死者に挨拶し、抜いた棒杭にやさしく接吻した。彼女の説明では、死者にとってのごちそうは墓を訪ねた親族が焚く火から立ち上る湯気だそうだ。

湯気で祖霊をもてなすT・モルダーノヴァ　撮影2013年カズィム村の墓地にて筆者

スキー、弓矢、橇《そり》、食器など、生前死者が使っていた品物も墓のそばや〈死者の家〉の上に置かれる。その際、わざと壊して置くことが多い。この世とあの世ではすべてが逆だとされているからである。

葬儀中と葬儀後しばらくは、死者が親しい人の霊魂を連れていかないよう、細心の注意が払われた。死者を出した家では夜通し火を焚き、だれも家から出ないように気を配った。死者の霊魂は死後六カ月間は家に帰ってきていて、家族の夢に現れる。耳鳴りがするのは死者が来ている証拠であり、右の耳であれば近い親族、左の耳であれば遠い親族が来ていると考えられた。

親族の墓を訪れて追善供養をするのは死後三年間（カズィム村では男性の場合五年間、女性の場合四年間）である。この期間を過ぎると、もはや死者の霊魂は死者の国へ移ってしまっていて、墓にはいないからである。

死者の国では時は逆に流れるので、死者はだんだん小さくなっていき、最終的にはカブトムシの姿になると考えられている。死者の霊魂は新しく生まれてくる子の体内に入ると、地上で新たな生活をはじめるので、肉体と霊魂を完全に滅すには遺体を焼却するか、頭皮を剝ぐかしなければならない。口承文芸の主人公は敵の頭皮を剝ぐことによって敵を完全に滅ぼす。

死者が一定期間地下界で暮らしたあと、熊に生まれ変わって地上に戻ってくるとする観念もハンテにはある。こういうことが起きるのは、地上に戻って親族に会いたいという気持ちが非常に強い死者に限られる。ハンテには熊を仕留めたとき、埋葬した親族のうちのだれかを問う習俗があるが、それはこの観念と関係している。仕留めた熊の体に禿げや傷跡のような目立つ特徴があれば、それがだれかを特定する決め手になる。(2)

かつてはどの家にもたいてい、家の奥か屋根裏部屋に置かれた箱の中に布製の小さなイッタルマ人形が保管されていた。この人形は人が死んだあとすぐに親戚の女たちによって作られた。死者の複数の霊魂のうちの一つがこの人形に宿っていると考えられていて、死者が女性の場合は四年間、男性の場合は五年間、たいせつに保管される。夜は人形に布を掛けてやって休ませる。保管の期間が過ぎ、死者の霊魂が新生児の体内に入ったと女たちが確信すると、イッタルマ人形を箱に納め、森の中に埋めたり、特別な納屋に納めたりした。人里から遠く離れた森の中に立っている納屋には神話上の祖先を同じくする死者たちのイッタルマ人形がいくつも納められている。

イッタルマ人形に強い関心を持っていた筆者はカズィム村を訪れた際に何人かの女性に、「あなたのところにイッタルマ人形はありますか」と尋ねた。しかし、相手の女性は黙ってかぶりを振るか、一言「ノー」と答えて口を閉ざすかで、期待は見事にはずれた。この状況が腑に落ちず、あとでT・モルダーノヴァに尋ねたところ、「イッタルマについてはあまりにいろいろ怖いことが起きたので、ここでは作ることが禁じられたのです」と言うだけで、彼女もそれ以上話そうとしなかった。この話題はカズィム村ではどうやらタブーとなっているらしい。

四　人名

現代人の感覚からすると考えにくいが、昔、ハンテ・マンシには姓も名もなかった。生まれてきた子に名前を付ける習わしがなかったのである。姓名が付けられるようになったのは、教会の司祭が洗礼を授ける際、あるいはロシアの役人が毛皮税を徴収する際に必要になったからである。人に名前がなければなにかと不便だろうと思うが、そうでもなかったらしい。

以前は小さな集落では互いに良く知っている間柄なので、その人の特徴や年齢で呼び合った。性格や容姿上の特徴、家が立っている場所や出身地で呼ぶことも多かった。たとえば、「川下」、「川上」、「岸辺」、「水辺」といった具合に呼んだのである。また、彼らは互いに相手のことを「友」と呼び合い、男性に対しては「この男」とか「あの旦那」、女性に対しては「この女」、「あの女房」などと呼んだことも、姓名を必要としなかった理由の一つである。家庭内では「上の息子」、「下の息子」といった具合に、家族内の位置関係で呼ばれた。

現在のハンテ・マンシの姓には一種のあだ名から作られたものが珍しくない。たとえば、オヴェソフという姓は「一番星」、ロムバンデーエフは「短いシャツ」を意味する言葉から作られている。

本来、ハンテ・マンシには姓も名もなかったという事実は口承文芸にもよく反映している。伝統的な口承文芸に人名が出てくることはなく、主人公は「嫗と翁」、「妻と夫」などと呼ばれるのが常である。その場合レディファーストで女性が先で、そのあとに男性がくる。

ハンテの間では姓名で呼ばない風習が今もなお生きている。カズィム村でわたしたちの案内をしてくれたオリガ・A・クラフチェンコが名前についてこう説明してくれた。

「名前はつねに聖なるものと考えられています。相手の名前がわかれば、その人に勝つことができます。だからハンテは名前ではけっして呼びません。家庭内で名前で呼ぶ習わしはなく、下の息子、上の息子、あるいはさらに上の息子といった具合に呼びます。『子どもは何人ですか』という質問もけっしてしません。そんな質問はひじょうに失礼だとされています」。

「名前がわかれば、その人に勝つことができる」という彼女の言葉には深い意味がある。ハンテにあっては、さまざまな病いをもたらす邪悪な精霊に名前を知られると生命に関わるとする民間信仰が生きている。特に幼児については、名前で呼ぶのはたいへん危険なこととされている。

人間の名前に対するこのような観念はハンテ・マンシに限らず、シベリア先住民の間では広く知られている。たとえば、ナーナイの昔話「ウデがアキャをこらしめた話」に主人公として登場する兄弟の名前を直訳すると、アキャが〈雄のジャコウジカ〉、ウデが〈雌のジャコウジカ〉である。「なぜ主人公にこのような名前がつけられているのか」という質問に対し、この昔話の語り手はたいへん興味深い説明をしている。「語り手は人間を本名で呼んではいけないの。なぜって、自分が語る物語の主人公たちのあさましい振る舞いについて語ることがよくあるからよ。物語を聞いている精霊たちが怒って語り手を罰するかもしれないでしょう。命を奪うことさえあるわ。だから、彼らの警戒心を眠らせるために、物語の登場人物に動物の名前を付けることがあるの[3]」。精霊にほんとうの名前を知られることを怖れ、動物の名前で呼ぶというのである。

五　ポルとモシ

北方のハンテとマンシの場合、一つの集団にポルとモシという二つのフラトリーが存在し、ポルの男性が結婚することを許されている相手はモシの女性だけである。ポルの女性の場合は逆にモシの男性とのみ結婚することができる。ポルもモシも自分が所属するフラトリーの人間とは血縁関係にあり、同じ神話的祖先に出自を遡ると考えられてきたので、同一フラトリー内の婚姻は禁じられてきた。

ポルの神話上の祖先は熊であり、モシの場合は大地母神カルタシである。一説によると、ポルの父親は天の最高神ヌム・トルムだともいう。動物ではポルが熊、モシが兎をトーテムとし、植物ではポルがシベリアマツとカラマツ、モシがシラカバをトーテムとしてきた。

六　伝説「モシの女とポルの女[4]」（ハンテ）全訳

雌狐と雌兎が住んでいた。二人は滑る場所を作り、翌日そこへ行って橇で滑ることにした。先に滑るのはいつも狐だ。狐は二度、三度滑ると、兎にこう言った。

「おまえが先に滑りな」

兎は言った。

「わたしは先には滑らない」

すると狐が言った。

「おまえが先に滑りなよ」

兎は悲しそうに立っていたが、先に滑った。ところが坂の真ん中まで行かないうちに、狐が兎を追い越して、兎の背骨を折ってしまった。

雌兎の二人の子どもたちは母さんの帰りを待っていたが、帰ってこなかった。そこで子どもたちは狐の家の煙出し穴に忍び寄り、穴から下をのぞいた。釜がグラグラ煮え立っていて、狐の子どもたちの声が聞こえた。

「この目のところの脂肉をおくれ、この目のところの脂肉をおくれ！」

すると母親が子どもたちに、

「この兎の二人の子どもたちの脂肉を食え！」

と言うのが聞こえた。兎の二人の子どもは這ってそこを離れ、泣きながら家に帰った。

姉が弟に、

「はやく逃げよう」

と言った。二人は櫛と砥石と火打石を持って逃げた。長いこと歩いたか、ちょっと歩いたか、狐が現れた。姉が振り返ると、狐がいまにも二人を捕まえそうだ！　姉は櫛を投げ、

「わたしたちの歌、わたしたちの昔話がもしも続くなら、鼻も目も通らないほどうっそうとした森が現れますように！[*1]」

＊1　「わたしたちの歌、わたしたちの昔話がもしも続くなら」という表現は主人公が危機的な状況に陥ったときに用いられる。要するに、「物語の主人公が生きているなら」という意味である。

と言って後ろを振り返った。なにも見えなかった。姉は弟にこう言った。

「狐はこれで遅れたわ」

姉がもう一度振り返ると、狐が来るのが見えた。風に吹かれて髪がぼさぼさだ。今にも二人を捕まえそうだ。姉は砥石を投げて、

「わたしたちの歌、わたしたちの昔話がもしも続くなら、天のトルムのところまで届くような大きな山が現れますように！　爪もひっかからないような、歯もたたないような山が！」

後ろを振り返ると、なにも見えない。姉は弟にこう言った。

「狐はこれで遅れたわ」

ところがほんの少しして、また狐の姿が見えてきた。舌を垂らしている。今にも二人を捕まえそうだ。

姉は残っていた火打石を投げた。

「わたしたちの歌、わたしたちの昔話がもしも続くなら、天まで届くような大きな火が現れますように！」

後ろを振り返ると、狐の姿は跡かたもなく消えていた。姉が弟に言った。

「狐は今度こそ間違いなく遅れたわ」

姉は弟を肩から下ろし、二人でホロムイイチゴを食べ始めた。ずっと食べていたのだか、それをだれが見ていたのだか。弟が叫んだ。

「姉さん、おいらの足が地面の中にはまってしまった！」

それでも姉はホロムイイチゴを食べていた。しばらくして、弟がまたも叫んだ。

「姉さん、姉さん、おいらはもう腿まで埋まってしまった！」

姉はなにもなかったかのようにホロムイイチゴを食べている。しばらくすると、弟がまた叫んだ。

「姉さん、姉さん、おいらは喉まで埋まってしまった！　おいらを引っ張り上げて！」

姉がそっちを見ると、ほんとうに弟は喉まで埋まっている。姉は急いでそっちへ行ったが、弟は地面の中に消えていた。

姉は泣きながら足の向くまま、目の向くまま、歩いた。ずんずん歩き、腐った白樺の切り株を握り拳で叩いた。するとそこからポルの女が飛び出してきた。

「あんた、どうしてわたしの家を壊すのさ？」

二人は一緒になった。長いこと歩いたのだか、ちょっと歩いたのだか、それをだれが見たのか。湖のそばに行った。ポルの女がモシの女に言った。

「水浴びしよう！」

モシの女はこう言った。

「わたしはいやよ」

「いやって、どういう意味よ！　服を脱ぎなさい！」

ポルの女は服を脱いで水の中に飛び込んだ。モシの女は悲しそうに立っていたが、服を脱ぎはじめた。モシの女が水の中に入るやいなや、ポルの女は岸に跳び上がって、モシの女のクロテンの服、毛皮の服を着た。モシの女は岸に上がり、

「どうしてわたしの服を着たの？　わたしの服をここへ持ってきて」と言った。

ポルの女は言った。

「返すものか。この服を着な」

モシの女が言った。

「返さないのなら、毛皮のコートの紐にぶら下がっている小さい袋をこっちへよこしなさい」

「おまえの袋なんか、わたしに要るものか。受け取るがいい」

モシの女は自分の袋を受け取ると、同じようなクロテンの服、毛皮の服を着た。

長いこと歩いたか、ちょっと歩いたか、それをだれが見たのか、ポルの女がモシの女に言った。

「町へ行こう。町の爺の息子とトントン爺の息子が外で弓を射ているから、あんたはトントン爺の息子の矢を取りな。わたしは町の爺の矢を取る」

二人はずんずん歩いて町にやってきた。トントン爺と町の爺の息子二人が外で弓を射ていた。ポルの女は町の爺の息子の矢を拾いたかったが、モシの女がポルの女を押しのけた。町の爺の息子の矢を取ったのはモシの女で、トントン爺の息子の矢を取ったのはポルの女だった。モシの女は町の爺の家の戸口へ行った。町の爺が娘たちに話すのが聞こえた。

「行って、嫁を連れてこい！」

モシの女の両手を取って、家の中へ連れてきた。

長いこと暮らしたか、ちょっと暮らしたか、トントン爺が町の爺の家に来て、こう言った。

「明日、町の周囲を綱で巻かねばならぬ」

朝になった。ポルの女は葦の綱を編んだが、町の半分しか巻けなかった。モシの女が編んだ綱は町の周囲を二回り、三回りするだけあった。

長いこと暮らしたのだか、ちょっと暮らしたのだか、モシの女に息子が生まれた。モシの女が舅に言った。

「わたしがここに来たとき、わたしの弟が地中に引き込まれました。その場所を見に行きます」

翌日、舅が鍋の墨のように黒い、三頭の雄トナカイを橇に付けてやった。ポルの女の舅が橇に三匹の魚のコイを付けてやると、コイがポルの女を氷の穴の中へ引き込もうとする。長いこと歩いたのだか、ちょっと歩いたのだか、ポルの女が言った。

「もう目的地に着いた」

自分の以前の腐った白樺の切り株の中へ入った。モシの女は長いこと進んだのだか、ちょっと進んだのだか、弟が地面の中に埋まった場所に着いた。そこにはなんという家が立っていたことか。キラキラ光り輝いていた。戸口で犬が吠えていて、中で女の声がした。

「もしそれがわたしの待ち人なら、雪の塊、氷の塊を舐めてやって、家の中へ押し込んでおくれ。もしそれが待ち人でなければ、ずたずたに引き裂いておくれ」

犬はモシの女のために雪の塊、氷の塊を舐め、家の中へ押し込んだ。そこには一人の女が縫物をして座っていた。その女が尋ねた。

「お客さん、どこから来たの」

モシの女は言った。

「以前、ここを通りかかったとき、わたしの弟が地中に引き込まれたのです」

すると女が言った。

「あなたに弟がいるのなら、この家があなたの弟の家です」

しばらくすると、この家に人がやってきた。それから少しして、熊が落ちてきた！　熊は家の中で二、三度跳びはねて、毛皮を脱いだ。弟は姉の首を抱きしめ、嬉しくてどうしていいのか、わからなかった。

姉は弟の首を抱きしめ、嬉しくてどうしていいのかわからなかった。二人は接吻し、抱き合った。

モシの女の息子で歌の人、昔話の人[*2]は育つのに長くはかからない。走れる年齢になった。叔父さんが矢を作ってやった。こちらへ放つと矢がうなり、あちらへ放つと矢がうなる！

長いこと暮らしたのだか、ちょっと暮らしたのだか、モシの女が自分の弟に言った。

「わたしと息子にも自分たちの土地があります」

翌日、弟はモシの女のために雪のように真っ白な六歳の雄トナカイを橇に付けて、姉に言った。

「この家が見えなくなるまで、後ろを振り返らないでください」

こうしてモシの女は橇を走らせ、家が見えなくなったと思い、後ろを振り返った。後ろからトナカイの群れが歩いてくる。先頭も見えなければ、しんがりも見えない。以前の場所に着いた。ポルの女が外に跳び出してきた。ポルの女の兄たちが橇に三匹のコイを付けてくれ、町にやってきた。トントン爺と町の爺が外で言い争っていた。トントン爺が言った。

「最初に到着するのはうちの嫁だ。うちの嫁がわしの道へ方向を変えている」

すると町の爺が言った。

「最初に到着するのはうちの嫁だ。うちの嫁がわしの道へ方向を変えている」

分かれ道まで来ると、モシの女は町の爺の家の戸口に着き、ポルの女はトントン爺の家の戸口に着いた。

そして今も彼らは幸せに、つつがなく暮らしている。


【解説】
※一九三六年にW・シタイニツがレニングラードで一八歳の学生P・E・プィルィセフから記録した話。マンシにもほぼ同じ

話がある。

冒頭に雌兎の姿で登場するはモシの女である。兎はモシと繋がりのある動物とされている。雌狐の姿で登場するのはポルの女で、ポルの女は性悪である。モシの人たちははじめはポルの人たちに迫害されるが、最後には勝利する。モシの女の弟は地中に引き込まれたあと、熊になって暮らしていることがわかる。

北方のハンテのフォークロアでは、「町の爺」と「トントン爺」が対で登場する。「町の爺」は裕福な爺、「トントン爺」は貧乏爺、ないしは召使いである。

話のあちこちに「長いこと歩いたか、ちょっと歩いたか」などの対句がちりばめられている。

七　一人称でうたわれる「熊の歌」

一八八八年にクラスノヤールスク村でS・パトカノフがハンテの熊祭りの場でうたわれた熊の歌を記録している。天上から地上に降りてきた熊が地上で暮らし、猟師に殺されるまでの次第を一人称でうたっている。熊は熊祭りの決まりに反した服装で踊った女の赤ん坊を殺すが、正装して踊った女の赤ん坊には危害を加えない。それにもかかわらず、熊は猟師たちによって殺されてしまう。罪のない熊の死はこれを聴く女たちの涙を誘ったという。

ロシア語訳は改行なしで記載されており、詩の形式を残しているのは一部にすぎないが、この歌がうたわれた祭りの場の雰囲気が伝わるよう、可能な限り忠実に翻訳してみたい。

＊2　「昔話の人」とは物語の主人公「モシの女」の息子。

八　熊の歌「熊の死[5]」（ハンテ）全訳

わが父、底なき七層の天の夫[*3]のもとより、わたしは尊き鉄の鎖の端につかまり、地上に降り立った。細長き湖の向こうに白樺の混合林に覆われた、小さき陸地の島がある。わたしがそこにやってくると、そこには美しきウワミズザクラを生む、ウワミズザクラ茂る丘がそびえ、素晴らしきハマナスを生む、ハマナス茂る丘がそびえていた。そこにはオールの横木の大きさのハマナスがたくさん生まれ、ヘラジカの唇の大きさのウワミズザクラがたくさん生まれた。二人の男が町の長老がいる町からやってきた。一人の男が言った。

「細長き湖の向こうにボダイジュの混合林に覆われた、小さき陸地の島がある。わたしは頑丈な弓用の、頑丈な木を取りに出掛ける」

もう一人の男が言った。

「細長き湖の向こうにボダイジュの混合林に覆われた、小さき陸地の島がある。わたしはそこへ白樺の弓用にする白樺の木を取りに出掛ける」

彼らは三つの仕切りがあるボートに乗り、オールを片手でしっかり握り、大きな舳先のボートのりっぱな舳先《へさき》のあたりで水中に落とすと、艫《とも》を備えたボートの艫のあたりでオールが水面に出る。大きなミサゴが水中から魚を引き上げるように。

細長き湖の向こうにボダイジュの混合林に覆われた、小さき陸地の島がある。彼らはこの小島にやってくると、一人の男が頑丈な弓を作る、頑丈な木を手に入れ、もう一人が白樺の弓を作る、白樺の木を手に入れた。細長き湖の向こうにボダイジュの混合林に覆われた、小さき陸地の島がある。ボダイジュの混合林に覆われた小さき島に、ウワミズザクラを作る、ウワミズザクラ茂る丘があり、ハマナスを作る、ハマナス茂る丘があった。オールの横木の大きさのハマナスと、ヘラジカの唇のように大きなウワミズザクラがここでたくさん育っていた。

　同じ背丈の、同じ高さの男二人は故郷の町の広場にやってきた。町の大勢の女たちにこれにまつわる知らせを運んできた。町の大勢の女たち、俊敏なる腕を持つ大勢の女たちがりっぱな白樺皮の籠を持ち、そこへ出掛けた。女たちは町の長老が戦の日に持っていく、鳥の絵で飾られた大きなボートを岸から突き放した。女たちは揺り籠に入っている女の子を連れ、中央のあるボートのりっぱな中央にその子を置いた。女たちは白樺皮の編み籠に入っている男の子を連れ、中央のあるボートのまさに中央にその子を置いた。

　細長き湖の向こうに白樺の混合林に覆われた、陸地の小さき島があり、ボダイジュの混合林に覆われた、陸地の小さき島がある。彼らは舳先のあるボートのりっぱな舳先を岸に着けた。俊敏なる腕を持つ大勢の女たちは尻の軽い雄兎のように岸へ跳んだ。ものぐさなる腕を持つ大勢の女たちは四つん這いになって岸へ這っていった。白樺皮の編み籠に入っている男の子を連れていって、木の尊き枯れ枝に掛けた。俊敏なる腕を持つ大勢の女たち、ものぐさなる腕を持つ大勢の女たちはウワミズザクラ茂る、ウワミズザクラの丘へと走った。

　ものぐさなる腕を持つ大勢の女たちが白樺皮の籠の尊き底にベリーを敷き詰め、俊敏なる腕を持つ大勢の女たちが籠の半分までいったとき、わたしは森の獣のように彼女たちに大きな喉から唸り声を上げた。

＊3　天神トルムのこと。

俊敏なる腕を持つ大勢の女たちは尻の軽い雄兎のように脇へ跳ねた。ものぐさなる腕を持つ大勢の女たちは四つん這いになり、やっとのことで逃げた。女たちは恐怖におののき、鳥の絵が施された、町の長老のボートの舳先を艫の方へ向け、艫を備えたボートの艫で舳先を作った。女たちには揺り籠に入った女の子がいた。女たちはその子を木の尊き枯れ枝に掛けた。女たちは白樺皮の編み籠に入った男の子を連れていた。女たちはその子を木の尊き枯れ枝に掛け、置き去りにした。

怖さのあまり死んだようになっている、哀れな女の子にわたしは近寄った。


「哀れな女の子、おまえは死んでいるようだ、死んでいるようだ！

おまえの母はわたしのために踊った。


シベリアマツの粗末な服を着て、わたしのために踊った[4]」。

白樺皮の腹[5]をして、あの女は仔馬のように、わたしのために踊った。

怖さのあまり死んだようになっている、哀れな女の子をわたしは歯が二〇本ある口の中へ放りこんだ。

そして、その女の子が仔鴨であるかのごとく、歯でバリバリ食った。

怖さのあまり死んだようになっている、哀れな男の子にわたしは近寄った。

「哀れな男の子、おまえは死んでいるようだ、死んでいるようだ！

おまえの母はわたしのために踊った。

リンリンと銀を鳴らし、わたしのために踊った。

リスの毛皮のようにふわふわのラシャの上着を着、おまえの母はわたしのために踊った。

おまえの母はわたしのために踊った。

リスの爪のようなビーズで飾った靴を履き、わたしのために踊った。
おまえの母はわたしのために踊った。
小鳥の絵のあるシャツを着て、わたしのために踊った。
森の小鳥の絵があるスカーフをかぶり、わたしのために踊った。
わたしの右手の力が尽きたそのときは、
わたしは揺り籠を自分の左手で摑もう[*6]」。

森の獣に対する恐怖が哀れな男の子を襲ったとき、歯が二〇本生えている獣の口いっぱいに泡が広がった。

大勢の町の女たちが故郷の広場にやって来て、町の男たちに二度折りたたんだ知らせを持ってきた。大勢の町の男たちはそのとき、戦の装備をした。中央のあるボートのりっぱな中央に彼らは二歳の仔トナカイのような、二匹の猟犬を乗せた。

細長き湖の向こうにボダイジュの混合林に覆われた、陸地の小さき島がある。先の尖ったボートの舳先を彼らは、川を泳ぐトナカイが首を高く掲げるように、高く捧げていた。艫があるボートの艫の先端に舵が装備されていなかったとしたら、舳先の尖ったボートの舳先が聖なる水の中にはいってしまうだろうか[*7]。

＊4　熊祭りの踊りである。
＊5　以前、ハンテ・マンシの女性は白樺皮製、皮革製、あるいは布製のコルセットを太腿につけていた。
＊6　熊が揺り籠を両手で交互に揺らすこと。
＊7　勢いよく進むボートが制御を失うと、転覆する可能性があることを意味する。

白樺の混合林とボダイジュの混合林がある、陸地の小さき島までやってくると、熊の心臓を持った大勢の男たち[*8]は尻の軽い雄兎のように岸へ跳び移り、女の心臓を持った大勢の男たち[*9]は四つん這いになって、やっとのことでそこへ行った。すると一歳の仔トナカイのような二匹の猟犬がわたしの上に降りた。怖さのあまり死んだようになっている、哀れな男の子の方へわたしが行ったとき、一歳の仔トナカイのような二匹の猟犬がわたしに襲いかかった。わたしが一歳の仔トナカイのような二匹の猟犬に跳びかかると、町の長老のものである、矢筒の穴から抜き出された矢を持って、わたしに向かってきた。わたしが矢筒の穴から抜き出された矢に近づくと、矢尻を革紐で縛った槍を持った猟師たちがわたしの方へ進み出た。矢尻を革紐で縛った槍と逆の方へわたしが行くと、彼らは炎に焼かれた斧を握ってわたしに襲いかかってきた。わたしが炎に焼かれた斧に向かって行くと、わたしは熊の偉大なる死によって命を終えた。

わたしが熊の偉大なる死によって命尽きると、カササギの皮を剝ぐように、わたしの毛皮を剝いだ。わたしの聖なる熊の上着を、中央を備えたボートの中央に置いた。わたしたちは乙女たちの行列と共に、町の長老のものである故郷の町の広場へと向かった。わたしたちが町の船着き場に着くと、町の大勢の女たち、何百人もの年配の女たちが、ふさふさの髪を作りだす分け目がついたわたしの頭の前に、皿洗い女のように濡れた手で立っていた。町の大勢の女たち、町の大勢の男たちがそこで天に向かって大量の水より成る、輝ける雲を上げた[*10]。彼らは熊の聖なる遊びを遊びはじめた。

わたしがオスチャーク[*11]の女が点けた火のある家の中央へ連れていかれると、熊の聖なる宴が開かれた。熊の聖なる宴が終わると、彼らは熊の聖なる踊りを踊りだした。毛足の長い、ふかふかのラシャの上着をわたしに着せ、リンリンと鳴る銀でわたしを飾った。熊のための聖なる祭りが終わると、わたしは銀のように鳴る、尊き鉄の鎖の端を伝い、我が父のもとへ、七層の底なしの天へ昇った[*12]。

註

（1）*Молданова Т.* А. Архетипы в мире сновидений хантов. Томск, 2001, стр. 20

（2）*Кулемзин В. М., Лукина Н. В.* 1977, стр. 164

（3）Древний свет. Сказки, легенды, предания народов Хабаровского края. Хабаровск, 1990, стр. 220–221

（4）Мифы, предания, сказки хантов и манси. № 28, стр. 101–105

（5）Мифы, предания, сказки хантов и манси. № 24, стр. 80–90

＊8　勇敢な男たち。

＊9　臆病な男たち。

＊10　熊祭りの儀礼として水や雪を撒くこと。

＊11　ハンテの古称。

＊12　熊は以前住んでいた天上界へ登っていった。天上界は七層構造である。

第三章　昔話

齋藤君子

一　物語ジャンルの分類

昔話に移る前に、ハンテ・マンシの物語ジャンルにどのような種類があるかを見ておこう。ハンテ・マンシの口承文芸をジャンル別に分類するのはきわめてむつかしく、N・V・ルキナが編纂した資料集を見てもジャンル別に分類しないで、「ハンテの神話・伝説・昔話」として一括して掲載している。

分類を困難にしている原因のひとつは、同じ説話が散文形式をとったり、歌の形式をとったりすることである。ときにはその中間的な形式であるレチタチーヴォ（うたうように語る形式）で演じられる場合もある。歌の形式をとるのは儀礼の場で演じられるときの特徴であり、儀礼の場にいる超自然的存在のためにうたわれると言っていい。その場合、歌い手も聴き手もエクスタシー状態に陥り、カタルシスに近い効果が生まれる。単調で果てしなく続くモチーフ、何行にも及ぶ繰り返し、節全体の繰り返しなどが功を奏し、語りの場全体がエクスタシー状態になるのである。一人称で語ることによって、すなわち精霊の言葉で語ることによって、聞き手を遠い昔へといざなった。延々と続く吟唱は歌い手と聞き手を現実世界から切り離し、彼らの内部に一種の浄化作用が生じ、物語が終わって我に戻ったとき、彼ら自身も世界秩序も蘇生したかのように感じさせる効果があるという。〈テングタケの歌〉というのもあった。[1]自分をエクスタシー状態に導くためにテングタケを食べ、テングタケが歌ってくれた歌を聞き手のために歌ったのである。

熊が誕生する神話は熊祭りの演目の一つとして演じられてきた。これは仮面を付けて熊に扮した男性によって演じられるもので、熊が精霊になる聖なる部分は女子どもにはタブーとされ、秘匿されてきた。自分の所属するフラトリーの祖先や儀礼の誕生にまつわる説話も、他のフラトリーに属する人間には秘密にされてきた。

他方、儀礼から解き放された説話は歌の形式を失い、散文形式で語られるようになるが、その場合も一定の儀礼性は保たれてきた。こうなるとたとえストーリーは同じであっても、もはやこの二つの説話を同一のジャンルとみなすことはできない。パフォーマンスの場や形式が異なるからである。

分類を困難にしている理由はそれだけではない。どのジャンルの物語も、語られたことは実際にあったことと信じられてきたという事情がある。ヨーロッパ諸民族では一般に「昔話はつくりごと」と言われ、現実にあったこととはみなされていないが、ハンテの場合は、昔話の中で語られることも実際にあったこととして受け入れられてきた。ただし、民衆の間には一部に「散文は思いつきでしゃべってもいいが、歌はだめ」とする見方もあり、散文の信憑性は若干揺らいでいると言っていい。

このような現状を踏まえ、ハンテ・マンシの口承文芸については厳密なジャンル分類をしないのが通例である。次に示すのははなはだ便宜的な試案にすぎないが、ハンテ・マンシの叙事ジャンルを次の四種類に分類してみた。

1　伝説（聖なる説話、古い説話）

大地の創造、世界洪水、地位の高い精霊たちの偉業、文化英雄の旅、天上界から降ろされた熊、ポルとモシの祖先、精霊などにまつわる伝承である。

このジャンルは儀礼の場において韻文形式でうたわれる。長大な物語なので一字一句暗記することは不可能だが、韻文形式でうたう場合は形容語、決まり文句、対句などを随所にふんだんに挿入しながら進むので、物語全体の構成が崩れにくく、変化しにくい特徴がある。

説話が長大な場合は、終わりに近づくと歌い手の声がかすれてしまうことも珍しくない。歌い手がうたいはじめる前にベニテングタケを食べて興奮状態に陥り、すっかり忘れていた説話を一晩ぶっ通しでうたったこともあるという。朝になって語り手は疲労困憊し、身動きできない状態に陥ったが、聴き手たちはたいへん満足したと語り伝えられている。

2　勇士の歌

語りの場は熊祭り、婚礼、市が開かれる日など、年に数回に限られる。こうした歌は高揚した精神状態でないとうたえないと言われている。楽器の演奏を伴う。

自分たちの祖霊にまつわる説話は伝説でもあり、内容は氏族ごとに異なる。

3　昔話（神聖な昔話、勇士の昔話、本来の昔話）

大地創造や世界洪水にまつわる昔話は神聖な昔話とされていて、これを語ることができるのは〈語り爺〉、すなわち年配の男性の優れた語り手に限られている。

勇士の昔話は勇士が旅に出て敵と戦う話である。結末で主人公はその土地の守護精霊となる。実在の地名が登場する。文化英雄、トリックスターなどが活躍する昔話もある。

幼い子ども向けの昔話には動物昔話、累積昔話がある。ロシアから伝播した話も多い。

ハンテの昔話とマンシの昔話には共通点が多いが、一般的に言えば、ハンテの昔話の方が古い要素をより多く残している。マンシの昔話にはヨーロッパ的なモチーフがたくさん入っている。トポロフによれば、イランからの影響も少なくなく、マンシの伝承でトルムの七番目の息子とされるミル・ススネ・フムはイランのミトラ神に相当するという。

4　怪異譚

話者自身、あるいは話者の身近な人が体験したふしぎな出来事を伝える話であり、事実譚である。一種の世間話として日常的な話し言葉で話され、儀礼性はない。話の根幹にあるのは死者、森の精霊、川の精霊などと遭遇したときの恐怖である。

以上の四種類である。ただし、すでに述べたように、内容が同じ話であっても演じ方や伝承の場が異なる場合は別のジャンルとみなさざるを得ない。

二　昔話が語られる時と場

昔話が語られる季節は一一月半ばから三月半ばまでの厳寒期に限られている。マンシにはカラスが自分たちの土地にいる春から秋にかけては昔話を語ってはいけないとするタブーがある。このタブーを破った

きた。

人は「頭におできができる」とか、「カラスが頭の上に糞をする」とか言って、タブーが厳しく守られていた。

昔話を昼間語ることも禁じられている。そんなことをすると髪が抜ける、あるいは記憶がなくなると言われていた。ヴァシュガン川流域では、共同の鍋で煮たキバシオオライチョウの頭を食べた人は昔話を語る義務があるという。

優れた語り手や歌い手には一般に男性が多い。彼らはすでに幼少のときから記憶力に優れ、語り手、あるいは歌い手になる運命にあると告げられる。

冬になると、少年たちは罠を仕掛けて兎をたくさん捕り、自分ではもはや狩りをすることができない年寄りたちを招待する。「今夜、昔話が語られる」という噂はたちまち集落中を駆け巡り、夕方には昔話を聴きたい人たちで家がいっぱいになる。語り手の前に兎の頭がうやうやしく置かれる。これはたいへん名誉なことであり、兎の頭を食べた人は昔話を七話語らなければならない(2)。時にはよその村からやってきた客人が語り手になることもある。語りの場に居合わせなかった人が後日少年たちに頼んで、彼らが聴いた話を語ってもらうこともある。こうして新しい語り手が誕生する。

昔話を楽しむ時間帯は仕事を終えた夕方である。「昼昔を語ると髪の毛が抜け、記憶を失う」と言って忌む。昔話の語りは男女別々に集まって行われた。男たちは狩猟小屋や漁場で夜遅くまで語りあい、ときには夜通し語ることもある。女たちは手仕事を持って集まり、手を動かしながら語りを楽しむ。

聖なる昔話を語ることができるのは、優れた男性の語り手だけであり、それも部外者や他民族の人間がいない場合に限られた。マンシの口承文芸研究者であるE・I・ロムバンデーエヴァはそうした語りの場を次のように描写している(3)。

「語り手の助手が炉で火を焚き、チャーガに火をつけて椀の中に入れ、部屋の隅のテーブルの上に置く。ナイフはテーブルの上に刃先を部屋の隅に向けて置く。ナイフといっしょに銀貨を置くこともある。この銀貨は語り手に対する報酬であり、ナイフとチャーガはおそらく、魔除けである」。

大地の創造にまつわる神話的な昔話を語るときは、語り手は正装して語る。これを聴く男たちは注意深く耳を傾け、うやうやしく傾聴する。ぞんざいに聞くと罰が当たるとされている。女性が大地や生命の誕生にまつわる聖なる昔話を聴くことができるのは途中までである。語り手の合図で助手が、「女の衆、話が聖なる場所に来た。あなたたちはこの先を聴くことはできぬ。ここから出ていって、自分たちの仕事に戻ってくれ」と丁重に告げる。女たちは全員、異議を唱えることもなく立ち上がり、「さあ、外に出ましょう」と言い、自分の娘や子どもたちを連れて外に出る。そして、「この先、どうなるのかしら？」と尋ね合うのだという。

語り手は長い昔話を語るときや、昔話を何話も連続して語るときは、最初は座して語るが、途中から半分寝そべった姿勢になる。男たちも多くはそれを見習う。語りは薄暗がりの中で行われる。竈に火がないときは、家の小さな窓から差し込む、ほのかな月明かりの下で行われる。明かりがない方が聴き手の想像力が掻き立てられ、印象が強くなる。

喪に服している語り手に対しては、「昔話を語ってくれ」と頼むようなことはけっしてしない。喪中は歌をうたうことも、熊祭りの出し物に出演することもなく、いっさいのパフォーマンスを断つ。喪に服す期間は血縁の近さによって決まる。マンシの場合、最長で男性が死んだときは五年、女性が死んだときは四年である。

三　女たちの語りの場

優れた語り手には男性が多いが、女性の中にも優れた語り手はいた。女たちの語りの場について、Ｅ・Ｉ・ロムバンデーエヴァの著書に次のような貴重な証言が記されている[4]。

「女たちはわたしの家に集まるのが好きだった。わたしの母マリヤ・ドミートリエヴナ・ロムバンデーエヴァ（一八八五―一九七九年）は手仕事が巧みで、いつも縫物をしていた。女たちは手仕事を携えて母のところへやって来た。冬の長い夜、彼女たちはナイサンという弱々しい明かりの下で靴や服を縫ったり、古着を繕ったりした。ナイサンとは白樺の樹皮製の椀に油を注ぎ、イラクサの繊維を強く撚った紐を燈心にしたものである。こうした集まりには子どもたちが必ずいた。子どもたちは大人たちのできるだけ傍にいて、昔話に聴き入っていた。最初に語られたのは子ども向けの昔話で、それが済むと大人の昔話になった。わたしの母は昔話や古い物語、昔の人や現代の人たちの身に起きた出来事をたくさん知っていた。母は父といっしょにイヴデリという町へ出掛けていった。かつてこの町はマンシ人とロシア人やコミ人との交易の場になっていた。北方のマンシは動物の毛皮や新鮮な魚をトナカイ橇に積んでこの町へ運び、小麦粉、砂糖、その他の日用品、自家製の酒などと交換した。母はその道中で目にしたことや、耳にしたことも話して聞かせた。男たちは女たちの間で語られる昔話を見下していて、自分では語ろうとしない。知らないことも多い」。

男と女とでは語りの場もレパートリーも異なっていたことがわかる。

四　聖なる昔話

ハンテ・マンシの天体神話でもっともポピュラーなのは、大熊座と天の川にまつわる話である。大熊座はヘラジカの姿であり、天の川はヘラジカを追う猟師のスキーの跡だとみなされている。

太陽と月は人格化されていて、太陽が妻、月がその夫である。妻である太陽と、彼女の夫を追いかけてきた人食い魔女との間で夫を取り合いになり、二人の女が両側から引っ張り合ったので、夫の体は二つに引き裂かれてしまう。妻である太陽の手には心臓のない右半身が残る。太陽は夫の半身を揺らして治療し夫を蘇生させるが、しばらくするとまた夫は死んでしまう。だから今でも月は死にかけたり、復活したりを繰り返すのだという。

月の黒斑については、水を汲みに行った子どもが月をからかったために月に連れ去られたと語られる。だから月を見ると、水桶を担いだ子どもの姿が見えるという。これはシベリア先住民族に広く流布している昔話のひとつである。

昔話には自然界を支配する精霊たちも登場する。

五　聖なる昔話「北風の精霊ヴァト・ルンク」[5]（ハンテ）要約

窓を閉じて家に籠っている爺がいる。爺は寒さに耐えかね、三人いる自分の娘を上から順に北風のところへ派遣する。上の二人の娘は親のいいつけを守らず、北風が課した難題を遂行することができない。最後に北風のところへ行った末娘は親のいいつけを守り、すべての試練に耐えて北風の妻になる。すると、年老いた父親の家の中が暖かくなった。

【解説】

※この昔話の冒頭に登場する「窓を閉じて家に籠っている爺」とは天神トルムのことである。天神の家は天空にあり、戸口から長さ三アルシン（一アルシンは片腕の長さ。約七一センチ）の距離に板が敷かれていて、その上しか歩くことができないと言われている。天神の不動性を表す表現だと言えよう。

※日本の「蛇婿　水乞い型」は、爺が水を田に入れてもらう代わりに末娘を蛇に嫁がせる話である。ハンテの昔話も日本の昔話も、娘を自然界の主《ぬし》のもとへ嫁がせることによって血縁関係を結び、荒ぶる自然を鎮め、味方につけようとするところが共通している。

※マンシの昔話「北風爺ルイ・ヴォト・オイカ」(6)では、オビ川下流の海のかなたに住む北風の精霊が昼夜の別なく吹き荒れるところからはじまる。人びとはそのために苦しみ、あまりの寒さで死んでいった。ひとりの男が北風退治に出掛けた。男は下流に着くと北風爺を呼び出し、弓矢で戦って北風爺の下顎の骨を射抜いた。すると風が止んで暖かくなったが、今度は暑さのために人が病気になって死んでいった。それから長い年月が経ち、再び風が吹きはじめた。北風爺の下顎の傷は癒えたが、以前の半分くらいの力になったので、以前ほど強い力で吹くことはなくなった。人間にとって暮らしやすくなったという。

次にハンテ・マンシの間で伝承されている、世界的大洪水にまつわる終末論的な話を要約して紹介する。

六　聖なる神話「炎の洪水」その1(7)（ハンテ）要約

大昔、世界的大洪水があって、すべてが水に沈んでしまった。世界的大洪水とは、火が大地を走り、ありとあらゆるものを焼き尽くすことだ。そのあと水が出て、ありとあらゆるものを洗い流す。そして再び生活がはじまり、精霊だけが若者に変身する。

一人生き残った老人が指を二本かざした。そこで二日待ったが、違った。二年待ったが、違った。二百年待ったが、違った。それで人びとは、世界的大洪水が再度起きるのは二千年後と知った。

【解説】

※人間は死後一定期間、影として存在し、最初の洪水から二千年後に発生することになっている次の大洪水のあと復活すると言われている。復活して自分の人生をもう一度生きたあと、カブトムシに姿を変え、最後には遺骸になる。これは完全な崩壊を意味するとされる。

※北のマンシにも「炎の大水」の伝説がある。(8) それによると、昔、「炎の大水」が出た。大量の熱湯が流れだしたのだ。熱湯が沸き立っていたのは肉のスープが煮える程度の短い間だったが、大地が焼けて黄土色に変色した。今でも地表にその痕跡が残っている。人びとはこの災害が起きることを七日前に知り、カラマツの丸太を組んで筏を作り、その上にチョウザメの皮を張り、オークの根で作ったロープで筏を古木に縛り付けた。こうして彼らは筏の中に避難して助かったが、筏を弱い木の根で固定した人たちはみな流されてしまった。

大洪水にまつわる話には次のような話もある。

七　聖なる神話「炎の洪水」その2[9]（ハンテ）要約

天神トルムに子どもが生まれる。トルムはこの子を石の家に閉じ込め、「いつかわたしがおまえを連れにくる。だが、それがいつかはわたし次第だ」と告げる。息子は石の家に何年も閉じこめられていたが、すでに大人になり髭が生えても、まだ父は現われない。腹を立てた息子は石の家を壊して外に出る。そして町の中にそびえ立つ黄金の家へ行く。

トルムが黄金の家から出てきて息子に、「おまえはなぜ来た！」と怒る。息子も腹を立て、父の家臣の家へ行って、そこで暮らす。ところが、家臣の妻と関係をもってしまう。トルムが激怒し、大火を焚いて息子を殺すよう、命ずる。

人びとが大火を焚き、トルムの息子を火中に投げ込む。火は何日も燃え続ける。火を消すと、火が燃えていたところに小さな湖ができていて、雁の子が泳いでいる。それを聞いたトルムは銃で撃ち殺すよう命ずるが、男たちがいくら銃を撃っても雁に命中しない。そのうち雁の子は岸に上がり、トルムの息子の姿になる。

息子はトルムの家臣の家へ行き、「わたしを素手で殺せ」と言う。二人は格闘をはじめ、トルムの息子がトルムの家臣の首をひねり落とし、殺害する。怒ったトルムは息子を地上に降ろす。

地上に降りた息子は人間たちを守り、病に罹った人の治療をする。人びとがトルムの息子を崇めるようになる。それに気づいたトルムは地上に火の洪水を送ることにする。

それを予知した息子は一週間後に火の洪水が起きると告げる。それから七日め、人びとはトルムに生贄を捧げるが、夕方になって雷が鳴りだし、稲妻が光り、荒れ狂う水の音が聞こえてくる。泣き叫ぶ人びとをトルムの息子がなだめて落ち着かせる。

水は七日間荒れ狂ったものの、地上には届かなかった。天神が水はどこへ行ったと下をのぞいて見ると、天と地の間にある銅の飼い葉桶の中に洪水の水が入っている。天神トルムのところにはもはや地上に送る水は残っていなかったという。

【解説】

※天神である父の命令に背いて地上に降ろされた息子が、地上で暮らす人間たちを庇護し、病気の治療をし、大洪水を予言して救ったというのである。キリスト教のノアの方舟伝説がどの程度影響しているかははっきりしない。旧約聖書では、天神が人間の罪を贖うために我が子イエス・キリストを地上に下ろしたとされている。洪水に関しては、堕落した人間社会を洗い流すために、神は地上に大洪水を送ることにしたが、心がけのいいノアの一家だけは助けることにし、洪水が起きることを予言したとされている。このキリスト教伝説とハンテの聖なる神話には共通するところがあり興味深い。

※ウラル山脈は石炭紀末からはじまったウラル造山活動によってできた、世界でもっとも古い山脈のひとつである。太古、シベリアの地下で大規模なマグマ活動が発生し、活発な火山活動に見舞われた結果、動植物の多くが死滅した。ハンテ・マンシに伝わる聖なる神話が現実に発生した火山活動によってもたらされた災害を語っている可能性もありうる。

八　幼児のための昔話「子ネズミの昔話」[10]（マンシ）全訳

子ネズミが住んでいた。長いこと住んでいたのだか、ちょっと住んでいたのだか、どこかへ行ってこよう、どこかへ出掛けようと思い立った。イラクサの茎の薄皮のような小舟を作り、犬の舌のようなオールを作った。舟を水に下ろし、オールを手に持った。遠い土地を目指して長いこと進んだことか、近い土地を目指してちょっこし進んだことか、子ネズミはオールを漕いで歌をうたった。

「わたしのオールは犬の舌のよう、ポル、ポル、ポル！

わたしの舟はイラクサの茎の薄皮のよう、シァブ、シァブ、シァブ！」

長いこと進んだのだか、ちょっこし進んだのだか、しばらくすると村が現れた。見ると、子どもたちが岸辺で遊んでいる。舟が行くのを見て、子どもたちが叫んだ。

「おじいさん、おじいさん、岸へ来て食べ物を食べなよ。ぼくたち、スズキを煮たの」

子ネズミはそれを聞いて、うたいだした。

「食うか、食うか、食うものか！　わたしの喉はとっても小さくて、骨が喉にひっかかる！」

そう言うと、また舟を漕ぎながらうたった。

「わたしのオールは犬の舌のよう、ポル、ポル、ポル！

わたしの舟はイラクサの茎の薄皮のよう、シァブ、シァブ、シァブ！」

長いこと進んだことか、ちょっこし進んだことか、しばらくするとまた村が現れた。またしても子どもたちが遊びながら大声を上げて、駆け回っていた。しばらくすると、子どもたちは近づいてくる子ネズミを見て叫んだ。

「おじいさん、おじいさん、岸へ来て食べ物を食べなよ。ぼくたち、スズキを煮たの」

子ネズミはそれを聞くと、うたいだした。

「食うか、食うか、食うものか！　わたしの喉はとっても小さくて、骨が突き刺さる！　スズキは骨の多い魚だ」

このちっぽけな男はさらに先へ進んだ。進みながらうたった。

「わたしのオールは犬の舌のよう、ポル、ポル、ポル！

わたしの舟はイラクサの茎の薄皮のよう、シァブ、シァブ、シァブ！」

長いこと進んだことか、ちょっこし進んだことか、しばらくするとまたしても村が現れた。またしても岸辺で子どもたちが遊びながら、駆け回っている。その子たちが、近づいてくる子ネズミを見て、叫んだ。

「おじいさん、おじいさん、岸へ来てイクラのスープを飲みなよ」

子ネズミはその言葉を聞いて舟を岸に向け、うたいだした。

「いいとも、いいとも、いいともさ！　わたしの親父も、爺さんも、そういうものを食べて生きてきたんだ！　いいとも、食べるよ！　いいとも、食べるよ！」

このちっぽけな男は舟が岸に着くと、舟を引き上げ、オールを放り投げて、走って家の中に入った。そして、食卓の長い器のそばに座って食べた。腹がパンパンになると、ようやく食卓から離れた。岸の舟に向かって走り、犬が掘った穴に落っこちた。すると、腹がはちきれた。ポクスィク！　子ネズミは大声を上げようと頑張った。

「木の根を持ってきて、木の根を持ってきて！　錐を持ってきて、錐を持ってきて！」

子どもたちが坂を駆け下りて木の根を持ってくると、子ネズミは自分で腹を縫い合わせ[*1]、立ち上がって駆け出した。岸に来るとオールを握り、舟を岸から放し、舟の中に座った。子ネズミは今でもそうやって舟を漕いでいるんだ。

＊1 シベリアマツの根を細くしたものを縫い糸にする。

【解説】
※幼児が喜ぶ昔話である。ハンテにも類話がある。(11)

九　語りの形式

昔話の語りは散文体ではあるが、日常の話し言葉とは異なる表現形式が見られる。「煮えたぎる釜が沸騰する間」といった慣用句や、「広場のある町の広場で」といった同義語の反復が多用されるほか、「長いこと歩いたことか、ちょっこし歩いたことか」、「その白きこと天の氷のよう、天の雪のよう」といった対句法も頻繁に用いられ、語りにリズムを与えている。熊の頭を「星」、耳を「切り株」と言い換える比喩的表現も多く用いられる。「白樺から流れ出る樹液のように目から涙が流れた」と表現し、主人公が沈黙している様を「口もなく、言葉もない」と言い、良心のない人間のことを「鉄の面」と言うのも比喩的表現である。また、ハンテ語、マンシ語が母音を長く伸ばして発音する言語であり、響きがたいへん流暢なことも、聴き手を惹きつける要因の一つである。

語り収めの慣用句には、「今も幸せを味わい、今も生きている」、あるいは「人間の悠久の暮らしが確立し、人間の永久《とわ》の暮らしが確立した」などがある。

参考文献
Древний свет. Сказки, легенды, предания народов Хабаровского края. Хабаровск, 1990

Зенько А. П. Представления о сверхъестественном в традиционном мировоззрении обских угров. Новосибирск, 1997

Крейнович Е. А. О культе медведя нивхов.//Страны и народы Востока. Вып. 24, М., 1982

Кулезмин В. М., *Лукина Н. В.* Знакомьтесь: Ханты. Новосибирск, 1992

Кулемзин В. М., *Лукина Н. В.* Васюганско-ваховские ханты в конце19 - начале20 вв. Этнографические очерки. Томск, 1977

Молданова Т. А. Архетипы в мире сновидений хантов. Томск, 2001

Молданова Т. А. Казымский орнамент. Ханты-Мансийск, 2013

Ромбандеева Е. И. История народа манси(вогулов) и его духовная культура. Г. Сургут, 1993

Соколова З. П. Пережитки религиозных верований у обских угров.//Религиозные представления и обряды народов Сибири в 19 в. - начале 20 века. Л., 1971

Соколова З. П. Культ медведя и медвежий праздник в мировоззрении и культуре народов Сибири. // Этнографическое обозрение. 2002, №1

Соколова З. П. Северные ханты (Полевые дневники). М., 2011

Чернецов В. Н. Вогульские сказки. Сборник фольклора народа манси (вогулов). Л., 1935

Чернецов В. Н. К вопросу о проникновении восточного серебра в Приобье.//Памяти Д. Н. Анучина(ТИЭ, Нов. Сер. Т.1). М., 1947, стр. 116

Тимофеев Г. Казымская трагедия // Югра. 1995. №9

Топоров В. Н. Об иранском влиянии в мифологии народов Сибири в Центральной Азии.//Кавказ и Средняя Азия в древности и средневековье. М., 1981

Karjalainen K. F. Die Religion der Jugra-Völker, III, Helsinki-Porvoo, 1927

Чернецов В. Н. Периодические обряды и церемонии у обских угров, связанные с медведем. Congressus Secundus Internationalis Gennno-ugristarum/ Pars. Budapest, 1965

齋藤君子編訳『シベリア民話集』岩波文庫、一九八八年

齋藤君子「極北の魔物たち　その1　ハンティ」『ユーラシア研究』第一号、ユーラシア研究所、一九九三年
齋藤君子「ハンティの叙事詩『いとしい勇士＝下界の商人・上界の商人にまつわる聖なる物語』」『ユーラシア諸民族の叙事詩研究（1）』千葉大学大学院社会文化科学研究科、二〇〇一年
齋藤君子「マンシの叙事詩『シベリアの女・切断された鉄の二人の息子』」『ユーラシア諸民族の叙事詩研究（2）』千葉大学大学院社会文化科学研究科、二〇〇四年
齋藤君子「シベリア諸民族の英雄叙事詩の一人称叙述体とシャマニズム」『なろうど』六三号、二〇一一年
齋藤君子『シベリア　神話の旅』三弥井書店、二〇一一年

註

（1）В. М. Кулезмин, Н. В. Лукина, Знакомьтесь: Ханты. Новосибирск, 1992 стр. 123
（2）Мифы, сказки, предания манси (вогулов). Новосибирск, 2005, стр. 20
（3）Мифы, сказки, предания манси (вогулов). стр. 21
（4）*Ромбандеева Е. И.* 1993, стр. 28
（5）齋藤君子『シベリア　神話の旅』三弥井書店、二〇一一年、二六八―二七一頁
（6）Мифы, предания, сказки хантов и манси. № 111, стр. 297
（7）Материалы по фольклору хантов. Запись, предсл. и примеч. В. М. Кулемзина и Н. В. Лукина. Томск, 1973, стр. 17
（8）*Ромбандеева Е. И.* 1993, стр. 43–44
（9）Мифы, предания, сказки хантов и манси. № 11, стр. 70–73
（10）Мифы, сказки, предания манси(вогулов). стр. 249
（11）斎藤君子編訳『シベリア民話集』岩波文庫、二九二―二九七頁

第四章　怪異譚――タイガと湖沼に棲む精霊たち[1]――

山田徹也

ハンテやマンシといった西シベリアの民族には古来より精霊信仰が存在していた。人々は森の中で狩りをし、トナカイの養畜をし、また川や湖で漁を行ってきた。この彼らの生活を送るために不可欠である自然では様々な出来事が起きる。彼らはそこに神秘性を感じ、精霊の存在を信じた。

彼らが信仰するタイガや水場に棲むとされる自然の精霊たちは、場所や民族によって様々な名前を持っている。例えば北ハンテの間では森の精霊は、ロンフと呼ばれる。またデミヤンカ川流域のハンテではウント・トンフと呼ばれる。またコンダ川流域のマンシと北ソシヴァ川流域のマンシはヴォル・アイネと呼ぶ。これらは森の精霊という意味である。

一方、スルグト・ハンテは、森の精霊のことを「森の老人ヴォント・イキ」と呼ぶ。この呼称にあるように森の精霊の本来の姿は人間の姿をしていると考えられている。しかし彼ら自身が望めば別であるが、基本的には彼らは目に見えない。

またこの「老人」は、そのまま彼らが老人の姿をしているという意味ではない。老人とは家族というコミュニティにおいては最も年上であり、権威のある存在である。この呼称は精霊を敬う彼らの考えのあらわれである。

森の精霊が、動物の姿をとっているとされることも多い。二〇一三年に短い期間であったが、ハンテ・マンシ自治管区のカズィム村にてハンテのフォークロア調査に参加することができ、ハンテの妖怪信仰について聞き取り調査を行った。その際、採録した怪異譚のひとつでは、森の精霊はリスの姿をしているとされる。

他にもこういうことがあった。昔聞いた話だが、狩人が森にリスを捕まえに出かけた。狩りをしていると、あたりが暗くなってきた。それでも一匹のリスをずっと追いかけていたが、見失ってしまい、彼は村に帰ることにした。しかしあたりはすっかり暗くなってしまった。追っていたのは森の老人だったんだ。つまりリスは森の精だったんだ。何をやってしまったのか？　本当に何かしてしまったわけじゃない。多分、彼のことを罵ってしまったのだろう。ずっとあっちやこっちを行ったり来たりして迷ってしまった。それ以来、彼は狩りをやめてしまった。狩ることができない獲物は放っておくことだ。森の精霊なんだから(2)。

ユガン川流域のハンテはヴォント・ルンク・コンと呼ばれる森の精霊を信仰していた。これは「森の王である精霊」という意味である。彼ら精霊は単なる自然を擬人化した存在ではない。森の精霊であれば、彼らは森の主であり、支配者である。それゆえ「王」と呼ばれたのである。

その「王」に対して狩人たちは獲物を首尾よく手に入れることができるよう願った。例えばマールィ・ユガン区のニュグロムキノ村のハンテは、いくつもある沼のひとつにある島が「森の王」の住み処だと考え、七年に一度、狩人たちはそこを訪れ、精霊に敬意をあらわし、狩りの成功を祈ったという記録が残さ

れている。(3)

他にもユガン川流域のハンテの間では森の精霊は珍しい形状の木に住むとされ、彼らはそれを家の大地という意味のコト・ムィスと呼んだ。またそれ以外にも木や丘も彼らの住み処とされる。このような精霊の住み処には供物が捧げられた。

ただし人間が彼らのことを常に敬っていたかというとそういうわけではない。森の動物を操る道具を森の精霊から奪ったという語りもある。

あるところに男の子が住んでいた。彼には両親と祖母がいたが、熊がやってきて両親を食べてしまった。そのため少年は祖母のところで大きくなり、狩りをするようになったが、熊を狩ることはなかった。祖母はあるとき少年にこういった。

「遠くには行かないで。さもないと熊がお前を食べてしまうから」

しかし少年は「熊だって？　食べられるわけないさ。遠くにいってみよう」と考えた。

森の奥深くに入るとそこに家があって精霊が何かをしながらつぶやいていた。彼はパナン・ユフと呼ばれる魔法の弦楽器を持っていて、そして彼が楽器を演奏すると、五歳になるトナカイがやってきた。すると彼はトナカイを殺して食べてしまい、脂身をそばに置いた。そこで少年は脂身を盗んでしまった。精霊は「私の脂身はどこにいったのだろう？　確か鍋に入れたはずなんだが」といった。

少年は祖母のところに戻り、朝起きると再び精霊のところにいった。彼がやってきたとき精霊は前日と同じく楽器を弾き、やってきたトナカイを食べた。そのあとで脂身をそばに置いたので少年はまたそれを盗んでしまった。そのあと精霊は盗んだ人間に思い当たり、こういった。「多分私が食べた夫婦の息子だろう。今度はその息子が私のところにやってきたというわけだ！」

　少年は家に走って帰った。祖母は寝ていたが、彼は祖母の首と自分の首に石を結びつけた。そうこうするうちに突然首の石が浮き上がって煙突を通って家から飛び出し、熊の鍋の中に入ってしまった。

　精霊は言った。

「終わりだ。こいつらを食べてしまおう！」

　熊は彼らを焼いて鍋から引っ張りだすと食べながらいった。

「なんだって彼らの肉はこんなにも固いんだろう？」

　少年はそこを抜けだすと、楽器を盗み出した。少年は祖母に氷を割る金属の棒を屋根に結びつけるよういった。祖母が彼の言うとおりにすると、少年は楽器を奏で始めた。すると熊が浮き上がり、屋根の上に落ちてくると、その棒にあたってバラバラになってしまった。それで少年は祖母とまた暮しはじめたんだ。(4)


　以上のように森の精霊たちは、人間に対し一方的に恵みを与えるわけではない。人間に対して敵対的な精霊も存在する。例えばリャピン川流域のハンテは森の精霊を「森の悪魔」という意味のヴォル・クリと呼んだ。このクリとは先ほどの東ハンテの語りにおいて登場したユングと同じ意味である。彼らは他にはイチェク・コタク・オト、あるいはイルコンデヴォトと呼ばれている。クリはマンシの民間信仰においても知られ、人間の敵であり、人喰いの害悪をもたらす精霊とされた。それゆえにリャピン川流域のマンシはこうした存在をエルムホラス・テン・アイネ・クリ、つまり人を殺そうとするクリと呼ぶ。(5)

　彼らはどこにでもいるが、特に水の中にいるとされる。またふたつに枝分かれした木や二つの川が合流した岬などに、クリは棲むとされる。コンダ川とユガン川流域のハンテは、廃屋には悪い霊が必ず棲みつくと考えている。

クリの外見に関しては、犬やアビの姿をしているとされることが多い。(6) そうした動物の姿をしたクリは、人々の家の中に入り込もうとする。もし入り込まれてしまうと、中に住んでいる人々は病気にかかって死ぬこともあるという。クリがその病気の原因と見なされたのである。次の話は一九世紀末に記録されたものである。

あるときコンダ川流域のハンテの家族のところに見知らぬ黒い犬がやってきた。彼らは誰かの飼い犬が狩りの途中で迷ったと思い、天幕の中へ招き入れた。おとなしい犬だったが、目が普通の犬とは違っていた。彼らは犬が煙突から逃げ出してしまわないように小屋の中に閉じ込めて小川へと出かけた。

ところが、家に彼らが帰ってくると、驚いたことに犬はいなくなっていた。おまけに毛皮や服がすっかりだめにされてしまっていた。犬がどうやって逃げたのかはわからなかった。一週間後、大勢のひとが壊血病にかかり、そのうち元気になったのはひとりだけだった。彼はその奇妙な話をしては、あの犬が病気の化身だったと決めつけた。(7)

こうした恐ろしい精霊たちとつきあうのは困難を伴う。そのため森の精霊が暴れるようになり、その場所を離れざるをえなかったといったこともあったようだ。

しかし自然の擬人化である精霊がまったく存在しない場所などないので、ある程度は折り合いをつけていく必要がある。人々は森の精霊の住み処とされる場所を訪れて、供物を捧げる。また犬を飼うなどの対処法もある。そうした方策をしっかり知っていれば、恐ろしい精霊が徘徊する場所でも暮らしていくことができた。一九世紀末の記録では恐ろしい精霊のいる場所に住むのは怖くないのかという質問にハンテの老人は「私は怖くない。私は彼らと仲良くできるから、彼らは私を驚かしたりはしない[8]」と答えている。

こうした人々を「驚かす」存在は、ハンテ語で「驚かすモノ」という意味のポルタプ・ウタトと呼ばれる。私たちの調査でも森の精霊が人を驚かすとされる語りを採録することができた。

ある村にタイマゾフという人がいた。トナカイのソリに乗っていたが、あたりが暗くなってきた。突然、彼は自分の後ろに誰かが乗っているように感じた。自分の仮小屋のところまでやってきて、柵をくぐったところでソリを止めたが、そいつはまだいた。彼は振り向くのがとても怖かった。家に彼の妻がいて、かまどに火が焚かれていた。彼は気を失って倒れてしまった。そのあと目が覚め、何があったのかを話すと、彼の奥さんは「それは森の精霊だ」といった[9]。

森の精霊かどうかはわからないが、次のような話も採録できた。

ある老人が道を歩いていて、道を横切るように寝てしまった。雪が降っていなかったから、そのまま路上に道を横切るように寝てしまったんだ。寝ていると突然、誰かの話し声が聞こえた。そいつは「なぜかはわからないが、丸太がここにあるぞ」といっていた。そして「丸太のせいで転んで牛乳をだめにしてしまうことになるぞ」といっていた。子どもたちに牛乳を運んでいたが、実際に丸太のせいで牛乳のびんを割ってしまった。[10]

ハンテとマンシの民間信仰によれば、人間たちが住む「中層」の世界には、人間に対して敵対的な数多くの精霊が棲む。こうした精霊たちの存在から私たちは、現在まで伝わってきた民間信仰の変容過程と古い信仰をうかがい知ることができる。

そうした古い信仰を伺わせる精霊のひとつにハンテとマンシに共通して信仰されてきたメンクヴ、あるいはメンク、メング・イキ、モンク・イキなどと呼ばれるモノがいる。彼らは毛に覆われていて、時に頭が尖っていたり、複数の頭を持っていたりする人喰いの巨人である。メンクヴは主に東ハンテで信仰されている。[11]

メンクヴは精霊のひとりだが、一説によると天神ヌミ・トルムがカラマツの幹から創ったとされる。力が強いので身体を人間がメンクヴを傷つけることはできない。彼らに正面切って戦いを挑み、勝利することは難しく、何らかの策を講ずる必要があるという。あるいは他の精霊らの助けを借りてはじめて、彼の弱点を見つけることができるという。また彼らの死体から島や丘、川ができたとされる。そしてメンクヴは、死者を生き返らせることができる命の水を持っているとされる。ただしこのような話は、リアリティをもって語られる怪異譚ではなく、たいてい昔話に登場する。[12]

一方、マンシはメンクヴに祈りを捧げる場所があった。そんな場合はメンクヴとは聖なる場所を護る勇士だと考えられた。[13]かつてはうっそうと木が茂った森の中で食物が捧げられ、森での仕事がうまくいくことを願った。メンクヴが、その森の主と考えられていたことが伺える。

このメンクヴは、セヴセト、セブシキ、スィプィスと呼ばれる存在にもよく似ている。彼らも背がとても高く、力が強い。そして人を寄せつけない森の奥深くに棲んでいるという。セヴセトは人間に敵対的であり、人喰いとして恐れられた(14)。また東ハンテのアリヴァリとセヴセトの話の筋はメンクヴの昔話とも一致する(15)。

精霊とはたいてい大きな力は持たず、ただ不可思議な出来事を引き起こすとされるが、メンクヴはそうした精霊よりもより大きな力を持つ。彼らは精霊というよりも古い神話の神々に近い存在だったのであろう。しかしそれが時代とともに変容して現在の精霊のメンクヴ信仰となったのではないか。

またマンシには、森の人という意味のミス・マフムという精霊がいる。これまでの悪い精霊とは異なり、邪悪とは考えられていない。ミスの女が人間と結婚することもあり、ミスと結婚した男は常に獲物に恵まれる。リャピン川流域のマンシではミスの女と人間の男が結婚し、ミスのおかげで村は豊かな暮らしをおくれるようになったという。女ではなく人間の女と結婚したミスの男が村に住みついたとされることもある。

結婚相手としてのミスは単なる夫であり、嫁である。だがミスとの結婚を断ると、すぐに死に、その親族も同様の死を迎えることになるという。

ハンテの場合、ミスと同様の存在として、森の女という意味のヴォント・イミ、あるいはヴォント・カル・イミと呼ばれる精霊がいる。彼女はしばしば前述の森の精霊ヴォント・ルンクの娘であると考えられた。またミスの場合と同様、森の女と結婚した狩人は狩りで多くの獲物に恵まれるという。そしてもし狩人が彼女を捨てて故郷へ帰った場合は、病気になって死ぬ(16)。

人間の女が森の精霊に攫われ、精霊の子どもを産んだという話もある。

お母さんから聞いた話だ。ある女が森のモノにさらわれた。彼女はそいつの奥さんになって、赤ん坊を産んだ。森のモノの家はとても裕福だったが、それでも彼女は家に帰りたかった。そこで彼女は夫に聞いた。「あなたたちはなにが怖いの？」森の精霊は話した。「俺たちはチョウザメが怖いんだ。それに白樺の皮を剝ぐとき、その木に残った剝ぎかけの木の皮も怖い」。それを聞き出すと、彼女は赤ん坊を連れて逃げだした。彼女は走り続け、白樺の皮を少しだけ剝いでそのままにしていった。そのために森の精は先に進むことができなかった。彼女は走り続け、夜になるとチョウザメを殺し、それを隠してから夜を明かすことにした。彼女の息子は頭が尖っていた。森の精がやってくるのが聞こえた。彼はやってきていった。「おれの息子を返せ。息子を返してくれれば、おまえは生かしておいてやろう。そうしないと、ここから出られないぞ」。彼女は考えに考えた末、息子を渡すことにした。息子を渡して先へいくと家へ帰ることができた。ところが、家に帰って妊娠していることがわかった。彼女は妊娠していて、ひとりの女の子を産んだ。その子の右腕はたいそう大きくて、川の氷にすばやく穴を開けることができるほどだった。彼らの家族を知っているが、彼らは彼女のことを大きな腕のおばちゃんと呼んでいる。今もそう呼ばれているんだ。つまり本当にあった話だってことさ。(17)

またハンテにおいてはポル・ネと呼ばれる、人間を驚かして死に至らしめる、女の姿をした精霊の存在が広く信じられている。このポル・ネの住まいは森の中にある、腐ってぼろぼろになった白樺の切り株である。同様の精霊としてプル川上流域のハンテのトペル・イミがあげられる。彼女は「ホコリの女」と呼ばれている。

同じく女性の精霊としては北ソシヴァ川流域のマンシの間ではタン・ヴァルプ・エクヴァという精霊が

信仰されていた。これは「糸を作る女」という意味である。またユガン川流域のハンテにはアムプ・チュン・ルンク・イミという女の精霊もいる。中央のハンテとマンシには、ポン・ベルトィ・イミという存在がいるが、これも「糸を作る女」という意味である。この名前は、中央部のみならず他の地域のハンテにおいても広く用いられている。

ポル・ネの片方の目は美しいのにもう片方は斜視であり、足も片方は健康なのに、もう片方は曲がっている。この外見的な不均衡は、ユガン川流域のハンテの信仰に見られる。

マンシの民間信仰では同様に身体が不自由だとされる精霊にクムポレンという精霊がいる。彼は、目はひとつで、一本しかない足は木でできている[18]。

彼についても雷によって起こった森の火事との関係が指摘されている。そのためユガン川流域のハンテは、クムポレンをパイ・ナイ、「雷の火」とも呼んでいる[19]。「雷の火」は、民族によっては天の神からもたらされたものであり、崇拝の対象となることがあるが、パイ・ナイは人間にとって友好的とはされていない。森の火は恵みを消し去ってしまうものであり、火事が起きて、その場所で暮らしていくことすらできなくなってしまう。森と密接な暮らしをしているハンテやマンシの人々にとって悪とされるのも無理からぬことであろう。

ポル・ネたちは夜なのに寝ていない人間を貪り食うともいう。特に子どもや夜遅くまで針仕事をしている女性にとっては危険な存在である。

不可思議な存在が家に入ってきたという語りが今回の調査で採録できたので紹介したい。

こんなことがあった。私は眠っていた。酔ってはいなかった。酒を飲んだりしてはいなかった。外は暖かかった。そこへ男が家の中に入ってきた。私はそいつを見たが、そいつは私を見ていなかった。やつは黒い鳥打ち帽をかぶり、黒いコート、黒いズボンを履いていた。靴も黒かった。全身、まっ黒だったんだ。

そんなのは今まで見たことがなかった。そいつがなんていう名前なのかは知らない。そいつはハンテ語を上手に話していた。そいつが出て行ったあと、そいつが外に出ていったのを見たかと聞いたが、誰も見なかったと言う[20]。

調査では入ってきたこの存在が何者なのか尋ねたが、明確な返答を得ることはできなかった。精霊ではなく、あるいは死者の魂だったのかもしれない。ハンテの民間信仰によると、男性は魂を五つ持っており、女性は四つ持っている。つまり男性の方がひとつ多く魂を持っており、この男性にのみ存在するとされる魂がないと、子どもができないと考えられた。他の共通する四つの魂とは生きていたころ自分に関係のあった場所に現れる影の魂、死後の世界へと旅立つ魂、眠っているときに体から抜けだしてライチョウの姿で飛び回る魂、生まれたばかりの赤ん坊の中に入って転生する魂である。前述の話に登場する全身黒ずくめの男とは、話者の親族の誰かの影の魂が自分の家を訪ねたのかもしれない。

ハンテとマンシには死者の霊に関する不思議な話も豊富である。たとえば東ハンテでは墓場に棲む死んだ親族の霊は良い存在とされる。彼らは人々を墓場で危険から匿い、悪い霊を寄せつけない。たとえば一九八九年に小ユガン川で採録された話ではふたりの狩人が夜遅くなっても家に帰れず、一人は廃屋で寝たために食い殺され、もうひとりは墓場で寝たために生き残ったという[21]。

またハンテやマンシにおいては精霊信仰と祖霊信仰は密接な関係にあり、精霊と死者の魂の境界線はあいまいである。たとえば東ハンテの民間信仰では子どもの姿をしたポトチャクという精霊がいる。彼らは元は、死産した赤子や死んだ赤ん坊が森に葬られたり、放置されたものだったとされる。

紛失した人形がポトチャクになることもある。この背景には人形を放っておいてはいけないという禁忌があると思われる。ポトチャクの外見は人間に似ているが、小さくて弱い。彼らは叫び声をあげたり、泣き声をあげながら人を追いかけるが、人にはっきりとそれとわかるような害をもたらすことはない。

ポトチャクは、人間が住んでいる近くに棲みついている。また森の茂みに棲んでいるものはヴォル・ポトチャクと呼ばれている。

一方、マンシの俗信によると、捨てられたゆりかご、胞衣《えな》を入れた樹皮製の籠、生まれたばかりの赤ん坊の衣服や靴などからパウリイェリトと呼ばれる悪い精霊が生じるという。彼らは人を追いかけて殺す恐ろしい存在である。この存在が発生しないようにするためには不用になったそれらの品を木にかけて送る必要がある。(22)

以上のようにハンテやマンシの間には様々な森の精霊がいる。森の精霊と並んで多いのは水の精霊である。森の精霊と同様、具体的な姿についてはあまり語られない。単に人間のかたちをしているとされたり、魚、特に大きなサイズのカワカマスの姿をしているとされたりする。

ユガン川流域のハンテとスルグト・ハンテは、水の精霊のことを水の老人インク・イキ、北ソシヴァ川流域のマンシは水の精霊ヴィト・アイエあるいは水の王ヴィト・ホンと呼ぶ。リャピン川流域ハンテは水の悪魔ヴィト・クリと呼ぶ。また大きな川の精霊の場合、住み処である川の名称を用いた個別の名前を持っていることがある。例えばピム川を司っているのはピムの老人という意味のピム・イキと呼ばれた。他にも大ユガン川ではユガンの老人という意味のユガン・イキと呼ばれる。(23)

そして森の精霊が狩りの対象となる獣を治めていたように、水の精霊はすべての魚の主である。水の精霊が住むのは川の淵とされる。しかし供えものをする場所はとくにその棲家とは関係がない。十七世紀の記録によれば、狩りや漁がうまくいった場所など様々な場所で供物を捧げ、感謝する。これらははるか昔の形態が残ったものと考えられる。例えば以下のような祈りの記録が残っている。

漁場の爺と老婆よ！
あなたのために脂身をいれた粉の粥をつくってきました。
私は脂身をそこに入れました。
食べて、飲んでください！
私の目がよく見えますように。
漁がうまくいきますように。
漁場の爺と老婆よ！
あなたのために魚を持ってきました。
食べて、飲んでください！(24)
漁がうまくいきますように！

またシベリアではしばしばマンモスの骨が見つかり、その巨大な骨は恐るべき精霊の骨として畏れられた。マンシは、この精霊をマハルと呼び、ハンテはヴェスと呼び、マンモスを水の精霊とみなした。地域によっては年をとったトナカイやシカ、カワカマス、もしくは死の直前に地面を噛みだした犬もこの精霊になるという。

マハルやヴェスは力が非常に強く、移動しながらその角で盆地や丘を作るという。ワシュガン川流域のハンテによれば、ヴェスは粘土や木の根っこを食べることで巨大な力を獲得したとされる。また地面の上では死んでしまうと考えられた。

他にはヴィトカシとユルという水の精霊が知られている。ヴィトカシは基本的には人間にとって敵対的な存在であり、人を食べることもある。ただしN・I・ノヴィコヴァによるとマンシはヴィトカシを水の主と考え、漁の前に供物を捧げることもあった。またユルとは小さな存在でネズミほどの大きさだという。彼らは水の中や地面の上に棲み、人間に害をなすことはできないという(25)。

以上の森と水の精霊たちは、人間の内的な世界観の表出であり、説明できないことを説明しようとした結果生まれた形象である。

それゆえハンテとマンシの民間信仰にはシベリアの他の民族とも多くの点で類似が見られる。ネネツ、ケト、トゥヴァなどの民族もまた天を崇め、自然現象を擬人化している。

その一方でロシアの民間信仰との共通点も数多く見受けられる。「驚かすモノ」という意味のポルタプ・ウタトはロシアの民間信仰で「不浄な霊」と呼ばれる存在に相当する。

例えば森の精霊であれば、ロシアの森の精霊レーシイは、メンクヴのように森の木々よりも背が高い。また、レーシイに狩りがうまくいくことを願って食物を供えたこともあった。レーシイに子どもが攫われたとされる怪異譚もある。ハンテの怪異譚では単に誘拐されたとのみ語られているが、ロシアでは親が自分の子どもにレーシイや悪魔のところにいってしまえと悪態をつくと、子どもが実際にさらわれてしまったという話が数多く採録されている(26)。また親によって呪われて行方不明となった娘が、一七年後に双子の姉妹のもとに現れ、自分は家の床下に棲む精霊ポドポーリニクに攫われたが、今度自分をさらったのとは別のポドポーリニクと結婚することになったので結婚式を見にきて欲しいと言ったと語られる怪異譚も存在している。[27]

他にもロシアの森の精霊との共通点は多い。例えばハンテのリスを追いかけた狩人の語りでは、彼は森の精霊によって森の中をさまよう羽目になった。ロシアのレーシイもまたしばしば人を迷わせる。道の上では寝てはならないという禁忌もハンテとロシアに共通する。あるロシアの怪異譚では道で寝ているとレーシイが叫んだり、口笛を鳴らすと言われていたにもかかわらず、道で寝てしまい、実際にレーシイの叫ぶ声や口笛を聞いたという話が採録されている。[28]

こうした共通点が存在する原因としてまずあげられるのは、ロシアとハンテ・マンシの人々が同じ地域に住み、交流があったことである。ロシアとの交流の歴史は、少なくとも一六世紀にまで遡ることができる。[29]二一世紀の今日までにロシアの民間信仰から受けた影響は決して小さなものではないだろう。

したがって今後の課題としては、おそらく相互に影響を受けたであろうロシアとハンテの民間信仰の変化について考察をさらに深めていきたい。また本論では共通点のみを取り上げたが、当然のことながら彼らの民間信仰の間には相違するものも多い。今後は相違点と共通点を体系的に取り上げていかなければならないだろう。

註

（1）本章は二〇一四年に『なろうど』第六八号に発表した「ハンテ族における妖怪信仰」を大幅に加筆したものである。

（2）二〇一三年採録、話者ヤコフ・ミハイロヴィチ、一九六二年、ポムト村出身
（3）*Зенько А.П.* Представления о сверхъестественном в традиционном мировоззрении обских угров. Новосибирск. 1997, С. 41.
（4）*Кулемзин В.М., Лукина Н.В.*（ред.）Легенды и сказки хантов. Томск, 1973. С. 52-53.
（5）*Зенько.* Представления о сверхъестественном . С. 48.
（6）*Носилов К.Д.* У вогулов. СПб., 1904. С. 15.
（7）*Носилов.* У вогулов. С.16.
（8）*Носилов.* У вогулов. С.14.
（9）二〇一三年採録、話者ナタリヤ・エゴロヴナ・タルリナ、一九五七年ユリスク村生
（10）二〇一三年採録、話者ウラジーミル・ダニーロヴィチ・タルリン、一九五五年ポムト村生
（11）*Лукина Н.В., Кулемзинн В.М., Титаренко Е.М.* Ханты реки Аган // Из истории Сибири. Томск, 1975. С. 164.
（12）*Токарев С.А.* Мифы народов мира : энциклопедия. Т. 1. М., 2000. С. 659., *Лукина* Н.В.Мифы, предания, сказки хантов и манси. М., 1990. С. 198, 200.
（13）*Гемуев И.Н., Сагалаев А.М., Соловьев А.И.* Легенды и были таежного края. 1989, С. 153.
（14）*Кулемзин., Лукина* Легенды и сказки хантов. С. 20.
（15）*Кулемзин., Лукина.* Легенды и сказки хантов. С. 20.
（16）*Зенько.* Представления о сверхъестественном. С. 49.
（17）二〇一三年採録、話者ナタリヤ・エゴロヴナ・タルリナ
（18）*Зенько.* Представления о сверхъестественном. С. 46.
（19）*Новикова Н.И.* Религиозные представления манси о мире // Духовная культура народов Сибири. Томск, 1980. С. 99.
（20）二〇一三年、採録、話者ウラジーミル・ダニーロヴィチ・タルリン
（21）*Зенько.* Представления о сверхъестественном. С. 48.

（22）Там же С. 47.
（23）Там же С. 40.
（24）Там же С. 62.
（25）Там же С. 50.
（26）*Дранникова Н.В., Разумова И.А.*（сост.）Мифологические рассказы архангельской области. М., 2009. №.45-58., *Зиновьев В.П.* Мифологические рассказы русского населеиня Восточной Сибири. Новосибириск, 1987. №.1-18, Черепанова О.А. Мифологические рассказы. №.49, 70. など
（27）*Балашов Д.М.* Сказки Терского берега Белого моря. Л., 1970. №. 12.
（28）*Зиновьев.* Мифологические рассказы. №.24.
（29）*Левина М.Г.,Потапова. Л.П.*（ред.）Народы Сибири. М.-Л, 1956. С. 570-572.

第三部　狩猟漁撈

第一章　トナカイ放牧基地・ストイービシェの生活

赤羽正春

北欧からシベリア北部を辿って北アメリカに及ぶ、環北極圏の亜寒帯北部森林地帯は真っ直ぐに天を射す針葉樹林で覆われる。タイガである。

北緯五〇度から七〇度にひろく観られる樹林は、エゾマツ・トドマツ・トウヒ・ツガの多い樹林とされる。シベリアの松は日本の赤松に木肌や葉の出具合が酷似している。

バイカル湖畔で観たシベリア松とウラル山地の松は同じで、シベリアでは最も目につく背の高い樹種である。一方、ロシア沿海州のシベリアでは朝鮮五葉松が住民の生活を支えており、巨木は住宅材や船などに加工され、人の生活を扶けた。この地の森林は闊葉樹の森として記録した。湿潤で白樺などが多く混在している。

ロシアは森林大国である。森林が文化を支える姿があちこちにみられる。バイカル湖から流れ下るアンガラ川流域は、シベリア松の良材の繁茂する地であった。この大森林の松は、シベリア鉄道開通直後から西に辿ってサンクトペテルブルクに運ばれ、この街の基盤杭として何万本も打ち込まれたという話を聞いた。シベリア松の上に街ができた。

文明を支える松は、乾燥する北のタイガが育んだ。今回のハンテ・マンシスク自治管区のタイガの森に入って改めて森林の力を感得せずにはいられなかった。タイガが育む自然は、それが苔から白樺までの植物であったり、これを食べるトナカイやこれを襲う熊などの動物であったりするのだが、統合して人をも育てているのである。森林が人を作り、文化を育み、文明を支える。

北緯六三度、東経六七度、西シベリア、オビ川下流部、ベロヤールスキー地区にあるタイガはシベリア松の樹林の真っ只中にあった。

九月初め、エアバス製のアエロフロート機は、一〇時間あまりかけて、シベリア上空北極圏を飛んでモスクワに着いた。私たち一行の飛行機は日本列島中部地方を横断して、新潟から日本海に抜け、沿海州からハバロフスク上空、バイカル湖北端上空、そして北極圏を辿ってウラル山地上空の近くで機首をモスクワに向けて降下を始め、ツンドラの湖沼とタイガの森の続く景観を眼下にシェレメーチェヴォ空港に着いた。

北極圏（北緯六六度三三分以北）上空を飛ぶ飛行機の外気温が機内に表示される。マイナス六〇度などの数値は観念の世界であるが、眼下のツンドラは現実の姿である。そして、ここに人の営みがある。人はツンドラ地帯であってもタイガの中で生きている。

一　湖沼・タイガ

モスクワからウラル山地の中核都市エカテリンブルクを中継地にして、北極圏手前のベロヤールスキーに飛んだ。

私たちが飛行機から俯瞰した景色は、象徴的なものだった。

うねりのたうつ大河・オビ川とその支流や湖沼、これを取り巻く低湿のバロータ（沼沢地）、そしてまだらに広がるタイガの森。三つが場所の占有を競い合って丸い地平線の果てまで続く。北に行くほど湖沼が優勢な景観に変わっていく。北は水の世界である。キトラ古墳の壁画に現れる玄武は蛇が亀に巻き付いている図柄で有名であるが、水中で自ら陸地を支える亀が水の表象である蛇に絡まれる。眼下の景観と共振する。

ベロヤールスキー飛行場から、滞在したカズィム村までは、立派なコンクリート舗装の道路であるが、道路の下に送油管が走っている。パイプラインをニェフチェプロヴートと呼んでいた。カズィム村もニェフチェプロヴートでつながっていた。もとはカズィム川のほとりにできた集落である。

村として成立したのは一九三一年であるという。人口一四一六人（二〇〇八年）。ハンテ人一〇二八人、マンシ人四人、コミ・ズィリャーニェ人二〇〇人、ネネツ人一八四人で、異民族間の結婚が多い。生業はトナカイの放牧飼育で、ハンテは一八のブリガーダ（共同飼育組織）それぞれに二〇〇〇頭、個人飼育が一〇から六〇〇頭である。

チュメニ州のハンテ・マンシスク自治管区はオビ川中下流域の広大な低湿地帯を占有している。ハンテ・マンシスク市が管区の中心である。自治管区の面積は五三万四八〇〇平方キロメートル、人口約一五〇万人で、人口密度は実に一平方キロメートルあたり三人である。かつてはユグラと呼ばれた。一二から一三世紀にかけてバルト海の交易都市ノブゴロドの商人たちが毛皮を中心とする交易で訪れていた地としても知られている。一五八二年、イエルマークによって征服され、ロシアの支配下に入る。一九三〇年オスチャク・ヴォグール自治管区となり、一九四〇年にハンテ・マンシスク自治管区となる。

夏の間、男たちの多くはストイービシェ（野営地）と呼ぶタイガの森深く、トナカイ放牧の基地にいる。

必要に応じてカズィム村に住む家族と連絡を取り合い、物資の供給や食べ物の差し入れなどを受けている。同時に、ストイービシェで獲れた魚や動物を家族のいるカズィム村に供給する。かつては家族がタイガの森の奥深く、トナカイ放牧の場所ストイービシェにいて、チュムと呼ばれるテントを建てて、ここで生活していた。

タイガのただ中で家族がチュムで冬を越す生活は過酷で、幼児でさえ薪を調達し、氷を割って水を確保する生活があった。現在はロシア政府の教育方針で、子供たちをカズィムの学校寄宿舎に泊めている。親と離れて寄宿舎生活している子供たちに数多く会った。

チュメニ州に属するハンテ・マンシスク自治管区はフランスの国土に匹敵する広大なオビ川下流低湿地帯にある。チュメニ油田の発見以降、この地の油田開発が進み、油井から送油管でロシア南部の都市部に運ばれる石油は、ロシア経済を下支えしてきた。ベロヤールスキー飛行場が拠点となって周辺との交易が行われてきた。飛行場にはガスプロム（ロシアの石油会社所有）の飛行機が就航していて、空港が地域開発の拠点となった。飛行場からコンクリートのパネルを並べた道路が四方に広がるが、下には送油管が埋め込まれていて、パイプラインに付帯する道路建設が行われてきた。パイプラインは当初、地盤の安定したタイガの場所ばかりを選んで通していたが、タイガはトナカイとともに暮らすハンテ・マンシの人たちの生活基盤である。現在では政府の関与によって自然破壊の度合いを斟酌して敷設が進められているという。タイガの民、ハンテ族が、パイプライン敷設でタイガの居住区を破壊するやり方に異を唱えてのことである。

タイガは湖沼や川縁の周辺にあるバロータと呼ばれるツンドラ湿地帯（沼沢地）の外れにあり、しっかりとシベリア松が根を張れる乾燥して安定した地盤を提供する。ここにストイービシェを設けている（図

図１　タイガの森
シベリア松の森。下に輝くのはヤーゲリと呼ばれる苔で、トナカイの餌となる。

１）。

沼沢地（バロータ）は有史以来の低湿地で、苔や水生の植物、これを基盤に繁茂した菅や灌木などの小山の連なる湿地である。見た目は繁茂した植物や苔が地平線まで届き、秋の姿は美しい。人は不用意にここに入ると、沈み込んで出られない。底なしの沼が植物を載せて浮いているのが実態である。沼沢地を安全に渡りきることができるのは冬の凍結時である。

春から秋まで、この湿地を横断して野営地に通うには、沼沢地の一筋の沈み込まない道を知っているハンテ人の助けが必要である。案内してくれたユーリーさんについて歩いたが、沈まないよう、彼の足を入れた所に私の足を入れるという方法が、沼沢地を渡る掟であった。足を踏み外して私の足が膝まで沈んだときは、ユーリーさんが駆けつけて抜いてくれた。寒冷の湿地帯の怖さを身に刻んだ。

　パイプライン敷設は沼沢地を避ける。だから安定した地盤のタイガに沿う。結局、人の生活も植生も資源開発の影響を受ける。石油の汲み上げで、地盤が下がっているのではないかとする危惧を持つ人たちの意見に何度も接した。

　広大なシベリアである。飛行場と油井を中心に、ここから道路が枝分かれして延びる。地図で確認すると、飛行場からツンドラの大地に枝分かれした道路が、人の住む村まで延びている。日本のように、鉄道や道路ができてつながる街と街というイメージは通用しない。突然原野の真ん中に飛行機から降りた人が拠点を作り、ここから放射状に住む範囲を広げていくのがシベリアなのである。だから行き着いた道路の先には何もない。このイメージが彼らの行動規範となっていることを、今回の調査では、痛切に感じた。

　飛行機のない時代、先史のシベリアでの移動や生活は、舟に頼る以外なかった。同時にハンテは冬期、トナカイと橇を使いこなしていた。カズィム村に皆が集まって生活を送らなくても、家族単位でトナカイを従え、チュムを建てて、野営地に自らの生存の基盤を築くことができた。つまり、彼らはかつて自らの領地を確保し、家族ごとにタイガの中に生活基盤を築き上げていた。

　稲作などの農耕生活のように、数家族が集団で助け合って労働力を出し合いながら集結して村を作って住まなければ収穫が望めない、という農耕に伴う必然性は、ここにはない。トナカイとともにタイガに生きる術を家族単位で確立していた世界である。だから彼らが生業のために街を作る必然性は薄いのである。この原則はタイガに生きる彼らの規範である。このことは、タイガでの生存として、次章で述べる。

　カズィム村の成立は一九三一年であるという。今は煉瓦造りの行政庁舎と、立派な学校が目についた。ロシア風の堅固な家は、カズィム川流域にあった。村には女性と子供が圧倒的に多いという現実は、それぞれ、タイガの野営地に自らの領地を確保している彼らにしてみれば、女性と子供が街に人質とされているようなものである。教育、行政などの都合が、家族を離している。

タイガは彼らに食を与え、ここに棲む動物が着衣を供給し、森は家を提供した。だから野営地の生活は家族単位の生存の持続が叶えられるものとなっていた。

これを規範とする生活は私が追及を進めている自然がどれほどの人を養いうるかを求める「生存のミニマム」の模範的なフィールドである。

二　トナカイ放牧の野営地

ユーリーさんの野営地を訪ねたのは、ハンテ族の生活を知りたいとする私の願いを聞き入れてもらった結果である。ユーリーさんはトナカイを捕らえる投げ縄のチャンピオンで、ベロヤールスキー地区での優勝者である。カズィムから送油管のコンクリート舗装道路を一時間近く北に移動し、道路の外れから野営地に通う道に降りた。タイガの森の中、トナカイの餌ヤーゲリが繁茂する道を車で三〇分も走り、バロータの見晴らしのよい場所に出た所で、ユーリーさんが待っていてくれた。彼は私を送ってきた車に、自身がタイガの森で捕らえた獲物を預けた。この連絡中継場所まで、野営地から歩いて沼沢地を横断してきたのである。獲物はグルハリと呼ばれる大雷鳥と銀鱗魚（オコスワリョと呼んだ）である。タイガで彼らが毎日食べている貴重な食料である鱗のついた魚十数尾は野営地の生活を支える彼らの食料である。味は淡泊で鮒と同じであった。三〇センチくらいの大きさであるが、胴回りが太く、しっかり肉のついた魚である（図2）。

図２　銀鱗魚
タイガの周りは低湿のツンドラであり、ここには多くの魚が棲息し、モルダと呼ばれる筌で漁獲される。

彼らは野営地のタイガと沼沢地の境を流れる小川に筌《うけ》を入れ、常時魚を捕獲している。魚はトナカイの餌にもなっていて、トナカイ柵の中に投げ入れるとタッタッタと、顎を鳴らしてうまそうに食べる。

ユーリーさんの先導で沼沢地に入る。一面低灌木と草の続く平らな湿地であるが、小山のようにせり上がった苔の塊があちこちにある。ここを縫うように進んでいても、深みに足が取られる。ひどいときは膝近くまで入って足を引きずりながらの前進となる。ちょうど深雪を歩くときのように、先頭の者がつけた足跡の所に後続の足を入れて進むような形になった。ユーリーさんとこの野営地に通ったことのあるわずかな人のみが知る道である。二時間近く、息を切らしながら後についていたが、慣れない人にとっては悪夢のような沼沢地も、獣や鳥にとっては恵みの大地であった。

気を遣ったユーリーさんが、途中で、喉が渇いたらこれを食べよと差し出してくれたのは、ここにたくさん生えている小さなベリーであった。黒い実のベリーはゴルビーカ（クロマメノキ）、赤いのはブルスニーカと呼んでいる（図3）。

苔といっしょに這いつくばるように実を成らしているが、直径五ミリほどの水気を含んだ小さな実が、体に生気を与えてくれた。ユーリーさんも、喉が渇き始めると、絶えず手を下にして、この実をしごき取って口に運んでいた。

図3　ゴルビーカ
タイガの森や湿地（バロータ）に生えるベリー。トナカイをはじめ、動物も人もよく食す。

トナカイもこのベリー類が大好物で沼沢地に降りてくる。しかし、ここは脚を取られれば死が迫る所である。夏のトナカイ放牧では入ってはならない沼沢地の場所には柵を設けて止めていた。タイガの森が近づいて、沼沢地を抜け切るところまで来たとき、一頭のトナカイの白骨が散乱していた。写真を撮ると、ここは入ってはならない場所であることを語ってくれた。

タイガの森が遠望できた頃から、足取りが軽くなった。タイガと沼沢地の境、高さ五〇メートルに達するシベリア松の林立した見事な森が目の前に迫っていて、危険な沼沢地は迂回した。そして乾燥したタイガの大地に脚を踏み込むことができた。横断には二時間かかっていた。

歩きながらユーリーさんが指さして注意を促してくれたのは、人やトナカイが関わる自然の生き物であった。タイガの大地で最初に指さしたのがモローシキ（茸）であった。彼らは茸を詳細に観察している。この茸は獣は食べるが人は食べない。とか、人も獣も食べている。これは取ってはいけない（毒）。というように。（キノコは本来北方民族は食べない。近年食べるようになったのはロシア人の影響である。）

三〇分間、タイガの道は軽快であった。青空に林立するシベリア松の林は人の気持ちを明るくさせる一服の景観である。吹く風にはシベリア松のほのかな香りが載っている。

シベリア松の垂直の構図に、突然、横の人工物が紛れ込んできた。住居と貯蔵庫が、松林の奥に光を受けて建っている。野営地に着いたのだ。高床式の倉庫と居住の家屋は寒さに耐える重厚な作りで、ここのタイガの木材をはめこんであった（図4）。

タイガの森にたった一人で一つの独立国家を作っているような感覚になった。原則、自給自足で体制も組織もたった一人でこなしてしまう。感心したのは、生存の持続に向けて、あらゆる配慮、体制が組まれていることであった。

私たちを迎えてくれたのは、トナカイの親子であった。

三　持続的に人の生存を担保する方法

驚いたのが、食糧確保のシステムである。ユーリーさんのストイービシェの構造を観察俯瞰し、改めて

図4　ストイービシェ

タイガの森にトナカイ放牧の基地として設置された施設。男がトナカイの世話をして暮らす。かつては家族がチュム（テント小屋）を持参してトナカイ放牧に従事した。下は貯蔵小屋。

図に記録してみて、感嘆した。

居住棟は六人が寝られるベッドが据えられ、入り口の北側にはペチカと呼ぶ円筒横型のストーブがある。タイガの枯れた松材を薪にして、絶えず火を焚いている。パン焼き釜の代用をしたり、上にハンテ鍋と呼ばれる深鍋が二つ上がる。調理場でもある。ハンテ鍋は直径三〇センチ、深さ三〇センチの円筒形をしており、水鳥を煮たり、銀鱗魚を刻んで野菜と煮るなどする。

生活はここを中心に組まれる。外に出ると、すぐに柵があり、トナカイを集めておく中核となる施設が設けられている。ここは、夏の間外側の柵を外してトナカイが自由に外に出られる。タイガのトナカイ苔やベリー類を食べて生活しているが、蚊に襲われたり、餌がうまく摂れないとき、この場所に自ら集まってくる。壮観だったのは早朝に集まるトナカイの群れであった。九月、細かい蚊が黒くなるほどトナカイの頭部にたかる。彼らの角の生え替わりの傷ついた血の場所が吸い寄せるのだ。これを嫌うトナカイの群れが、ストイービシェの柵の中に入ってユーリーさんの顔を覗くように観る。ユーリーさんが苔の堆積した塊を入れて、これに火をつけると白い煙がもうもうと立ち上がる。トナカイは太い角をこの中に入れ、立ち上がる煙の下で自身の軀を砂場に横たえてうっとりした表情を見せる。細かい蚊から解放されて安らぐ姿は人と同じである（図5）。

柵の外側、バロータに緩やかに降りていく斜面には、微高地となっているタイガから滲み出る水を集めた小川が流れ、水平でツンドラを意味するバロータ（沼沢地）につながっていく。幅二メートルに満たない小川には丸太が渡され、この下には筌が設置してある。下流側を入り口に設置されるこの仕掛けは、モルダ（морда）やザポール（запор）と呼ばれていた。モルダは鼻っ柱・鼻の形を意味していて、ザポールは塞ぐことを意味する言葉である。便秘の意味になっているのも特色をよくつかんでいる。低湿の沼沢地

図５　放牧トナカイ

夏に放牧されているトナカイは、時に柵の中に入って餌をとる。煙にいぶされるのを好むのは、細かい蚊の襲撃から逃れるため。

から上ってくる魚は、ここに設置されたモルダに誘い込まれ、塞がれた柵の中に溜められた状態で生きる。モルダは一種の罠であるが、陸上動物の罠と違って、捕れる量（漁獲量）が桁外れに大きい。魚が大量に繁殖しているのである。しかも、瞬間に勝負しなければ獲物が入手できない狩猟行動と異なり、モルダを入れておけば、持続的に魚は手に入る。一回の取り出しで十匹ほどの魚を確保している。毎日魚を朝と夜、二食食べられるだけの量があがる（図６）。

野営地の生活では、このモルダという仕掛けが一つあれば、数人の男や家族が生き続けることが可能なのである。目の前の小川に一つ設けられたモルダは、生存の持続の基盤となっていた。人の生存の持続には基盤となる食糧確保が求められる。タイガではモルダという道具で得る魚がこの大役を担った。

狩猟採集民という言葉が学界で頻繁に使われるが、内実は持続的に食が得られるシステムの基盤を生活空間のどこに頼っているかを明白にする必要がある。

ハンテの狩猟採集生活の基盤となる技術は罠である。罠は、持続的に獲物が入手できるよう考え出された、時間を超える一つのシステムとして確立していた。この中で、最も持続的に食を提供してくれる罠がモルダであった。

狩猟採集行動では、能動的に出かけていって獲物を探し求めてこれを捕るというイメージが定着しがちであるが、罠を仕掛けてひたすら待つというのがハンテの実態であり、恐らくユーラシア大陸に生きた多くの民の実態であろうと予測している。事実、タイガの森を案内されたとき、さりげなくそちこちに仕掛けてある狩猟用の罠を観て回った。獲物が掛かるのをじっと待っているのである。

魚は水で塩煮されたものを食べたが、美味であった。野営地での食事の半分は魚であった。

居住棟の東側、太陽の昇る向きのタイガには貯蔵小屋と作業小屋二棟が並び、手前には井戸が掘ってあ

図6　筌・モルダ

タイガの小川にモルダを沈め、ここに入る銀鱗魚などの魚を常時獲る。食の半分以上を魚に依存している。上は設置のために棒をとりつけるユーリーさん。下はモルダ。シベリア松のひごを束ねて作る。

った。深さ一〇メートルほどの正方形に掘り進めた底には、きれいな水がたまっていた。円筒形の釣瓶を回して、先につけたバケツを巻き上げて水を汲むのであるが、井戸の底を観て驚いた。垂直に掘られた井戸の穴に現れた地層は縞模様の出ない全面シルトの層であった。地質の形成は日本のような河川と海の形成する場所では、川から運ばれた土砂が砂礫・砂・シルト・粘土の重い順に堆積して地層ができあがる。これが見事な縞模様の地層として後の時代に表出するのが普通である。

ここ、ユーリーさんの掘った井戸の地層は一〇メートルにわたってシルトなのである。シルトが地質年代に沿ってこれだけ堆積するということはどういうことなのか、しみじみ考えさせられた。ストイービシェで石ころや砂に接したことがないという不思議な現象は、数万年もかけて出来上がってきた、オビ川流域のこの地帯では、長い時間をかけて陸地となる堆積場所が形成されたことを意味し、火山などによる地殻変動などと縁のない安定した水辺が支配する世界であったことを意味している。だから、この地に湧き出るチュメニ油井の油となる有機物生成の堆積層が広く形成されたのであろうかと、考えた。この野営地にも石油掘削の誘いが届いている。

井戸の西側は、小川の上の台地へつながっている。ここには二つの作業小屋があった。一つはトナカイの毛皮を加工する場所である。冬、トナカイを必要に応じて何頭か殺す。肉は人の食糧となり、内蔵は加工されて食べ尽くされる。血も飲まれる。剝いだ皮は鞣して後、着衣、袋、リュックサック、入れ物などに加工される。また、二センチほどの幅に細く鋏を入れ、一頭分の毛皮の外側から紐状に取り出し、一抱えもの細紐状塊にして水につける。これを乾かし、金属の棒でしごく。柔らかくなった紐状の皮を三つ編みにして、縄を作る。この縄の強さは尋常でなく、トナカイを捕らえる綱や橇を牽く綱としても使われる。

もう一方の小屋には、トナカイの見事な角が散乱していた。角は加工する部位ごとに切られていて、ボ

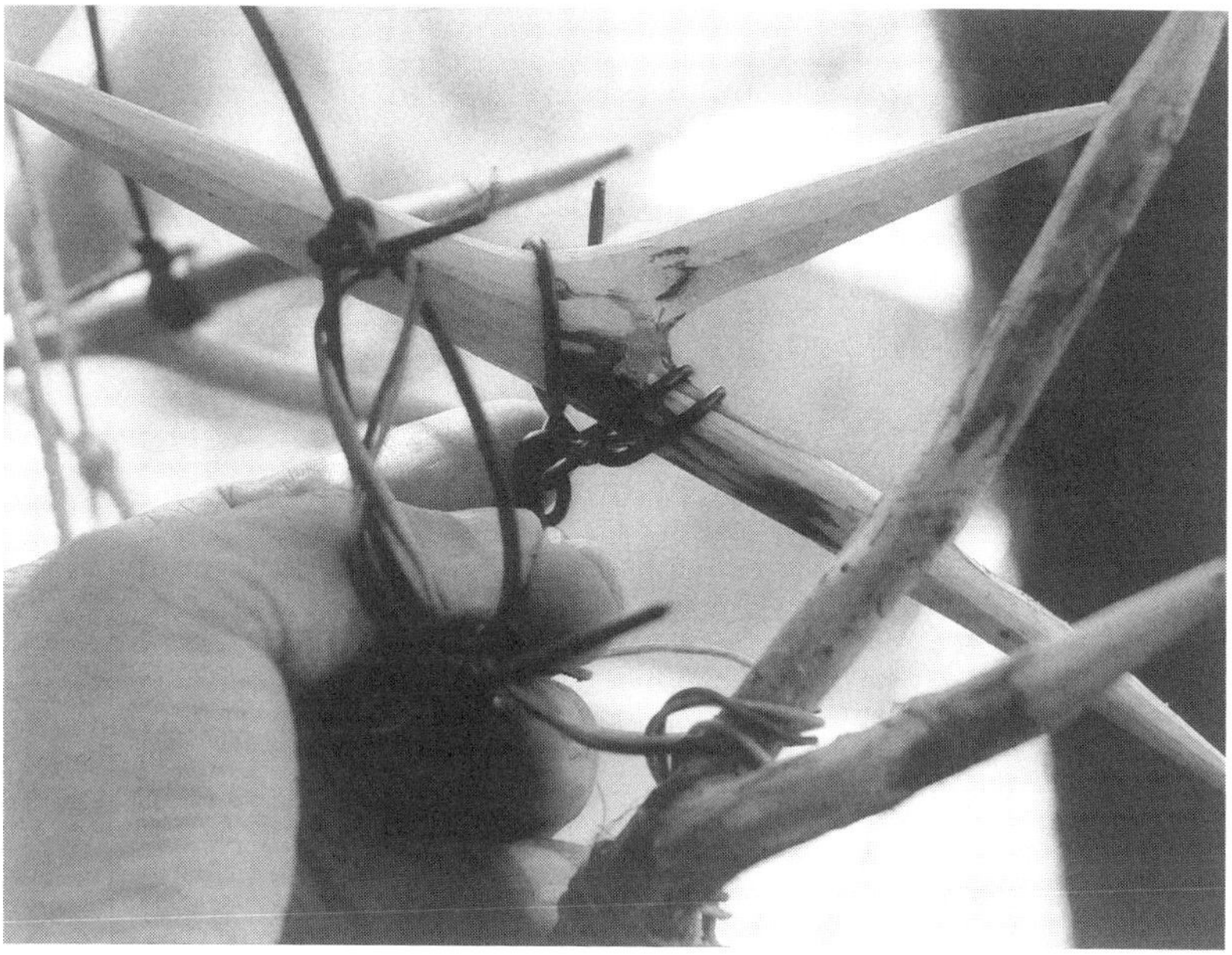

図7　釣針
小さい魚にこの木の針を口から挿入して埋め込んでおく。これを延縄の先に設置すると、シシューカと呼ばれるカワカマス（大魚）がひとのみにして、延縄にかかる。トナカイの角でも作る。

タンの材料にする根元の部分は年輪状に出る角内部の線を装飾として利用して、二カ所に穴を開けていた。角は各部から多くの材質が捕れるため、貴重な素材として使われる。日本先史時代の釣針に鹿の角を使ったものがあるが、トナカイの角を釣針として使うことがここでもあり、作られている。ただ、湾曲した形ではなく、三方に角を生やした形ののである。先史時代の釣りの起源を暗示する（図7）。

タイガの乾燥した大地の上に立つ野営地の外れには、小川が流れているが、この川がバロータに注ぎ込むまでの範囲は、湿地に続く水気の多いところである。

魚捕りのモルダが仕掛けられている一帯は、湿気を好む白樺が繁茂している。広葉樹の白樺は、ここでも、北方民族の生活を支える大切な素材であった。器を作ったり、履物を白樺の樹皮で作る例は極東シベリアから西シベリアまで共通する。しかも、舟までこの木の皮で作ってしまう。皮を剝ぐのは夏前の水分を盛んに吸い上げているときである。小川を囲む白樺の直径二〇センチを超えるものには、樹皮を剝いだ跡が残る。いずれも、木が弱らないよう、一周全部の皮を剝がないで、五センチほど残して止めるという手立てが施してあり、持続的に利用できるよう、木の生命力を回復させる技術が観られた。事実、各立木には、何度も皮を剝がされた跡がついている。しかし、勢力を回復して、真っ直ぐ伸びているのである。

あらゆる生活物資が供給される野営地は彼らの国である。ここですべてが賄われ、生存の持続が達成されるよう、システムが組まれているのである。食・住・衣のすべての資源がここにある。だから、極めて自立的であり、他者と助け合わなければ生きていけないという状態になっていない。一つの家族が持続的に生存を確保する状態に置かれる。ハンテ人がこの地で生きるようになった経緯を歴史的に記録したモルダノヴァは、

最終的に、家系が一つのグループになることが多かった。モルダノフ・センゲロフ・ホローピなどに帰属する人もいた。ハンテの伝統的な文化は、カズィム・ハジム・トロムエガンなどの川の上流に拠点を作った人たちの伝統的な経済活動としてまとめることができる。特に、毛皮の供給や必要な資源が揃っていた。（Т.А.Молданова『Казимский орнаменм』Ханты-Мансийск,』2013）

家系でまとまるというのは、トナカイを追ってタイガで生きる家族経済が中心の社会となっていること

を意味する。社会主義経済はこの家族の塊を一つの核として社会生活を育む構想でブリガータという共同のトナカイ飼育組織をまとめたという。ブリガータという共同でトナカイ飼育の仕事をすることがハンテ人にとって生存の持続上どのような位置づけとなるのか。少なくとも、ユーリーさんのように一家族でストイービシェを運営することが出来るのであれば、共同化する必要性は薄い。現在、市場経済化していくロシアにあっても、家族経済は強く、核となっている。生存を持続してきた経済的背景が、家族であったことによる。

この広い自治管区でも油井から出る油は、この地の経済を潤し始めている。しかし、生存を持続していく上で、トナカイとともに暮らすタイガの生活形態は踏襲される。あくまでも、家族が中心に組まれる生活が核となり、最も強固な生存持続のシステムということができる。そのことは、タイガを案内されたとき、確信に変わった。

四　半日行程の狩猟

野営地の周り、トナカイ放牧のタイガは、ユーリーさんの狩猟採集行動の範囲である。ここを案内された。

三時間にわたって歩いたタイガは魔物であった。怖さが今も心に重く沈んでいる。ところが一面では、人の生存を支える沃野でもあった。

野営地から沼沢地を南に辿ったタイガのただ中にチュム（円錐形のテント小屋）の支柱が残され、一家族の小さな野営地の残滓があった。トナカイの檻も朽ち始めていたが、四から五年ほど前まで、ここに暮らす一家族があったのだ。ハンテのパン焼き窯が壊れて外にあり、チュムの横に立つ枝の曲がったシベリア松の木の股には梯子がかけられたままになっていた。木に登って近くの様子を眺めたり、トナカイに目を配ったりしたものであろう。トナカイの数も、ユーリーさんのストイービシェのように、一〇〇頭を超えるほどはいなくて、十数頭の小さなかたまりであったことが推測された（図8）。

ユーリーさんの野営地に隣接していても、一家族の野営地が構成できる背景は、両者を隔てている沼沢地に遠因がある。ここの沼沢地は細いトナカイの脚を利かなくさせるような質の悪いものではなく、草がびっしりと湿地を覆い、トナカイの脚を支えていたのである。私が歩いたときでさえ、沼沢地でゴルビーカやブルスニーカを食んでいるトナカイは一〇頭をくだらなかった。夏の放牧でさえ、これだけのトナカイが沼沢地に足を踏み入れている。

小さな野営地は必ず水辺に建てる。チュムで移動しながらここに住んだ家族も、ここの水を利用した。同時に沼沢地から湧くように繁殖している銀鱗魚を捕るモルダから魚を持続的に確保した。この場所を捨てて別の場所に移動した家族が使っていた、水辺のモルダを入れる場所はユーリーさんが受け継いでいた（図9）。

半日行程で、ユーリーさんの野営地の周りに狩り場と罠の設置場所が設けてある。彼は午前の日の出とともに北側を歩き、罠の獲物を観て回り、午後にも東側のタイガを観て回っている。案内された場所にあった罠は、

・四カ所の小川にモルダの設置場所
・三カ所に小動物（鼬、貂、穴熊等）の罠
・一カ所に熊の罠

図８　別の家族の生活した跡
家族でトナカイを放牧して暮らした人たちのチュム（テント小屋）跡。下はパン焼き窯。

図9　モルダの設置
タイガの小川に設置したモルダ。川下に開口部を向け流れを遮るところに設置しておくと、魚が入る。

である。

これが、最盛期家族六人を養う食糧確保の基盤であったといえる。狩猟採集を中心にトナカイを飼育すると観念的に捉えられてきたハンテ人の生活は、魚によって食糧の半分を賄うという実態になって現れていた。

四カ所のモルダを観て回るユーリーさんに強く叱られたのは、モルダを設置した小川を渡ろうとしたときであった。幅二メートルほどの小川は底が見えている。渡ろうとしたとき、強く制止された。「ここは渡れない」という。小川の真ん中に対岸に向けて棒が三本入れてあるところまで行って初めて自分で渡ってみせた。タイガの小川は底なしの奈落につながっている。私がバロータで足を取られて怯えたとき、駆けつけたユーリーさんの表情も、険しく引きつっていた。

広大でどこを歩いても終わりのないタイガは、人に罠を掛けているような場所がそちこちにある。このルールを弁えないと人は生存を保証されない。

モルダは小川の中ほどまで杭を渡して、この上で作業をするようになっていた。木の葉が絶えず架かるこの場所で、モルダを引き上げ、中の魚を捕り出して、絡んだ小枝や葉を取り除く。もう一度入れる際は、堆積した底の泥をこそげ取るようにモルダの角を動かして設置する。

小動物の罠は湖に向かう獣道を遮断して、六機設置されているところがあった。罠に入らなければならないような工夫があった。ヤーゲリの茂る乾燥した広場から湖方向に抜ける獣道の場所にスロペッツと呼ばれる圧殺罠が並列して設置してあった（図10）。動物の数がいくら多くても、毎日のように罠に掛かって捕れるというものではない。ところが、魚は四カ所のモルダを一日一度観て回るだけでよい。人の生存を保障する採集具であった。

図10　スロペッツ
穴熊や北極狐を獲る罠。圧殺する仕掛けになっている。トナカイを捕殺する動物を獲る罠で毛皮は人の役に立ち、肉は食用となる。

ユーリーさんの野営地は湖、バロータ、タイガで一つのセットとなっている。トナカイ飼育放牧だけであればタイガだけにいれば十分であるように感じるが、北極圏に近いこの地では、湖が水と魚の世界、低湿地バロータが魚とゴルビーカなどの灌木、そして時にはトナカイの入り込む世界となり、タイガが初めて人の世界といえる。そして、空や星などの空間が広がる。

湖は水の世界と同時に水鳥の世界であった。ユーリーさんの野営地に案内されたとき、最初に振る舞われたのが水鳥アビの料理であった。湖に群れているものを鉄砲で獲ったのである。毛を細かくむしり、内臓を抜いてハンテ鍋で煮続けた料理は美味であった。湖にはアビ以外の渡り鳥も数多くいた。周辺のタイガを案内されたとき、獣が湖に水を飲むために向かうことから、獣道が湖を中心に出来上がっている。そこが罠を仕掛ける場所であることを教えられた。ユーリーさんは絶えず湖方向に目をやり、大鹿やトナカイの動向を観ていた。

居住棟には水鳥の羽根が数多くあり、中には団扇に加工した水鳥の翼があった。この中に白鳥の風切り羽があった。ハンテの女神カルタシの化身とされる白鳥も食べられていることが分かった。

基本的な食糧が備えられている野営地では、食糧獲得のために費やす時間が少なくなるように組まれていたことは新たな発見であった。モルダはいったん沈めてしまえば、魚が自動的に入ることから人が食糧確保に費やす時間はほとんどないに等しい。スロペッツも同様である。ハンテは午前と午後の二回、タイガの狩り場を巡回する。そして、昼は冬に毛皮を取ったトナカイの皮から、綱を作ったり、トナカイの牽く橇を作ったりしていた。

つまり、半日工程の狩猟採集活動が午前と午後二回に分けて組まれ、タイガを巡回する。残った昼の時間は冬のトナカイとの生活に備えて、生活用品が整えられていた。ボタン作り、新しい橇作り、そして、ストイービシェの施設増設、トナカイの柵の新増設などである。私が滞在した夜にはユーリーさんの夜なべを見守ることになった。トナカイの皮を綱に加工するまでの工程であった。

人が生存にかける時間は、食糧確保が一義的であることはこの場所でも明らかである。特に、農耕を行わなかった彼らにとって、基本となる食糧が確保されることが、生存の持続につながる。一日のうちで動物が動き出す時間を中心に、タイガの狩り場を巡回する行動は、実に理に適ったものであった。

第二章　狩猟・採集・移動の技術

赤羽正春

カズィム村に野外民族博物館が整備された。訪問三日目に開所式があり、女性行政官を中心に、来賓とともに祝賀会が行われていた。遠い異国の訪問者、調査団に地元ラジオ局の取材があり、日本人のロシア語が電波に載って流れた。熊祭りを日本に紹介した事実はハンテ人の誇り高い心根に灯りを点したことは間違いない。

ハンテ・マンシの人たちがどのような生活をおくってきたのか説明する野外博物館では、トナカイ飼育の野営地の実態を示す施設や、一〇〇年前の生活を伝える写真で明らかになる展示がある。タイガの中の施設だけあって追体験をしているような感覚で新鮮さを味わった。

砦のような門構えを入ると、円錐形のテント小屋、チュムが建ててあり、ここにパン焼き釜や貯蔵倉庫が並んでいる。ハンテ鍋が外の火床に架けてあり、特徴的な深鍋がチュムでの生活を再現する展示品として使われていた。

カズィム川に沿って作られた施設は、本物の生活用具をそれぞれの場所に備えている。カルダンカという綴じ舟やオブラスという一人乗りの単材型丸木舟は沼のほとりに設置してある。

森の中には各種ハンテ・マンシ人の動物捕獲の罠が設置してあり、その構造を詳しく学ぶことができる。

罠は黒貂、熊、穴熊、北極狐、鼬、栗鼠、大鹿などを獲る。それぞれの動物の行動や習性などの特徴をつかんでこれをうまく利用するものであった。

沼のほとりには漁撈具が備えてあった。刺し網とこれを設置する舟は一人乗りの五メートル未満、シベリア型北方舟である。カルダンカとオブラスは、シベリア型の生業を的確に反映する一人乗りの舟で、魚が養った彼らの生活を見事に映し出し、同時に、シベリアの移動が水運であることを示す証拠品であった。舟大工が存在したことも分かり、ハンテの生活文化の精度には目を見張るものがあった。罠も、舟も極めて真摯な技術の精華であった。

筌《うけ》、モルダは前章でも述べた通りハンテにとって生存の上できわめて重要な道具である。全長一メートル五〇センチを超える巨大なものもある。シベリアの筌はハンテのモルダとブリヤートの筌しか観ていないが、いずれも、人の生存にとって極めて重要な道具として指摘できる。魚は彼らの食糧の基底である。

一　筌・モルダ

シベリア松が林立するタイガと沼沢地の境目には必ず緩やかな水の流れがある。沼沢地に向けて流れていく小川の畔は、ハンテ人の住居となってきた。チュムをタイガの縁の微高地に建て、沼沢地から生活用水を得ると同時にここに棲息する銀鱗魚などの魚を食することで生存の基盤を築いてきた。

カズィム川では舟で刺し網を設置して魚が捕れるが、野営地では、トナカイの世話をしながら生存を確保しなければならない。沈めておけば食材が入手できるモルダはハンテの必需品であった。

制作方法、設置方法などにタイガの特色が出ている。

材料はシベリア松である。このシベリア松という総称から検討する。タイガの森で同定できた松の種類は最低でも三種類ある。木肌が赤く出る日本の赤松とうり二つの姿を示すが、葉の長さが五センチほどの短いもの。同様に赤い木肌が出るが、葉の広がりが前者より大きく、上向いて針葉が茂るもの、そして、針葉の長さが一〇センチ近くに及び、葉の出る株が一握りもあって緑が濃く茂り、樹形が円錐状に繁茂するもの、である。最後の樹種をユーリーさんはケードルと呼んだ。この樹種は大切に扱われ、滅多に伐ることはないという話を別のハンテ人からも仄聞した。事実、野外民族博物館の庭の真ん中には、この巨木が屹立していて、大切な木であることはすぐに分かった。

кедр（ケードル）は辞書では「せいようすぎ」（木村彰一編『博友社ロシア語辞典』一九七五年）となっていて、どの辞書も杉であることを伝えている。しかし、木肌も針葉の様子も松である。タイガの中では、数が少ない。このケードルがシベリア民族誌の文献などで頻出する。その地に生きる人にとって極めて重要な樹種であることが分かる。

ハンテは綴じ舟の紐にケードルの根を使っていた。同時にモルダを編む紐も、ケードルの細い根なのである。この紐を採るには、タイガの森の中に入り、繁茂したケードルを見つけると根元を掘って細い紐状の根を採集する。なるべく細い部分の長いところを引っ張りながら伐らずに採取してたぐり寄せる。ケードルの根は引っ張りに強く、水に浸かる部分は松の樹脂のために腐らず、極めて丈夫であるという。トナカイの皮から作った紐が丈夫で弓の絃にも使われていたが、水に関わる道具はケードルの根がよい。

モルダ作りは野営地で春先に行う。短い葉のシベリア松の幹を使う。モルダの外形を構成する細い棒は、モルダの全長一五〇センチに沿って幹を輪切りにして、鉞で断面を割り、縦方向木の繊維に沿って一五〇

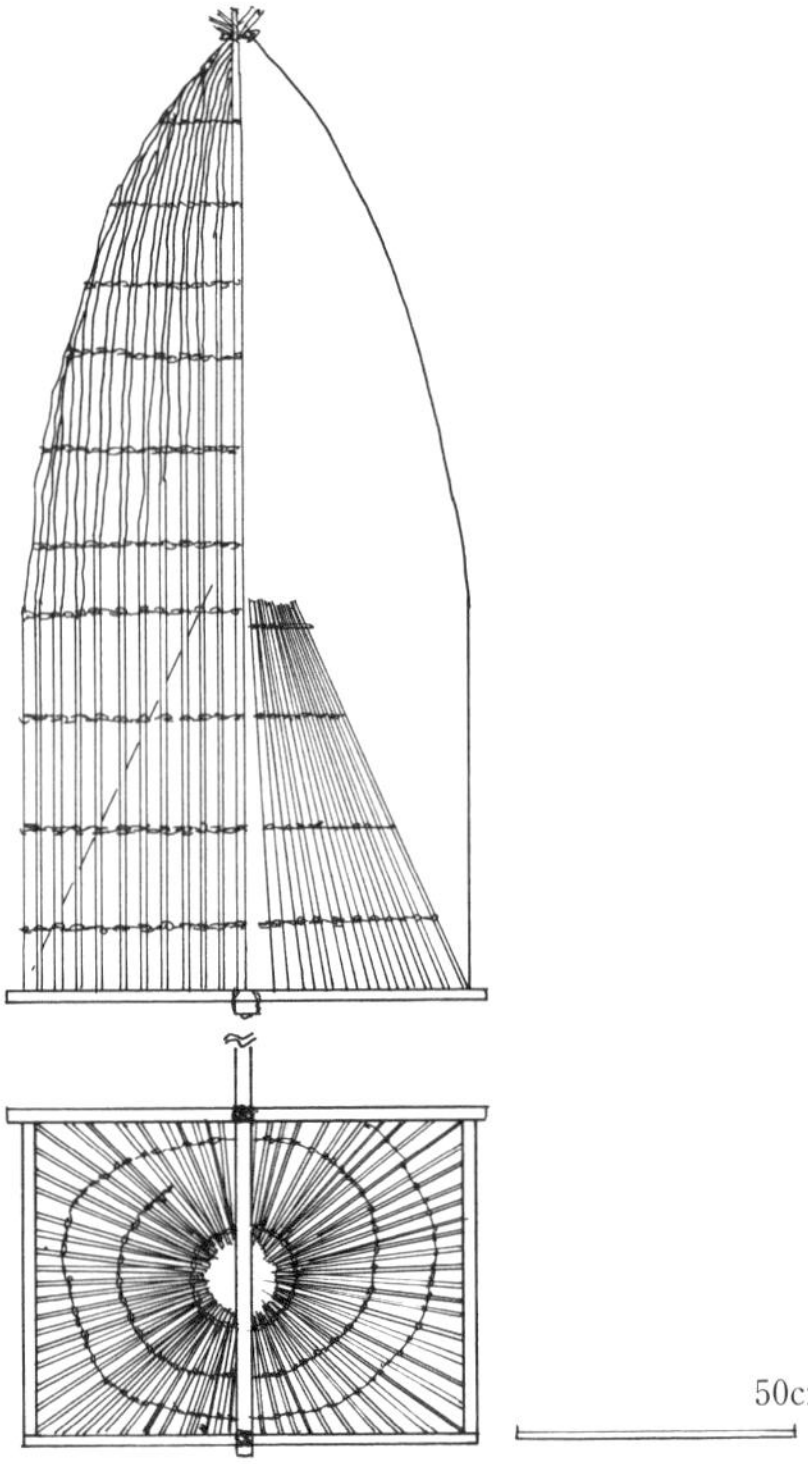

図1　筌・モルダ

センチ長の材を作る。ここから棒を作る。籤状の棒の強度は、木の繊維に沿っているため、曲がりにも強く弾力性があって折れない。

棒に加工する作業は、家族中で行う。鉞で取った棒はささくれだっているのである。ナイフで削って同じ太さの棒にする。モルダの木組みは、五六×八〇センチの枠から始める。魚の入り口となるこの部分は、やはりシベリア松から取った棒で組む。モルダには入った魚が中から出られないように「かえし」（外枠の内部にはめられたロート状の導入路）がついている。内部のかえしの棒を木枠にはめこみながら枠を下にして円錐形に組んでいく。この時、若者が取ってきたケードルの紐を使って型に固定する。次にモルダの外形を作る。長棒を並べて枠の外部に取り付けていく。この時も、紐はケードルの根である。

籤を編み上げて出来たモルダが完成すると、これを設置するのに使う柄（棒）を枠に付けて完成させる（図1）。

ユーリーさんの野営地には半日工程の狩り場に四カ所モルダが設置してあったが、川に入れる際には二基で交互に使うため、八基があった。作りは極めて頑丈であった。

設置場所は小川に渡した一本橋の下である。この設置場所は、わずか一メートル幅であっても、深さが一メートルを超えるような場所を選ぶ。魚溜まりの所に木を渡し、この木に立てかけるように杭を打ち込む。十数本の杭は、魚が通れない幅で打ち込んであるが、間に一カ所、モルダの口の幅だけ開けて、魚が入り込むように仕掛ける。川幅の三分の二はこの設置に使われるため、水は残された部分を辿って流れていく。わずかな流れしかないが、モルダは流れに対して鼻先を上流側に向け、魚の入り口は下流側に向けてある。魚がバロータから溯上する時は流れの滞ったモルダの設置場所で休む。そして上っていこうと、かえしのロート状入り口を越えて入るとモルダの罠にはまってしまうのである。

モルダで大量に捕れる銀鱗魚は鮒、鯉に似た淡水魚である。三〇センチほどになるが、タイガ周辺のバロータで夥しく繁殖していることが分かったのは、一〇センチほどの小さな個体がモルダにいっぱい入るのである。恐らく、沼沢地には人には分からない魚の繁殖場所があるのだろう。バロータは湖ともつながっており、人の近寄れないタイガの水辺は豊穣である。小川を覗いて観ると、小さな流れであっても、深さは計り知れないところがある。流れを遮るように白樺の幹を渡した場所では水の流れが滞る。ここにも魚が集まっているのである。恐らく、魚の習性として水流の変化する水の集まる場所に入ってきたものであろう。

銀鱗魚の外にシシューカと彼らが呼ぶ川カマスは、銀鱗魚などの魚を食べる。だから、モルダの中に入ってくる数は少ないが、これを追って生活していることが分かる。肉食のシシューカは成長すると一メートルを超える。シシューカを捕るために作られた釣り針は三方向に針を飛び出させたもので、これを一〇センチほどの銀鱗魚の体内に埋め込み囮とする。針から伸びた紐を延縄状に設置しておくと、翌日には銀鱗魚を丸のみしたシシューカが懸かる。

一メートルを超えるシシューカは、径三〇センチほどの口に細かい歯がびっしりついていて、これで他の魚を食べる。ユーリーさんのモルダに入ったシシューカは二〇センチほどであったが、一〇センチくらいに育った銀鱗魚の中では細長く口の大きな特別な魚として目立つ存在であった。

トナカイにシシューカを投げてやると、タッタッタッと歯ぎしりしながらうまそうに食べていた。カズィム川やオビ川にもこの魚はいて、冬期、厚い氷に穴を開けて、網で氷下の魚をすくい捕る漁では、巨大なシシューカがいっぱい捕れる。肉はおいしく、人を養う貴重な魚であった。カズィムの学校付属の博物館にはシシューカの皮で作った鞴があった。鉄を鍛造するときに使う。巨大な魚の皮は北方民族の貴重な資源である。資源として発見利用してきた背景に、魚によって養われてきた彼らの生活が基層にあることを忘れてはならない。家畜化したトナカイだけに依存してきたかのような考え方に陥りそうであるが、実態は魚という食材の優越性に目を向けるべきなのである。

カズィム村では、冬に備えて、ふだんから銀鱗魚漁を繰り返している。二匹ずつ紐で縛って棒に干し、保存食物として蓄えた。彼らとともにいる犬もまた、この魚によって生をながらえていた。

二　罠

生活に必要な資源の入手が容易であったことから、ハンテ・マンシの人々はこの地で暮らしてこられた。モルダノヴァは、毛皮の取得を一因としている。

毛皮がなければ生命の維持が難しかった。特に、毛並みの優れた黒貂・北極狐・栗鼠・鼬・穴熊といっ

図2　クリョムカ

た小動物が盛んに捕獲されてきた。

そのことは罠の種類に如実に表れている。殆どの罠は熊を除く毛皮獣を確保する目的で作られ設置されてきたのである。

クリョムカ

кулёмка は黒貂を捕る罠である。毛皮が目的である（図2）。

黒貂の習性を利用して、立木の横、人の胸の高さに圧殺の罠を仕掛ける。天井部には落下して黒貂を圧殺する丸太を設置する。この落下丸太は中央の二枚連結式の棒によって支えられている。二枚連結の棒は下部で柄が付いている所に黒貂が載ると、重みで外れる。棒が天井から落下して黒貂を挟む。黒貂にとってはあっという間の出来事になる。黒貂がなぜこの横についた横柄に上るかといえば、この先に誘き寄せの餌が取り付けてある

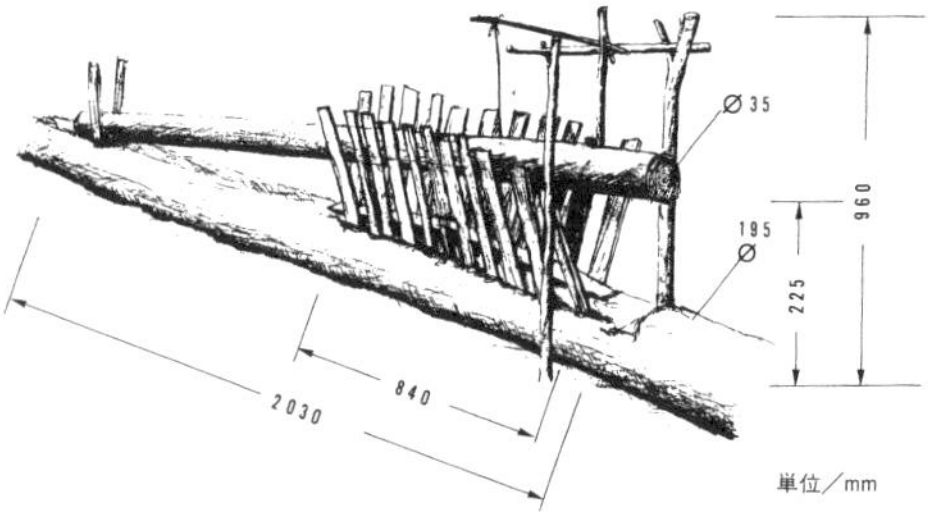

図3　ドゥイ
吊り丸太の罠。黒貂用。（佐藤宏之編『ロシア狩猟文化誌』慶友社1998年より）

からだ。肉食獣の黒貂は動物の肉には目がない。同時に、この仕掛けそのものが黒貂の行動様式を的確に反映している。黒貂は地べたを這いつくばって行動する動物ではない。木の幹や枝を次々と移動しながら獲物を探す。だから地面に設置するのではなく、行動範囲の枝に移る場所や幹に沿って設置するのである。

　極東沿海州のウデゲにはドゥイ（дуи）と呼ばれる黒貂捕獲用の罠がある。倒木の幹の上部、黒貂が移動する場所に枠を設け、ここに丸太落下式の圧殺罠を設置する（図3）。

　このドゥイは、ハンテのスロペッツと呼ばれる罠に相当し、使用頻度の極めて高い罠である。圧殺罠の殆どがスロペッツェの原理を応用していて、シベリアに広く分布する基層の罠の技術でできている。

スロペッツ

слопец《スロペッツ》は小動物の穴熊（росомаха）、鼬、北極狐（лису）などを捕る圧殺罠である（図4）。いずれも見事な毛皮を人に供給する動物であり、この地に生きるハンテにとっては冬の寒さから身を守る貴重な資源であった。

　ユーリーさんのトナカイ放牧の野営地周りにも三カ所のスロペッツ設置場所があったことは記した。湖に向かう獣道を遮断して水を飲みに向かう動物を罠で捕獲する。一カ所に六基設置された広場は動物がいつも駆け回っている重要な結節点であったろう。出口に向けて木の丸太が杭に載せられていて、仕掛けを踏めば天井部の丸太が落下して圧殺する。杭は列になっていて、獣の道に沿って両側を塞ぐ、この上は丸太を吊してあり、道に沿って落下丸太が上に設置されている。獣は杭の間を通っている間に仕掛けに触れれば天井部が落下する。獣が仕掛けを踏むと、天井部丸太を支えている跳ねの部材が外れ、あっという間に獣に覆い被さる。

スロペッツの方式で出来た落とし罠は我が国の熊捕りの圧殺罠にも共通した原理で支配する。越後奥三面や羽前金目などの朝日連峰や羽前小玉川の飯豊山麓の熊捕り衆はオソ（奥三面）やオシ（小玉川）の呼び方で熊捕りの罠を作ってきた。原理は同じである（図5）。

図4　スロペッツ
天井の丸太が、仕掛けに触れると落下するようにできている。タイガの森では、動物の行動様式に沿って設置してある。穴熊などを獲る。

熊の辿る道沿いに柵を設け、ここに大量の石の重りを載せた圧殺の天井を吊っておく。張ってある縄を熊が引っかけると、仕掛けの要が外れ跳び、吊り天井を支えているタガ木が外れて、天井が落下する。

ハンテの使ってきたスロペッツはタイガの森の中で、朽ちた倒木とし か判別できないほど自然の枯れ丸太であった。ところが、近寄ってみると、仕掛けのしっかりした現役の罠

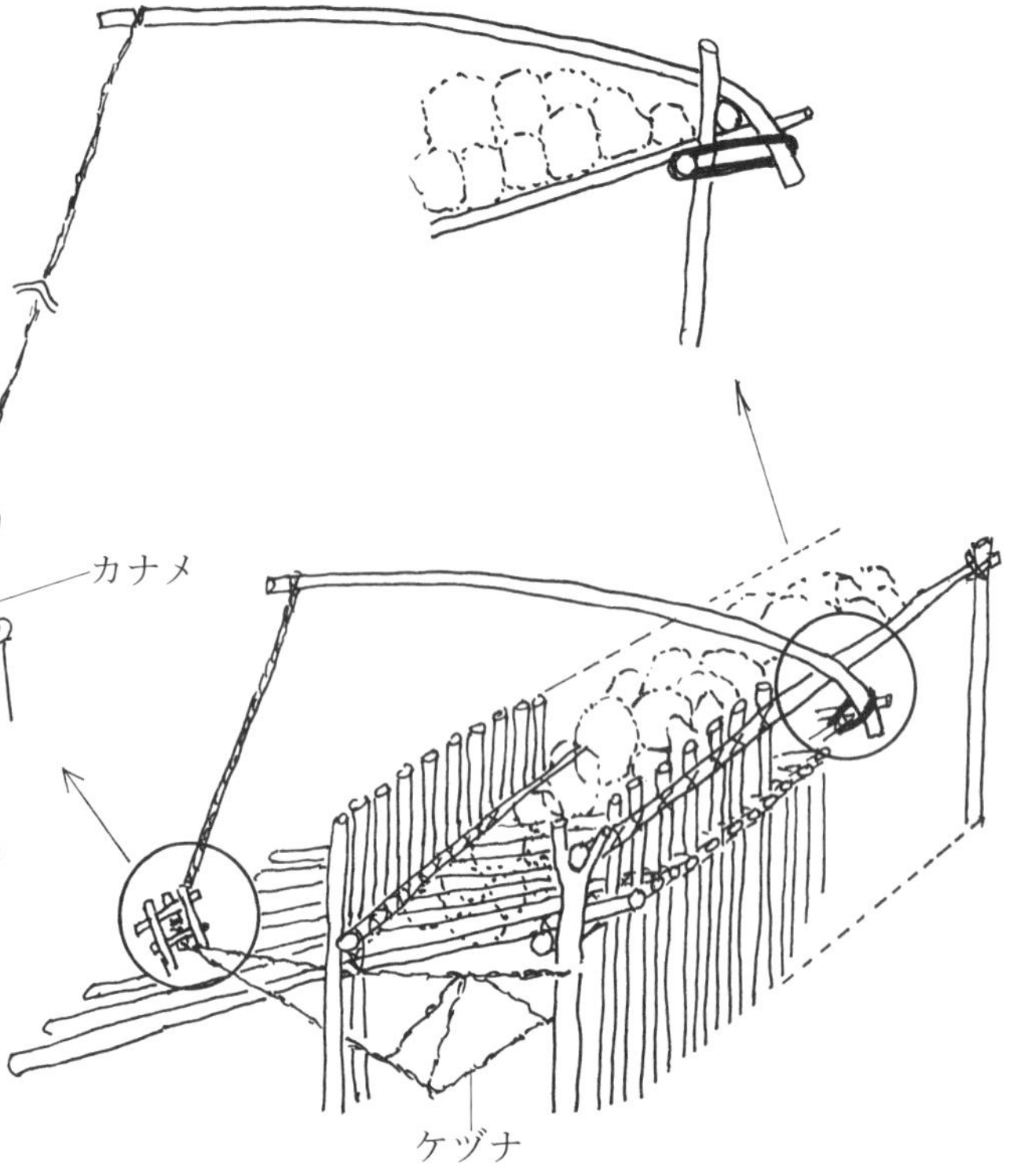

図５　奥三面のオソ

吊り天井式の熊の罠は日本の熊獲り集落にもみられた。奥三面のオソは、天井部に大量の石が載り、入口のケヅナを熊がけると、カナメが外れ、天井が落下して圧殺した。

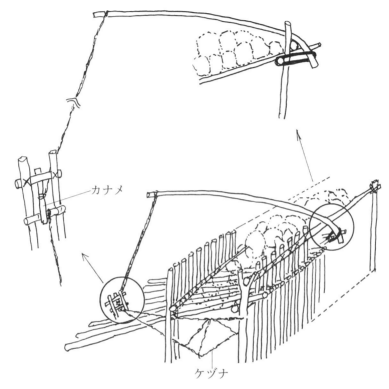

なのである。長く使ってきたことが一目で分かった。同時にこのような姿でなければ動物が安心してこの罠の中に入らないことも意味していた。奥三面のオソでは、「熊が入るまでに人の匂いがしなくなるまで相当の時間がかかる」という話を聞いていた。作りたての新しい材の匂いが消え、自然にかえる寸前の朽ちた頃が最もよいというのである。小玉川のオシも、片屋根方式のスロペッツであるが、毎年数基設置しても、古い方から入るという話は聞いていた。

極東の島国までスロペッツの技術が及んでいることを想定している。というのも、ロシア沿海州のウデゲの罠にドゥイがあり、西シベリアのハンテまで、タイガの森を辿って同様の罠が散見されるのである。大陸シベリアでは黒貂捕りに特化したようにみえるのは、この毛皮を皆が欲しがった結果である。ハンテは黒貂・狐・穴熊など、毛皮として価値のある動物一般を捕る罠としての位置づけがされていて、スロペッツの機能は基層に属するものといえる。

事実、シベリアでの罠は毛皮取得に注力され、獣の肉を確保する目的のために捕っている姿は観られなかった。極東のウデゲが使っていた罠もハンテと極めて類似するものが多く、原理は同じ圧殺の仕掛けとなっている。毛皮取得が優先する世界観を踏まえて論を進めなければならない(1)。

寒冷のシベリアでは毛皮の確保が生存の確保につながっていたことを強調しなければならない。イラクサ科の植物で繊維を採って布を織る技術は北方民族にもある。しかし、この手間の掛かる仕事はエゾイラクサが豊かに茂るシベリアでも比較的暖かい地域である。タイガの森ではイラクサについての話しを聞くことはなかった。事実、カズィム村周辺にイラクサの群生地はなく、ストイービシェの周りでも、この植物は観られなかった。毛皮こそが寒冷な大地に生きる人々を支える生存の基層であった。

図６　ロヴーシカ
北極狐を獲る罠でＹ字型先端に動物の肉を置いておく。狐はとび上がって前脚をのばしたところに棒の股がありひかかっかってとれなくなる。同じ罠はオロチョンにロンゴと呼ばれるものがある。

ロヴーシカ

ловушка は狐、ここでは北極狐（лиса）を捕る罠である。一〇センチ径、長さ一メートル五〇センチほどの丸太の上部が二股になるよう切れ込みを入れ、尖った先端に動物の肉などを刺して誘き餌とする。北極狐はこの餌を取ろうと跳び上がり、片脚を木の切れ込みに引っかける。すると、立った状態のまま片脚が引っかかり、抜けなくなってしまうのである。

この罠は狐の習性を的確に利用したものである。中国とロシアに広く生活圏を有するエヴェンキ族のオオカミや鼬を捕る罠に竜骨（ロンゴ）と呼ばれる罠がある。これと全く同じ形態を示す[2]。

立木の枝分かれが幹に沿って徐々に広がり、狐が飛び上がって届くところに餌を置き、この餌を取ろうとして木の股に前脚を挟んでしまう、狐を捕る罠もある。

オロチョンもエヴェンキも沿海州からアムールランド、そして大興安嶺の森林地帯に暮らす。東シベリアの森林地帯から、西シベリアのハンテまで、同じ形態の罠が使われている（図６）。

図7　仕掛け弓
斜面に細綱を張る。ここを通る動物が綱を引っ掛けると引き金が外れ弓矢が飛び出す。広くユーラシアから日本のアイヌにまで同じものがある。

仕掛け弓

動物の通り道に仕掛け弓を設置し、動物が綱を引っ掛けることで引き金が外れて弓が飛び出す仕掛け弓は北方民族に共通する飛び道具である。アイヌはクワリと呼び、ヤクートはアキと呼ぶ(3)。

ハンテの仕掛け弓は獣道の側面、斜面上部に設置した。大型の鹿や狐なども捕ったという。弓の先に獣道を横断する細い道糸が張ってある。獣がこの糸を引っ掛けると引き金が外れ、弓が発射される。弓の先端には金属の鏃がはめてある。鉄鏃でマコネドニクと呼ばれ、スムレラと呼ばれるケードル製の棒先に取り付けられた。弓はやはりケードル製で、弦はトナカイの皮から作った綱である。

ユーリーさんの野営地には台座に載

図８　栗鼠捕りの仕掛け弓
栗鼠の巣を樺皮で作って木の股に設けておく。木にのぼってきて穴に入ろうとする栗鼠が仕掛けの矢に触れると、弓で張った棒が落下して、栗鼠を挟む。

った弓があった。持ち運びしながら獣を射る飛び道具であるが、大きさは仕掛け弓と変わらず、この弓の大きさで十分な威力が発揮できたのであろうことを予測した（図７）。

栗鼠捕りの仕掛け弓

　仕掛け弓を栗鼠の隠れ家入り口に仕掛けて棒で挟み捕る道具があった。自然木、二股になったところに白樺の皮で円筒状筒を作ってこの股に設置する。この中には栗鼠を誘き寄せる餌を入れておく。設置したこの隠れ家の入り口に仕掛け弓を設ける。栗鼠が入ると、入り口の楔形木片が外れ、この反動で弓が外れる。間に設置してあるはめ込みの木片で入り口が塞がれ、栗鼠は中に閉じ込められる。これを捕獲する（図８）。

　このように、罠のすべてが毛皮獣捕獲の目的で設置されている。狩猟採集の民だから、動物の肉を捕獲するために罠が出来上がったのであれば、鹿やトナカイなどの大型獣を捕るための施設が必要となるが、そのようなものはなかった。肉が目的であれば、人に馴れているトナカイの何頭かを供給すれば済む。
　つまり、ハンテの罠は、生活に必需となる毛並みの整った獣を自身や家族の軀に巻き付けるために設置されてきていることが推測される。同時に、毛皮の提供を義務づけ、税としたロシアの伝統的経済も考慮しなければならない。

ただ、穴熊はトナカイの仔どもを襲って殺すことがあるといい、このために駆除することがあった。しかし、毛皮は貴重な衣料となっているのである。

三　熊と罠

天上の神、トルムの息子である熊は狩猟の目的が、毛皮や肉の供給であったかといえば、そうではない。神の息子だから、儀礼を施して天にお帰りいただくというのが、ハンテの熊罠設置に対する考え方であるように感じた。しかし、猛獣である。尊崇の気持ちを持ちながら、儀礼を施して肉を食し、毛皮の利用を行っている。

この思惟は、熊祭りをして天にお帰りいただく東日本のマタギの熊儀礼やアイヌのイオマンテとつながる。

実際の熊の捕獲は、現在、鉄砲に頼るようになっているというが、罠で捕る方法がハンテにはある。この罠は二つのタイプが記録できた。

一つは展示施設として作られた罠である。二メートル間隔で平面三角形に生えている立木の場所を選んで、二面を柵で覆い、ここに栂やシベリア松の繁茂した枝を架けて覆う。前面の入り口にはシベリア松の丸太を四段重ねて、この上に長木を吊り上げて熊が入れるようにしておく。囲われた場所の奥には熊の誘き寄せの餌を置き、仕掛け棒が横断している。この仕掛け棒は、外に出ていて、熊が触れると鉤型の要が回転して跳び、圧されていた重りの長木が外れて落下する。熊は軀を挟まれる。激しく抵抗して、この丸太を持ち上げて逃げるものもいるという。熊はその習性から、一気に囲われた部分に軀ごと飛び込むことはない。後ろ脚を入り口の外に残して、伸びをするように前脚で餌を取ろうとする。丸太はちょうど熊の背中から腹部を直撃することになる。スロペッツと呼ぶ罠と原理は同じである。穴熊を捕る小型の罠スロペッツより遥かに規模は大きいが、同じ圧殺罠である（図9）。

タイガの森を案内されたとき、タイガの中に、不自然に丸太を立てかけた場所があった。ユーリーさんに聞くと「メドヴェーチェ」（熊用）だという。熊の罠であった。

細いシベリア松の立木を利用して、ここに添えるようにT字型の梁を渡し、そこに丸太を建てかける。梁は外側で折れやすいように一本の仕掛けを施した立木で支えられている。熊がこの仕掛けの下で休もうとするとき、外側の茸状に幹を削って折れるようになっている材を押すと、梁に建てかけてある材が一斉に崩れ落ち、熊は下敷きになる。

この罠は、熊がこの材の下で休むことを想定して建てていることが予測され、荒れ狂うタイガの自然を避ける場所に設置したものであろう。事実、周りの立木は背が低く二〇メートルに達するようなタイガの森の中に設置されたものではなかった。沼沢地の際、湿地から乾燥するタイガに移る場所にあった。このような場所はトナカイ飼育の野営地に近く、人の生活圏に近い。

ユーリーさんの腰に巻く幅広のトナカイ皮のベルトには、熊の牙が付けられていた。熊に守ってもらっているものとの認識があるのだろう。北方民族の腰のベルトには熊の牙がよく付けられているが、極東のウデゲのシャーマンが付けていたものより、細長い牙であった。ここにも特別な動物としての熊が象徴化されている（図10）。

図9　熊罠

立木３本の間にかくれ家を作り、この奥に餌を置いて熊をおびき寄せる。餌は仕掛け棒になっており、触れると入り口の丸太が落下して熊を挟む。下の写真はタイガの森に設けられた熊の罠。

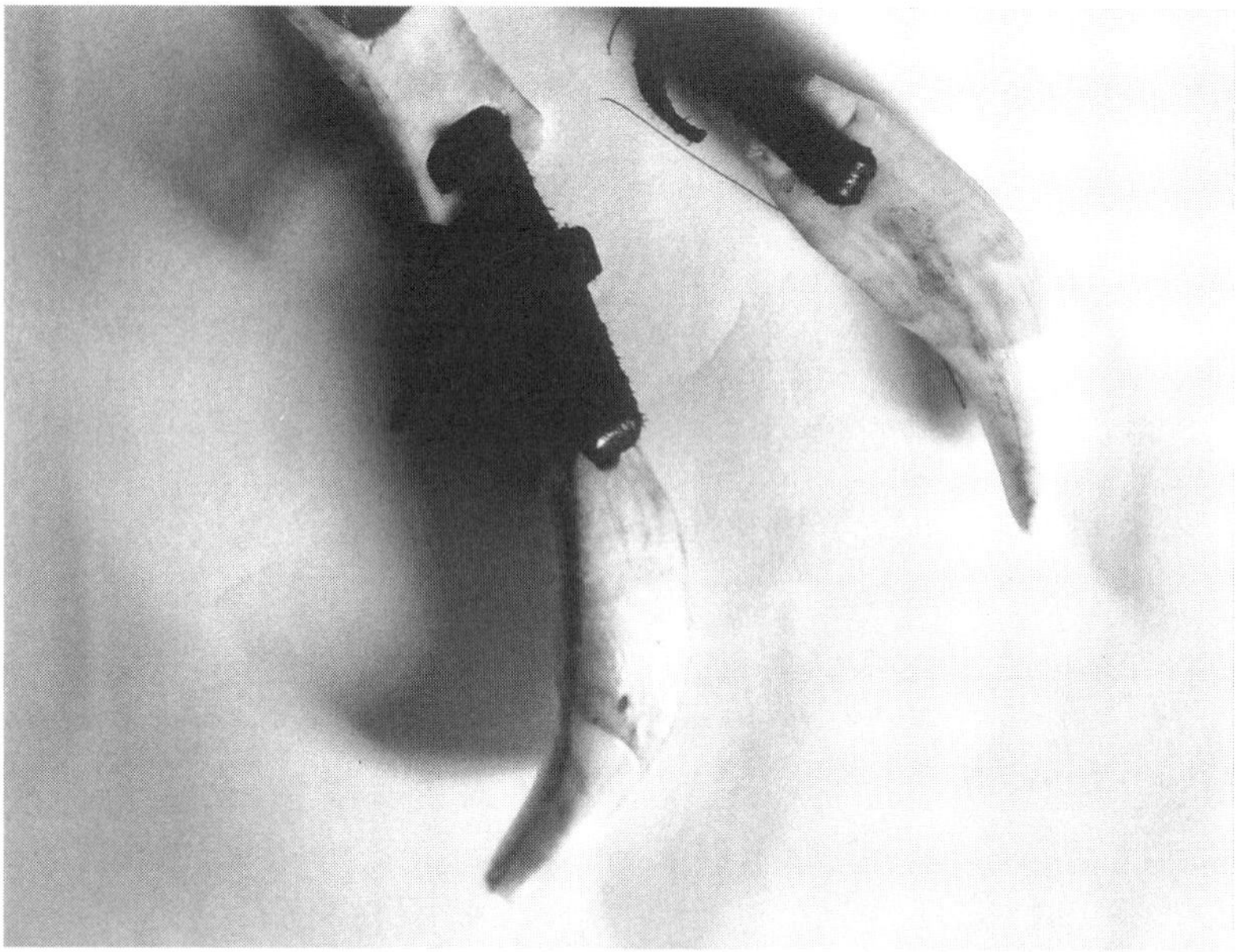

図10　熊の牙
ユーリーさんのベルトに付けられた熊の牙。熊の牙はベルトにつけるのがユーラシアの伝統である。

熊の罠には東日本のオソ（奥三面）やオシ（小玉川）、アラビキ（秋田マタギ）などがある。江戸時代の記録である『日本山海名産図会』には天井釣、ヲシ、ヲス、ヲソとして載っている。長さ二間余りの棚の上に大石二〇荷を置き、これを持ち上げて釣り天井にする。この下に餌を撒き、誘き寄せた熊が仕掛けに触れると天井が落下して熊を圧殺する。日本のオソは奥三面で観察したものを示した。罠の作り方は、ハンテのスロペッツを六基横に並べた状態で作っている大規模なものである。しかし、原理は同じ圧殺罠である。熊が横に逃げないよう、両側に柵を設けて、天井部の石も確実に熊の動きを封じる量にして精巧に作られた。しかも、仕掛けの設置はスロペッツ同様、熊が触れた動作で仕掛けの要が跳ね飛んで、支えている天井部が落下するという一連の流れが類似する。

アジア西端シベリアと、極東の島国という離れた地理的空間に、同様の原理を理解して熊を確保していた人たちの存在をどのように考えればよいのか。

最初に明らかにしておきたいのは、なぜ熊を捕ろうとしたのか、という問題である。東日本では、夏過ぎから秋にかけて、オソで熊を捕った。熊は山の峰伝いに歩き、ここで遊ぶ。移動するときは森の暗い場所をめがけて次の峰に最短距離を取ろうとする。ここがオソを仕掛けるオソ場で、熊の道に沿って柵を設け、この上に釣り天井を上げて仕掛けを張る。オソ場は集落から離れた深山で設置される。つまり、熊の活動範囲に人が出かけていって獲っているのである。集落近くに出て人を脅かしたから捕るというものではない。

ハンテも同様に、タイガの森の奥深く熊の活動範囲の場所に罠を仕掛けている。しかも、熊が深いタイガから森が切れたバロータを横切るであろう場所に設置してあったという事実は、日本のオソ場と同じ、熊の行動様式に沿った方法であった。

そして、重要なことは熊を尊敬すべき自然界の優越者として、人智の限りを尽くして罠を設置していたことである。小池善茂は奥三面に生きた山人である。オソ場を受け継ぐ一三軒の村の重立ちの一人であった。オソ場を設置する際、熊が動くであろう峰と峰の間を見抜く力量が必要であった。次に、設置する柵を近くの山から調達するが、杭はその太さと反りに癖がある。これを結束して柵とする仕事は、入り口の内側に膨らんだ構造から、出口の外側に広がる構造まで、腕の見せ所とされた。天井に載せる石も、家からオソ場に通う日々の中で、途中で拾って集めたものである。自然に逆らわない方法でオソを組み立てていかなければ熊は決して入らない。オソが完成しても、人の匂いが消えるまでに数週間、雨風に打たれる必要があった。

タイガの中にあった罠を観たとき、丸太を建てかけたものを熊が押して崩れるまでには、少なくとも二年以上の時がたっていることが推測された。木が朽ち始めている。罠を仕掛けて数年で一頭捕れるかどうかという自然界の時間に沿った仕事が垣間みられる。

ハンテは熊が天上の最高神トルムの息子であることから、肉は特別な禁忌を踏まえた儀礼を経て食した。奥三面では毛皮と胆嚢（クマノイ）が高い商品価値を持ち、商いされた。肉は各家で食されている。

熊に関するお互いの類似性は、ユーラシア大陸北部に共通した思惟の集りがある。熊を取得しようとする願い、罠の設置方法の類似性、特別な食べ方、など共通する事例がタイガの森を中心に、ここからほとばしり出るように周辺部に広がる。

四　ハンテの水上移動技術

カズィム村はカズィム川沿いに立地する。タイガにキャンプ生活していた家族などが集住して村を作った。航空写真で確認すると、村は飛行場からパイプラインで結ばれた陸路でつながっているが、他の都市と陸路でつながっている事実はない。ツンドラとタイガの織りなす水上交通の要に単独で村が立地するのである。

この事実は、北極圏に近い村々では普通に観られる形態である。水上交通によって拠点を設け、ここと他の村をつなぐ。ハンテ人の経済活動に水上交通が重要な意味を持っていたことについて、レーヴィンとポタポフは次のように解説している(4)。

ハンテ人の経済基盤となる河川漁業は、彼らの水上交通機関の発達をもたらした。おそらくそれ故、ハンテ民族の間に、一方で多種多様な舟が観られ、他方ではオビ川流域にのみ固有の、はっきりと確立したスタイルの舟が観られるのであろう。

ツンドラが凍結してトナカイの橇で自由に移動できる冬期間は、経済生産の活動が交易に頼る期間である。ところが、沼沢地がぬかるみ、陸上移動に支障を来す夏を中心とする時期は、食糧の生産や保存活動に最も力の入る時期である。ハンテ人にとって、夏の経済活動は極めて重要で、この時期の活動が冬を越すのに必需の期間となる。舟で川に行き、刺し網で魚を大量に確保する。これを二匹ずつ尾鰭で縛り、棹に差して乾燥保存する。冬の貴重な食糧となる。

舟はオブラスと呼ばれる一人乗りの丸木舟とカルダンカと呼ばれる板を接ぎ合わせて作られる綴じ舟があった。ハンテ人の舟を作る技術は、オビ川流域では確立した固有のものとされている。

丸木舟のオブラス（обласс）（図11－1右）

シベリアに特徴的な丸木舟は全長五メートル、一人乗り、シングルとダブルブレードパドル併用、舳艫を尖らせた両頭式、という特徴のあることをここ数年の調査で明らかにしてきた(5)。

この特徴が導かれた理由のかなりの部分が生業用途に帰せられていることが多い。小型丸木舟はカモ狩り用、中型は漁撈用、そして大型は移動用、という分類である。

オブラスはハンテ民族すべてのグループに固有の舟であったという。ヴァフ川、スルグート川、ヴァシユガン川流域に住むハンテの人々にとっては、唯一の水上交通手段であった。

舟の全長四～七メートル、幅〇・五～〇・九メートル、複数の船梁を入れて強度を保った。舟の材質はシベリア松、西洋白柳などが使われるが、カズィム村ではシベリア松の大木を使っていた。舷側の高さよりも船首と船尾の高さが跳ね上がる形態はハンテ人のオブラスに特徴的である。極東のウデゲや中央シベリアのブリヤートではこのように舳艫を跳ね上げた形態の一人乗りシベリア型北方船はない。

しかも、この丸木舟の特徴的な形を作る高度な技を保持していたのは、専門の舟大工であったという。ハンテ人のオブラスは、船底の板の厚さや舷側の厚さが一枚の板に設計図として示されている。二〇×三〇センチの厚板には、径五ミリの穴がびっしり開けた状態になっていて、各穴の深さは、船の各所の板厚を示す。一枚の設計図を意味する板には、穿たれた穴がびっしり配置されている。右側に舳先の板厚を示す穴の列が縦に並び、左側には船の胴部の板厚を示す穴が縦に掘られている（図11－2）。

舟大工は、鉞とケーラと呼ばれるロシア式のチョウナで、設計板の深さに板厚を合わせて刳っていく。最も薄い所で一・五センチ弱、厚い所でも二センチである。ケーラの研ぎ方等、かなりの熟練を要する見事な仕事である（図11－3）。

丸木舟は一〇〇年ほど経過したシベリア松の、末口五〇センチであれば製作が可能であることがみて取れた。

ハンテ人のオブラスの特徴は、シベリア型の一人乗り両頭式船型をもつ舟のなかでも、特に舳先と艫が跳ね上がっていることである。推進にはシングルブレードパドルを使用し、推進方向に向かって櫂で舷側の両側の水面を交互に掻く。

一人乗りの丸木舟がシベリアでは広く使われるが、一人で狩猟や漁撈が行われてきた、生業形態が反映している。オブラスを使って狩り場に行き、水鳥を捕ったり、刺し網で大量の魚を捕るなどの生業が広く行われてきた。

銀鱗魚は、モルダと呼ばれる筌でも捕られていることは記したが、川にいるものは、刺し網で捕られてきた。二〇センチほどに成長して肉付きのよい体型は鯉や鮒の近似種であろうことが推測される。頭と内臓を取って二匹ずつ尾鰭で重ねて縛り、棹に差して乾燥させておけば、冬期の食糧となる。川には夥しい数の魚がいて、人の生存を保障する食糧となってきた。

シシューカと呼ばれるカワカマスは成長すると一メートルを超える大魚となる。肉食で他の小魚を捕って食べる。シシューカのトナカイ製釣り針を記録した（三章）が、銀鱗魚の生魚を丸呑みするという。肉付きもよく、白身で盛んに食べられている。魚皮は厚く、鞴の皮となっていた。冬期間、カズィム川の氷を割ってこの下にじっとしているシシューカを捕る氷下漁も盛んに行われてきた。氷下漁は氷の一カ所に穴を開け、ここから袋網を降ろしてじっとしているシシューカを浚い捕る漁である。

カルダンカ(калданка)

ハンテ民族の小舟には、カルダンカと呼ばれる接ぎ舟（板合わせ船）があった。カズィム村には二艘（二種類）のカルダンカがあった。綴じ舟の板合わせ舟と、舷側板を四枚、鎧張り（clinker）にした北方船である。板の接合に植物繊維を使った綴じ舟と板同士を鉄釘（リベット）で接合した板船である。

綴じ舟のカルダンカ（図11－1左）

刳られた瞳型の厚板を船底材とする。側面に側板を建てて舟を造る方法は、最も原初的な造船技術の一

図11－１
左、カルダンカ（綴じ舟）。右、オブラス

つである。船底材と舷側板をつなぐのは、植物繊維であることが多いが、ハンテ族はケードル（繁茂するシベリア松）の根を使った。船底材も舷側板もシベリア松で造られることが多く、すべての素材を自らの生活範囲で確保する。

舟大工は船底材上面を鉞とケーラで刳る（図11－3）。舷側板は船底材の側面の長さに合わせて長台形に二枚作り、上部を広げながら舳艫で交わるように船底材を挟む。船底材と舷側板の接合は、等間隔に、赤く熱した鉄の棒で両方に穴を開け、ここにケードルの根を紐として通しながら接合して綴じていく。綴じ紐となるケードルの根は、繁茂する木の根周辺を棒で引っ掻き、絡まってくる細い根をたぐって紐となる部分を巻き取っていく。太さが均一の部分が紐となる。この根は引っ張りに強く、柔軟性があり、水に浸かっても過度に膨張しない。優れた紐として、使われている。筌（モルダ）もこの根を紐として使って組み上げている。

綴じ舟では板の接合面からの水漏れが心配されるが、ここでも、ケードルの樹脂（松脂）を塗って防いだ（図11－4）。

オブラスより小さな四メートル強の一人乗り舟である。推進にはシングルブレードパドルを使って移動

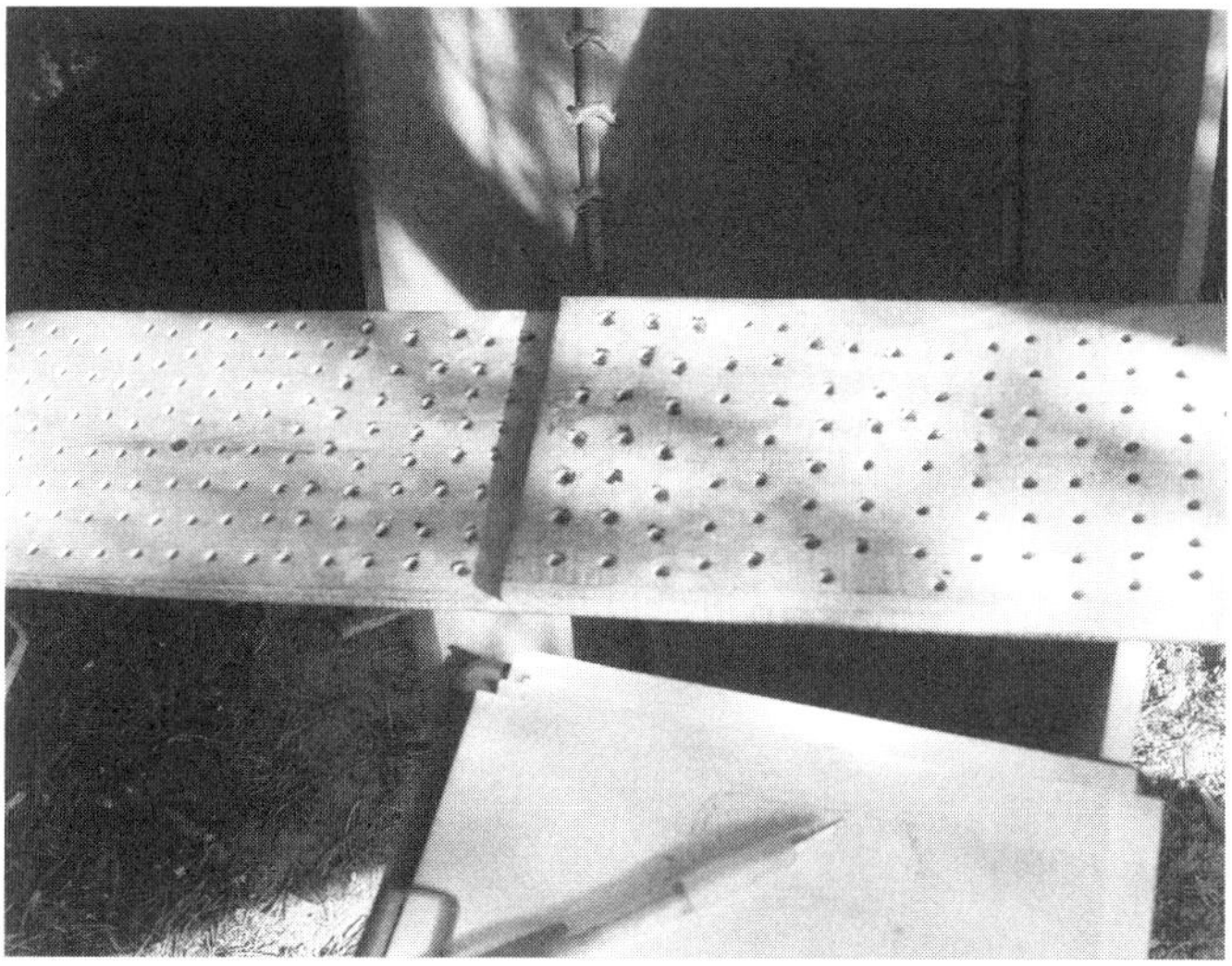

図11－２
オブラスの舟の設計板。各穴はそれぞれの箇所の板厚を示す

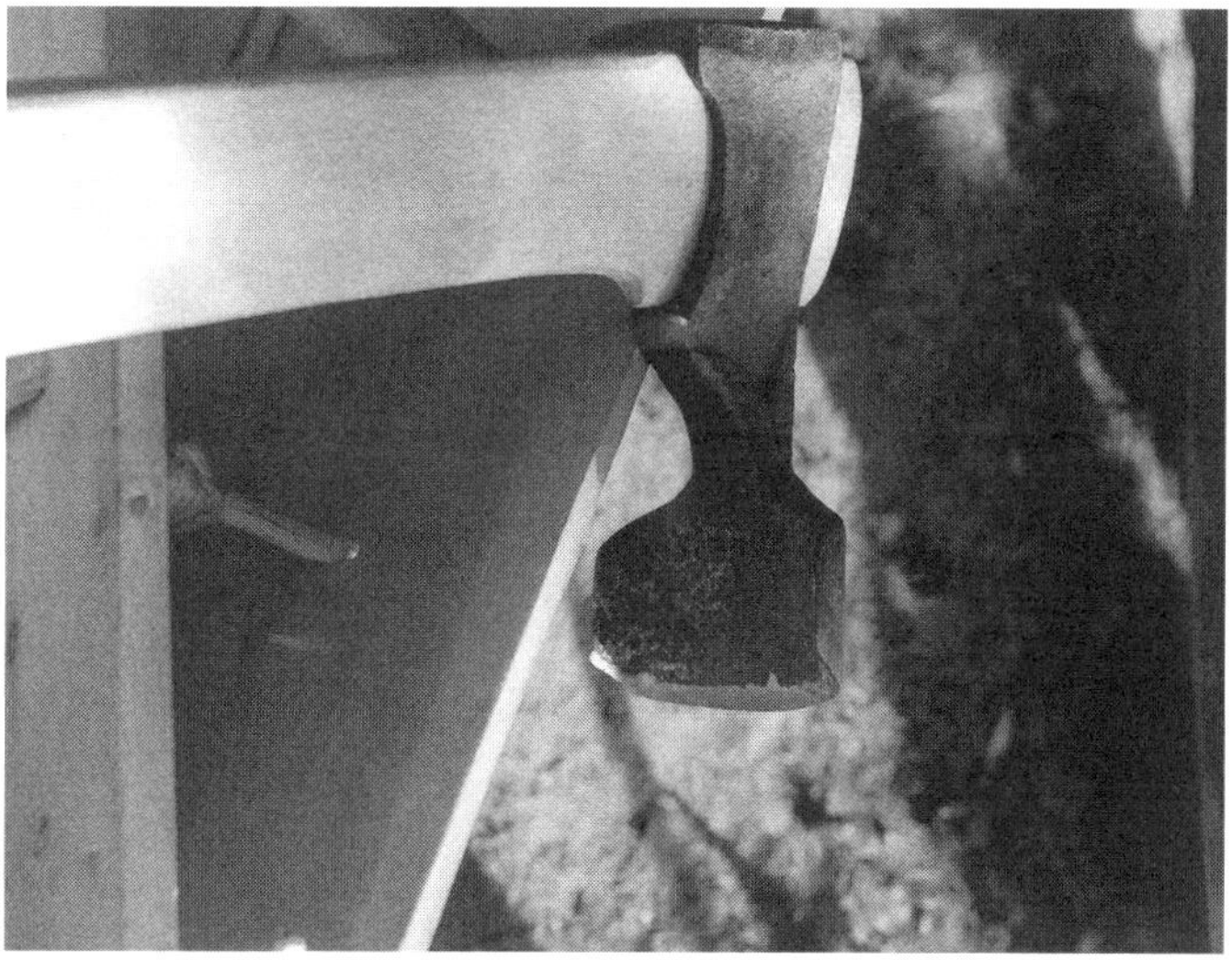

図11－３　刳る道具ケーラ

図11－5　丸木舟、オブラス

図11－4　綴じ舟、カルダンカ

図11－6　オブラスの舳先

図11－7
綴じ舟を操る。シングルブレードパドルで漕ぐ。

し、狩りや漁撈に使った。カズィム村の野外博物館では、カルダンカに乗って推進する状態を説明してくれたが、舟が軽く、どこにでも行ける軽快さが特徴であることが分かった。オブラスとカルダンカ（綴じ舟）の使用には、移動を主目的に生業にも利用してきた丸木舟のオブラス（図11－5・6）と、タイガの森で一人で狩りや漁撈を行うカルダンカ（図11－7）の違いが用途の違いとなってきたことが推測される。

水路が縦横に走り、低湿のバロータが続くこの地では、水路を辿って後すぐに歩き、また水路を辿るという交互の動きを繰り返す場所が多い。このような所では、五メートルに満たない、軽い舟を一人の人間が乗ったり、引きずったりして移動することになる。何よりも大人一人が持って移動できる舟なのである。一人乗りのカルダンカは、このような行動形態のところで重宝された。

板船のカルダンカ（図12）

舷側板を船底材から四枚、鎧張りに建ち上げて構成し、一本の材で舳先を尖らせ、艫は戸《と》立《だて》造りにした板船がハンテの人々に使われてきた。カルダンカの名称は綴じ舟と同様であるが、板を接ぎ合わせて造った船として、同じ範疇に入れた船であろうことが推測された。というのは、船の大型化をする場合、一人乗りの丸木舟から舷側板を建ち上げていく造船工程が必要になる。この時、下の船底材と接合面を共有して板の建ち上げを行う。鎧張り（clinker-build）は、下の材の上辺部外側に建ち上げる舷側板を当てて、材を固定する方法であるが、この接合の仕方には、二種類の方法が知られていた。一つが平板張り（carvel-build）という、板の切断面同士をつなぐ技術で、地中海を中心とする南方で発達してきた。一方、板を鎧張りにする技術は北方で定着していた技術で、北方船と呼ばれる。ヨーロッパ造船史では、「一五世紀に北方船と南方船の技術が交わり、大航海時代を拓いた」とする口碑がある。頑丈な船体構造の北方船と、

図12　板船のカルダンカ

軽快な動きの出来る南方船の技術の交わりが大航海時代を導いたというのである。

カズィム村で板船のカルダンカをはじめて観たとき、日本のサンパ船と外形がよく似ていることに驚かされた。一本水押の舳先に戸立造りの艫、船の外郭曲線は偏った瞳型である。共通する外形の中で、唯一、船側板の鎧張りが特徴として目立った。

船を大型化する必要に迫られたのは、移動に伴う人々の交流や搬送物資の量の拡大など、時代を超えて人が集うという背景がある。オブラスではこなし得ない多くの用途を、船の大型化によって対処していく歴史が潜む。

事実この船には、一〇人以上の人を乗せて移動することができ、これに伴って多くの人が漕ぎ手となってパドルを漕ぐことで長距離の移動を可能にした。

全長一二メートル、最大幅四メートルの板船は、波のたつオビ川本流でも稼働できたことが推測できる。舳先を高くあげ、艫も高くした船体の形から、凌波性に優れていることがみて取れる。丸木舟のオブラスも、シベリアの丸木舟の中では最も舳艫の高さを上げている特徴を指摘したが、いずれも、凌波性への対処の側面を見ることができる。ハンテ・マンシの人たちの活動域では、風が強く波立つ場所の多いことを意味している。

船の材はシベリア松で造られている。船底と舷側板を留める船内部に入れる補強材は自然木の曲がりを利用したもので、鎧張りの舷側板を内側から支える。

操船技術で特に注目されるのは、ダブルカヌーのように、二艘の船を並列して並べ、この上に材を渡して二艘を組む方法が広く行われていたことである。この方法は、船の転覆を防ぐ。嵐の中で二艘をつなぎ合わせることで筏のようにして難を逃れる操船方法である。

カズィム川を就航するときにもこの方法で船を舫いにしたことがあるといい、一般的に使われていたことが分かっている。厳しい自然の中で、舫うことによって助け合う操船技術の確立は、タイガの民の中で生きていた。

註

（1）A・F・スタルツェフ著、森本和男訳「ウデへの狩猟活動と狩猟習俗」佐藤宏之編『ロシア狩猟文化誌』慶友社　一九九八年。

（2）『内蒙古自治区編輯組編』一九八六年。（卡麗娜「エヴェンキとオロチョンの伝統的狩猟」『国立民族学博物館研究報告』三六　二〇一二年。

（3）萱野茂『アイヌの民具』すずさわ書店　一九七八年。

（4）М.Г.Левин и Л.П.Потапов『Атлас Сибири』АН СССР,Москва, 1961

（5）赤羽正春『樹海の民』法政大学出版局　二〇一一年。「シベリア型北方船の系譜」『神奈川大学国際常民文化研究機構　年報三』二〇一二年。「大陸で育まれた北方船技術の伝播」『神奈川大学国際常民文化研究機構　年報四』二〇一三年。

第三章　シベリアへとつながる漁撈技術

池田哲夫

はじめに

「大陸に一番近いのは、日本海沿岸ではなかったのか」と考えるようになったのは、漁具・漁法の技術移動や漁村に興味を持ちはじめた三〇年前のことであった。その後、網野善彦氏の講演をお聞きする機会があったが、氏は逆さ日本地図を示され、日本海沿岸と大陸との交通の関係をお話しされた。その講演記録は「海から見た佐渡――島・ムラの再考」に収められているが、思わず海民のダイナミックな動きに漁師の姿を投影したことを覚えている。

日本地図を逆さにすれば、海に隔てられているとはいえ、大陸により近いのは日本海沿岸地域と朝鮮半島であろう。海があることで、そこを生業の場にした人びとの動きがある。従来は、大陸から日本列島への伝播や大陸と列島の持つ文化の類似性が論じられることが多かったが、逆に日本列島から大陸や半島へ伝えられることはなかったのであろうか（もちろん半島を経由して大陸へ伝わる可能性もある）。

こうした疑問を抱えながら、一九八〇年代から韓国の漁村を歩くたびに、日本との関わりを考えている。

本稿では、以下、日本からの影響と思われる漁具・漁法の移動の例として、スルメイカ釣具を取りあげ報告したい。

スルメイカ釣具

スルメイカ釣具が機械化されるのは一九五〇（昭和二五）年代以降のことであるが、それまでは手で釣り上げるイカ釣具が使用された。使用されたイカ釣具（佐渡式イカ釣具）は、江戸時代後期に佐渡島で開発されたものとされ、回游するイカの群れの深さに応じて使い分ける釣具を扱う釣獲技術には卓越したものがあった。その漁具と技術は明治時代以降、とくに日本海沿岸地域を中心に北海道から対馬まで、スルメイカのいる沿岸地域へ急速に技術移動をしていく〔池田　二〇〇四〕

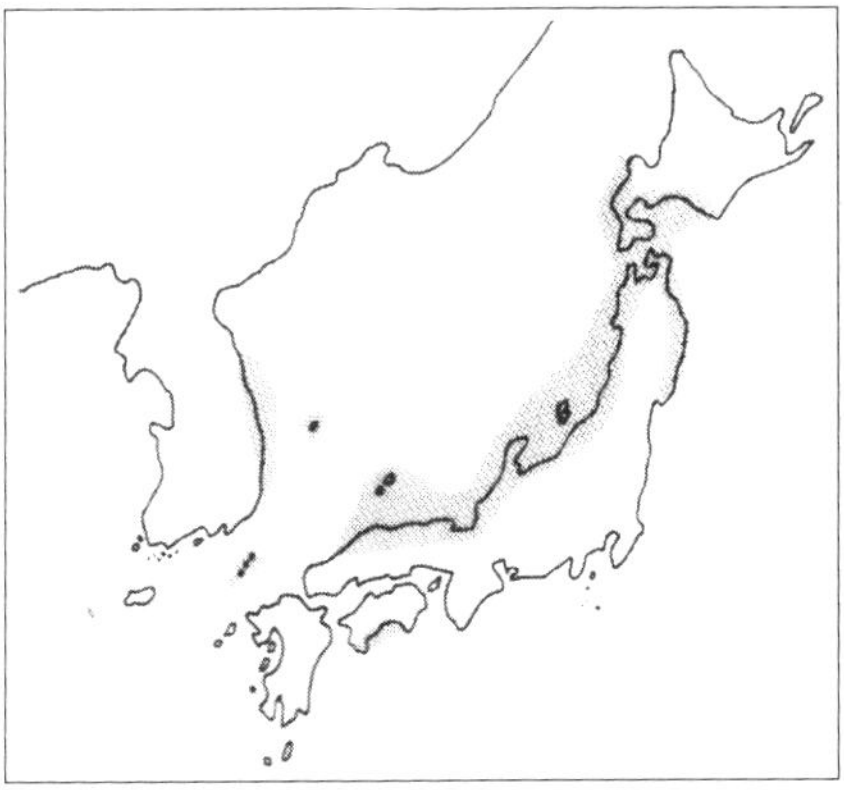

図１　佐渡式イカ釣具の分布する地域

韓国東海でのイカ漁――隠岐島から韓国鬱陵島へ

佐渡式イカ釣具は、日本海を南下しても伝えられた。島根県・隠岐《おき》島のイカ釣具も江戸時代末期に隠岐島の西郷港の漁師が佐渡で伝習してきて伝えられものとされる〔日本学士院日本科学史刊行会、一九五九〕。隠岐島のイカ釣具も佐渡式イカ釣具と同様にイカの回游する深さに応じて使い分ける三種のイカ釣具を使用していた。ゴンガラ（ガガラ）は竹または

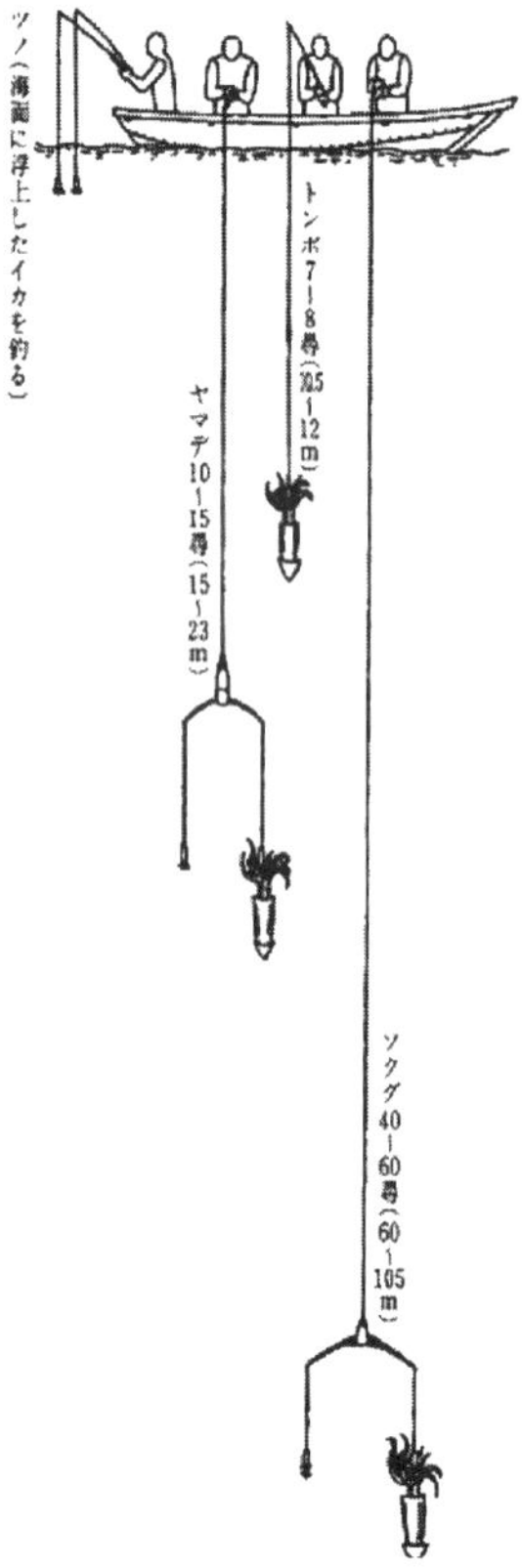

図2　佐渡式イカ釣具の使い方

鉄の棒の先に錨状の鉤をつけて棒（芯）の部分に一晩乾したイカを巻き付けてハンジキやフタマタに取り付けて使う。海面近くに浮上しているイカはハンジキで釣った。ハンジキは二尺三寸（六九センチメートル）位の長さのメダケの竹竿にそれとほぼ同じ長さの釣糸を付け、その先にゴンガラを取り付けた。

フタマタは四〇尋（六〇メートル）位の深さにいるイカを釣るのに使用したもので、鉛製で前後に動くように又を作り、そこにクジラの髭や竹あるいはワタタ（マタタビ）と呼ぶ柔軟性のある細い木を取り付けその先にゴンガラを付けてイカを釣った。これは佐渡のソクグと同類のもので、海底近くにいるイカを釣った。トンボは七～一五尋（一〇・五～二二・五メートル）の深さにいるイカを擬餌針を用いて釣るものであるが、これは大正頃[1]から用いられた。隠岐のイカ釣具は韓国の東海岸（日本海側）へも隠岐島の漁師によって技術移動された。イカの群れを追った隠岐島の漁師は、韓国でもスルメイカの島として知られる日本海上に位置する鬱陵《うつりょう》島に出漁する漁師が多くいた。以下に隠岐島から出漁していった漁民の話を記す。

話者の故田畑清次は隠岐郡海士《あま》町に住んでいた。一九一一（明治四四）年に韓国慶尚北道・鬱陵島に生まれ、太平洋戦争後隠岐島に引き揚げるまで鬱陵島で下駄の製造とイカ漁で生計をたてて過ごした。韓国で鬱陵島は日本海（東海）におけるスルメイカ漁の漁場として著名であるが、田畑の語りからはイカ釣漁のためにかなりの漁民が隠岐島からそこへ移住し、終戦後日本人の引揚げた後は韓国人の手によりイカ釣漁が行われるようになった過程がわかる。日本からの技術移動の事例である。

①韓国鬱陵島への移住

鬱陵島というところはな、だいたい半島の北のほうから来たもんが住んだもんだ。結局、隠岐の者より韓国人の方が人口が多かった。島はこまい（小さい）けどな。島がこまいゆうても、だいたい島前（隠岐の海士・知部・西ノ島の各町村）全部合わせた位の周囲がある。周囲は一二里、島後の方は西郷の方が一八里とゆうけんな。まあ、西郷はこっちから見たら大きいですわ。島前全部合わせた位が鬱陵島の面積だと思う。

あの時分（太平洋戦争前）は韓国人がよけいおって、日本人は千人位しかおらなかった。日本人はたいてい巡査や役場に勤めておる人、そして我々のようにイカとりをしておる者が多かった。鬱陵島には桐の木がよけいあるけんな、私は終戦当時イカ釣りと下駄屋をしておった。そこでは鬱陵島全体の桐の木を私以外もらえない（伐れない）という証明を貰っていた。慶尚北道から鬱陵島へ行って、そこの島長みたいな人に頼んで証明を出してもらった。そんな時分は山口県の萩からも桐の木を買いにきおった。それを食い止めるために私が許可を貰ってな。

これは道洞《とうどん》という港で、いまはビルができてバスが通っておるだよ。私らが戻った（引き揚げた）ころ

写真１　イカ漁期の道洞港（『韓国水産史　第二輯より）

には自転車一台おらんかったよ。イカは韓国にもおらんようになったというよ。こんな船はみんなイカとり船だ。ここが鬱陵島で一番いいところになっておるわね（現在）。これは大漁時分に写したものだな。

私は鬱陵島で（一九一一年に）生まれた。私の姉もおったし、いまは死んだけどな。私の父が鬱陵島へ行った。鬱陵島はほとんどの人が隠岐の国から行ったんで、そんな人はほとんどイカとりをやっておった。親父が鬱陵島へ行ったのは（年代は）はっきりわからんが、日露戦争のころにはすでにおったという。このころから日本人が多く住み着くようになったな。うちの親父達は船の船頭もしておったので、鬱陵島とは行ったり来たりしておった。鬱陵島は生活が安定していていいからおろうか（住もうか）というので、（隠岐から）じゃんじゃん（船に）乗っていった。安定がいいというのは、食うに困らんからな。その時分隠岐の国あたりではな、米ができるゆうたら稲を刈る時季は薄氷がはる時分になったらしい。（稲のできるのが）遅くてな。いま時分は早いがな。その時分にも海士には広い田があった。親父もこの隠岐神社の所（横）におったが、キンタマひこずりひこずり、あの氷のはった田の中へ入って稲刈りした。

米作りせんでも韓国はなんぼでも米ができるだし（手に入るので）、生活にも困らんし、ここ（鬱陵島）の方がいいだと。こっちから行ったもんも漁業やる者はやる、月給とりやる者はやる。が、ほとんどは漁業だわな。それについて、いろいろな商売人が住みついたな。親父はあまりイカとりはやらんかったが、石垣積みだとかいろいろ商売が好きでやりおったな。特にタバコはいまのように専売制でなかったから、鬱陵島でタバコの葉を機械で切って巻きタバコにして売りおったらしい。

それから、大昔から伐ってあった白檀《びゃくだん》とか栂《つが》とか欅とかの大木の伐り株が腐らずに残っておって、それを板に挽いて十三道（朝鮮半島）の刑務所へ送っておったときが親父の最盛期だった。その板は木挽きが挽いたが、木挽きは隠岐からもたくさん行った。

鬱陵島の両方の山には白檀がたくさんあった。高さが三丈も四丈もあるすごい崖で、白檀ばかりだった。そこの谷底に家があって、そこに住んでおった。

（自分は）韓国本土の大邱《てぐ》にもおったけんな。鬱陵島におって高等小学校を出て、それから大邱に行って店の小僧をやっておったが、親父が鬱陵島には桐の木がたくさん植えとるから、お前は下駄屋になった方がいいというて、そんならゆうて親戚を頼って下関へ行って三年位下駄作りを習って、それから鬱陵島へ帰ったが、鬱陵島では漁業が本職だったけんな。漁業にも出ないようになったら（スルメイカ漁が主で、その漁期が終ると）下駄の方をやるようにしていた。

下駄は二一歳のころからやっていた。下駄を作るには桐の木をよそから回さん（運搬）なんが。そした

写真2　下駄の作業所

ら船も持っており、機関長もやれば船長もやった。自分の桐の木を家のある道洞へ回さんならんじゃけん。船があったから漁業もやるし下駄もやった。

②イカ漁

イカはシマメイカ（スルメイカの方言）、冬はケンサキイカをとったがほとんどシマメだった。イカは日暮頃に「カー」とやって来るけんね。その日暮にやって来るやつはとってすぐ戻ってきた。すぐ戻ってこんと港がようないだけんに（船を）修羅《しゅら》ゆうて（椿やモミジ、欅などの堅い木で作った）コロを置いて、船をまくり出していちいち（海へ）降ろすわね。だから降ろしたら風が吹いて波が太くなったら困るが、だから前もって戻ってきておった。そんなころはいまと違って天気予報もあ

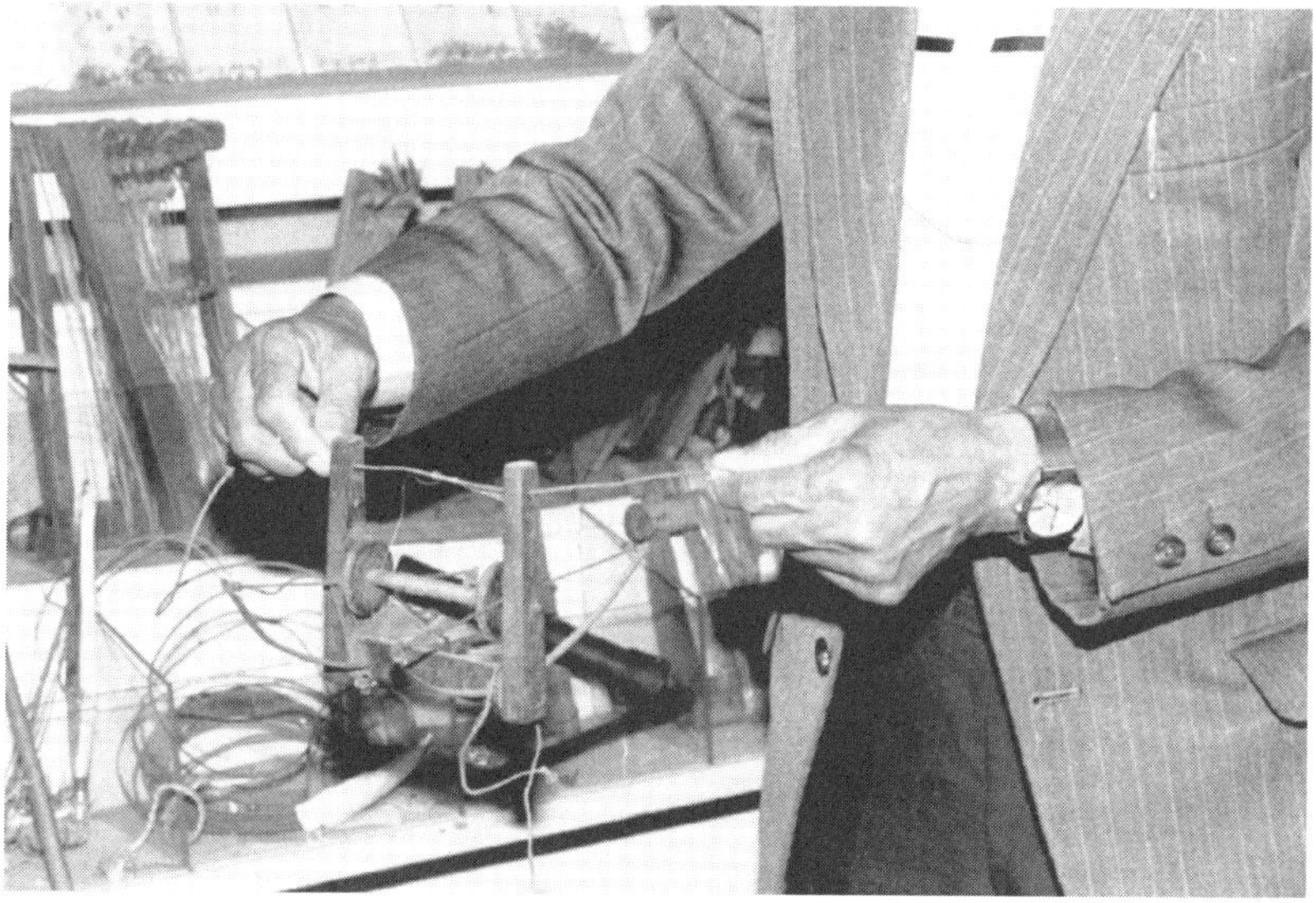

写真3　マキナワ制作用具

らせんしな。

　イカはツユイカゆうて六月からだな（漁獲期）。それから八月まで続いてこれは夏イカだな。それから秋イカが九月から一〇月末までな。今度一二月から冬イカ。一月に何回かは時化るから出る日数は少なかったわな。イカは道洞から機械船で三〇分から一時間位行くとそこにとる場所があった。船は三～五トン位の船だった。夕方五時～六時ごろ鬱陵島を出て朝までおる日と、少し早く帰る日とがあったが、どうでもこうでも日暮のイカはとりおったわね。とったらそれで相当儲けがあるだけんな。あのころ、イカを釣る道具は北海道から「トンボ」いうのが来おった。それに使う糸は、「マキナワ」いうて西郷（島後）の仲谷が出しおった。マキナワがなかったら（漁が）できんかったけん。ほかの糸では伸び縮みがあってな。イカが食ったか食わんか分からん。マキナワゆうのが一番いい。それは紐の上にまたずっと糸が巻いてあった。

写真4　ハンジキ

そしたら伸び縮みがないからな、イカが来たのが（食い付いたのが）すぐ分かりが早いが。イカ道具はな、針や何かは北海道から取り寄せる。マキナワは西郷の仲谷が出した。仲谷はまた二《ふた》又《また》ゆうて鉛でこしらえて、そこに鯨の髭を切ったやつを付けて、そこの先にテグスがついとる。ゴンガラには生イカを巻いた。これは仲谷が専売特許をとっており潮が速くても使えた。これは二又ゆうて重たいんだ。潮が速いときには、船がアンカーをおいといたら（錨を下げておいたら）、潮が速くてもそいつは目方が重いからイカがとれるが。イカがとれんときには休んどって潮がたるんでからとる。そいつは仲谷が専売特許取っとったけ。そうするとマキナワゆうのがないと、普通のやつでは三〇尋四〇尋やったら引っ張ったとき、イカが食っただか食わんだか分からんからな。ところがマキナワだったらぱっと分かる。延びがないからな。はあ一匹きた二匹きたみんな分かる。

北海道のはな、トンボといって、やっぱりこんなんでも錘は唐津（磁器）でできておって、鉄のこれ（弦）があってそこんとこにゴンガラがあった。こいつは偽物の餌で黒い糸を巻いてあった。これは北海道からほとんど来た。せいぜい二〇尋位の浅いところでとるからこいつは勝負が早かった。

二又は四〇～八〇尋でもとれる。二又は闇夜に、トンボは月夜に使う。そうするとこいつ（トンボ）は早いから、チャチャチャとやったら水の中で燐のように光るからな。そいつにイカが飛びついた。こいつは来たらタッタッと早いがね。餌（偽餌）が光るだ。そいつを引っ張るときに燐光を出すわけだ。こいつは深くやってもつく。

宵にはイカ自体が浮いてくるからトンボでやるわね。それから闇の時分には二叉でゴンガラにイカの餌をつけてイカを引っ張りあげるけんな。そいつについて下にいるイカが浮いてくるけん。それが夜一《よいち》というて、夕方日暮時分にイカの大部隊が上がってくるだ。

だきん、まだ二叉で（イカが）来たぞといって上げているのに、イカ自体がワーと上へ来るけんね。「オー、イカが浮いてきたぞ。大事なことになったぞ。たら餌の分はおいといて今度はトンボだ」。トンボやったら五尋七尋一〇尋でもターと勝負が早いけん。

それでまだ早いとき（イカが浮いているとき）は、ハンジキというて竹の先に餌をつけておいて交互に上げるわけだ。これはイカが水面カツカツに泳いどるから、これはまた（捕獲するのが）早いわね。ハンジキにはかなわん。

夕方、日が落ちるころ漁場へ行く。イカが夜一ゆうて宵の一番だけんな（日没直後に釣れるイカ）。それから夜中に来るのは星出《ほしので》とか月出《つきので》という。星の入るのと月の入るのとがある。それから朝一《あさいち》ゆうて朝の四時ころ大星が出るわね。これが朝一だ。ところがこの朝一ゆうのは、隠岐では私が鬱陵島から戻ってやり始めてからみんなが真似をしてやるようになった。それまで隠岐の人は朝一を知らなかった。朝一は東に色がつくかつかないか（夜明け直前）というころに（イカが）やって来る。いままでイカがおらんのにおるようになった。おかしいなと思って時計を見るとたいてい四時か五時時分だな。それから夜が明けるまでイカがおる。そんなのは私が鬱陵島から戻ってきてやるようになった。それで隠岐の人も分かるようになった。

それまで隠岐の人は宵にとったら後はおりやぁせんといっていた。夜一が済んだら一通りイカはおらんけれども、こんだ後から出てくる。出てくるのは星が入るとき、月が出るとこ入るとこ。これはイカが自由自在にやって来る。そいで私の船には不寝番をおくだな。八トン以上三〇トンくらいまでの船だったら八人位乗るからな。一時間交替で不寝番をたてた。イカが来たら皆起こさせた。

鬱陵島では漁場へ着くとまず二叉を使って八〇尋位入れて、イカが来始めると二叉をそろそろ上げる。そうするとイカの大部隊がワーと上へ浮いてくる。そうするとトンボでやる。まだまだ浮いてきたらハンジキでとった。ハンジキは上げたらすぐとれるだけん。ハンジキは三尺から四尺位の長さだった。竹の竿に一メートル位のテグスをつけ、イカの身をつけたゴンガラをつけた。最初のイカは水面でチョポチョポとしとったらボーと飛びついてくる。ゴンガラに下から脚広げて抱きつくから、その状態から今夜は上におるか下におるか分かる。

ハンジキは毎晩二本用意してあるだけん。船縁に肘をついてとって上げる。素人はイカがクックククックしゃばっとっても、両方一緒に上げるけんね。両方一緒に上げたらいけんだと。お前の下にはイカがおるだから一匹とってはじいてこれを（船へ取り）入れる。そのときイカのかかっている一方を遊ばせとく。今度ははずした一方を入れ、かかっている（遊ばせている）もう一方を上げるというふうに交互に入れてやる。それを早くやる。これだと二〇連でも三〇連（一連は二〇匹）でも一ぺんでとるわね。そしたらイカが一ぺんにサーと逃げたらな、そんな日にはイカがよけいおるんだけん下には。

今度はしばらくトンボでやって、一時休む。そんとき夕飯を食う。夕飯食ってやっぱりあたりにおったらトンボで釣る。これは闇夜でも月夜でもいい。ところが月夜になったら本当にこれはいいんだ（よく釣れた）。ガッとしやばったらジャジャジャジャと燐光が光っとるけんな。ザッとイカが飛びつく。ハンジキは一匹ずつでもよいから、速くやれではない。下のイカを逃がさんために、パッと引っ掛けておいて遊ばせておいて、その間にもう片方をはずして入れてやる。下のイカを逃がさんということを考えんとな。両方一緒に上げたら下に逃げるわね。今度サブイテ（釣り糸を上下にしゃくって）イカが来たらそれを逃がさんように交互に使う。

二又にはクジラの髭をつけた。これは水の中に入ったら柔らかいが。絶対に折れんがけん。クジラの髭は二尺二、三寸位だったな。その先に三尺位のテグスをつけた。これも二匹一緒に釣り上げるのは難しい。初め一匹ついたらチャチャチャと三尋位サササと上げて、後は休む。休んだときもう片方が来るわね。イカが来んときにはサッサと上げてしまっとったらパッとっくわね。イカには連れがおるから、一匹かかったらサッサッサ、グーと上げるとイカがびっくりして後から追っかけてくる。そいつがパッと抱きつくじやけんね。そしたら上げる。イカをとるには（イカのいる）深さにあわせにやいかん。オモテの方でトンボを使ってイカをとるとき、二又を使う者も深さをあわせにやいけん。トンボを使っておる者がイカをはずしてボンと投げるが。そんときこっちは一尋位沈めておいてな。むこうがパッと入れたときパッと上げる。

私のいうのは食ったイカを遊ばせておくということな。下にいるイカを逃がさんことが眼目だ。そのおりに来るだけけん。二又で三〇尋やろうか二五尋やろうかというのは、その晩のイカの通り道にあわせてやるだ。

あんたならあんたがようとったら、あんたがポンと投げるときこっちは一尋位入れといてパッと放す。相手がひょっと止めてしやくるときにこっちはよく見る。そいで私に来んときには、一尋か二尋深くやるか、それでも来んときには二尋位上へやる。

相手もなかなか本当のことといわん。深さが二五やっとるいうたら三〇やっとるわい。二〇やっとるいうたら二五か三〇やっとる。今度はそれから浅くやるか深くやるかはこっちの考えだ。今度はこっちの方へばっかり来るだけ。

トンボや二又、ハンジキは昭和四〇（一九六五）年ころまで使っていた。

イカの居場所は「ヤマをたてる」ゆうて、ナダ（陸）の山を見て位置を決める。このあたりでは松島（竹島）近辺が一番いいからな。私らが島後の方へ行ってやってもなかなかうまくいかんわね。イカの集まる場所がある程度あるだ。船頭になる者はイカのいる場所はいつも詳しく調べておらな。相手の船がどこで大漁したかを見ておって、そこをねらうわね。

③鯣への加工・製造

鬱陵島では船の乗組員として韓国人を雇ったが、乗組員には「ブイチ」というて二〇匹とったらそのうちの一三匹をくれてやり、親方が七匹もらうという規定があった。仮に一〇連（一連は二〇匹）とったいうたら、それが一本の竹のイカ串に二〇匹突き通して、これが一〇本あれば一〇連だな。一〇〇本あれば一〇〇連とか、こういうふうにいいおった。一本の竹串に二〇匹ずつ決まって干した）。竹はイカ串というてこれはほとんど隠岐の国から未たと思うがな。鬱陵島には竹はないからな。イカは大漁のとき、一晩で一人で三〇～四〇連もとった。

（イカを）たくさんとったときは、韓国人の女の人が（海岸へ）下ってくるわね。寄ってきてイカを割っていくけんな。あいらちは早いわね。訓練しとるからな。イカを割ってイカ串に通して、自分は一〇本だ、自分は一五本だなどといって割っただけの数を紙の伝票に書いてもらってな。後で一連ナンボという勘定をして払うわけ。そんなふうにして、（イカを）いくらよけいとっても働く人間が浜へよけい下がってきた。おかみさんがたはだいたい漁の様子がみな分かるからな。「今日は夜一が大漁で船が早く戻った。今日は戻らんから漁は薄いだろう。なら朝だ」と、いうふうに割るほうもちゃんと知っとるわね。

宵にあげたイカは夜にかけても割るし、寒い時期なら夜やらんで朝船からあげて、ブイチもらったら（ブイチを船主においたら）残りを家へ持って帰って自分で割った。だから船の方でも割るし、夏なら朝までいることはいけんからな、船の上で割った。おかみさんらがやるより私らがやる方が上手だわね。イカの腸をとって魚を釣ったり、海に投げるためにブリや何かがやって来るしね。いろいろやりおった。腸は脂が多いから煮ておいて、船底に塗ってコロの上を船が滑りやすくした。

（イカを）干す場所は「ナダラ」ゆうて、タテボコという人間の頭位の回りの杭柱を地面に八尺間隔位に立てて、イカ串を横に渡して干せる（掛けられる）ように四間位の長さの杉の本を渡した。杉の木はほとんど日本から来おったけんな。

割ったイカを二〇匹ずつイカ串に突き通して、「ハギ」ゆうてイカの脚を拡げて支いものするけんな。ハギは竹でもやるきに、主に麻がらゆうて麻の皮を剝いた幹を使った。あれはパチパチと折れるからな。太さもちょうどいいしな。あれを鬱陵島でも多く使っておった。

イカは夏は二日位で乾いた。のすのに（仕上げに）一日かかった。そんなのは女の人夫でみんなやるだ。（串干しした）翌日姿をよくするために串からイカを抜いてトタン屋根に並べて天火にあてるわね。そうすると夏は一日で乾くわね。そしたら箒を持っていって屋根の上から下へ向けてダーと掃き落として下で乾いたやつを集める。そんなんなったらカラカラに乾いとる。

串干しは朝串に通じて、脚にハギかっておくと昼ごろになったら大分乾く。夕方になると八分位乾く。

写真５　竹竿に20匹ずつイカを指しナダラで干す

明くる日、屋根がトタンならみんな並べるわね。よう乾いとるのは脚持って叩いたら、ダッダダッタいうとるしな。そいつをこんだ二〇匹ずつ束にしておいて漁業組合にみんな持っていく。生干せのものは出さなかった。

イカは乾いたら漁業組合へ持っていき、そこで全部目方を量って、そのとき一等から三等まで（品質が）いいとか悪いとか分けるわね。それは（品質は）やっぱり天気のかげんで、雨にあてたりすると悪くなる。気のきいた者は早いこと家の中へ入れた。家の中に入れても戸も開けて風を入れるとか、入れないとかで品物にいい悪いがあった。

漁業組合には検査官というのがおって、全部検査した。漁業組合は受け取ると荷造りをして鬱陵島におる商売人に入札でみんな売るわけだ。漁業組合では検査が終ると二四貫目（約九〇キログラム）になるようにムシロで包んで荷を作る。それを韓国人は一つずつ負う。だけん力のある者は二つ負うわね。しかし、若いときに無理したやつは年とったら脊髄が悪うなってほとんどが何もできんようになった。

ところが毎年六月に来るというイカが、来る年と来ん年があるだ。そんならどうするかというたらね、六月にこん年には七月から後の夏イカがもうやって来るだな。それったらやらずに投げならんから（六月のイカを捕らずに）、テバカシイモンでは（七月の夏イカの早いものが）もう間違いなくやって来るだ。ツユイカをとって七月とって八月とっていたら、親方に借金のある者は全部借金を払ってしまうだけんな。一二月までイカをとったら来年の六月まで休みだ。シマメはな。鬱陵島の鯣は組合では仲買人に売って、日本へ向けておった。韓国へは売らんで全部日本へ送った。

写真6　スルメはムシロに包んで荷造りをした（1930年頃）

鬱陵島でのイカとりは明治時代からな日本人が皆やったものだ。昔からおった韓国人はイカをとらなかった。韓国人は百姓をして自分の食うものをとっていた。ところが日本人がイカとりやるだけん、我々（韓国人）もやろう位のことだった。だから日本人は鬱陵島を占めとるようなものだった。日本人が行くまでは韓国人はイカとることも知らんし、だから道具もないだ

けん。だが日本人が行ったり来たりするようになったら、イカとる道具は日本から持ってきたけな。(2)

④サンマの手掴み漁

イカのほかにサンマもとった。サンマは五月、脂のないときにとるだ。手で掴みとるほどおった。温かくなって手が陽に焼けて黒くなるころだった。サンマはたくさん来るけれども、おしいことに脂がないんだ。これは金にならんだ。ただやっても（あげても）喜んで食わんだ。

隠岐の国の人はな、船の向こうに二尋か三尋の長さのある藻（ホンダワラのことか）を鎌で刈って船に取り込んどいて、それを束ねて船の両側に流いて、足らんときにはムシロを流いて、船にはアンカーをぶら下げておるだけ、船は潮と一緒に流れておるね。船を流いておるうちにサンマが来るわね。だんだん産卵しようと思って集まるだね。集まってきたらもう子を産む（産卵する）のにいっぱいで、手をいれたら我が方から当たってくる。力のある者は二匹でも三匹でもいっぺんにとってしまう。

おしいことに、こいつには脂がないから煮ても焼いても美味しくない。ただとっても何にもならんわね。いまはどんなふうになったかわからん。サンマは鬱陵島でもあんまり食べなかった。あれだちは冬白菜を漬けるのになサンマを入れてな。脂のないようなサンマはだれが食ってもまずい。

鬱陵島でのサンマ漁　サンマ漁は「ソンコンチー」といって手掴みで捕る。この漁法も隠岐島からきた人々によって伝えられたものだと言われているが、韓国在来の漁法だという話もある。現在この漁法は韓国本土の江原道《こうげんどう》・注文津《ちゅうむんしん》・墨湖《むっこ》でも行われていると言うが、そこへは鬱陵島からの移住者によって伝えられたものだと言われている。(3) ここ数年、サンマの手掴み漁は不漁続きだという。

写真７　筏舟でサンマをとる。手の動きが重要であるという

この漁は最初の頃、筏舟（テペ）で行っていたが、やがて小舟でもやるようになった。鶴圃《かくほ》には現在五隻の筏舟が現存している。そこでまず筏舟によるサンマ手摑み漁の様子について、鬱陵島での話を記してみたい。

筏舟は今年八二歳（一九九八年現在）になる老人クラブの会長（話者）の父の代から伝えられていたという。筏舟ではサンマやワカメなどを捕った。筏舟でのサンマの手摑み漁のときは傍らに竹籠を置き、そこに摑んだサンマを投げ入れたという。筏には一〜二人しか乗らなかった。筏は一番多いときで一つの村で二〜三隻使った。手摑みも最初は筏舟でやったがやがてカンコという小舟でやるようになった。話者が物心の付く頃にはすでにカンコがあったという。カンコではイカも捕ったしサンマの手摑みもした。筏舟ではサンマの手摑みのほかワカメも採った。筏舟では遠いところまで出かけて行くのは無理なので、ごく近海で使った。手摑みで使うカンコは長さが一八〜二二尺

（五・四～六・六メートル）くらいで、この舟は植民地時代から使い始めたられようだという。カンコも一八尺を超えると船縁が高くてサンマの手摑みには使えない。この頃は動力船で出かけていく。イカは生計のためにやったが、手摑みは生計のために行うのではなく、遊びのつもりでやっていた。

　手摑み漁は麦の刈り入れをする端午の節句の頃の一五から二〇日間のわずかな期間しか行えない。サンマは卵を産んだらもう来ない。手摑みは産卵期だけにできる漁法である。筏舟の脇には藻をつけたロープをつなぐ。藻は「ジンジョリ」（和名　アカモク）や「テファン」（アラメのことか）と呼ぶ藻葉を使う。テファンはここの海岸にしか無いという。サンマを捕るときにはテファンとホンダワラに似たジンジョリを混ぜて使うのがここの特徴であるという。また「モル」と呼ぶ海藻も使っている。これらの海藻は深いところにあるものの方が海藻が水の上によく浮き上がりしかも長持ちするといい、これらは舟で行って鎌で刈り取るか海女にたのんで採ってもらう。

　ロープの先に藻の束を縛り、海面に浮かしておくとサンマがこれに卵を産みによってくる。サンマを誘う道具である。カンコの場合は海流を見て、ロープが舟の下に流れ込んで行かないようにする。藻を取り付けたロープは、藻が腐らないようにするため海の中に入れておき、翌日また持っていく。多く捕る人はカマス（米の入っていたもの）で三カマスくらい捕る。一カマスには二〇〇匹くらい入る。群れが押し寄せたら両手の指の間に挟めるだけ挟んで摑みあげた。手と指をひらひらと動かしながら両手で同時に摑みあげた。群れが少ないときは一匹を手に持ち揺らしながらサンマをおびき寄せた。サンマは頭を摑まなければ逃げ出してしまう。まさに手摑みは要領次第であるという。サンマが少ないときには藻の上に手を入れる穴をあけたカマスを流した。日光が遮られ蔭ができるのでサンマが寄ってくる。サンマが多く来ると舟の中に飛び込んでくるようだという。

産卵期のサンマは腹の白い部分に円形の斑点が三つ位できており、「サンマがかゆくてたまらない」ので手にこすり寄るのだという。

捕ったサンマは腸を出さずそのまま塩漬けにして保存したり、塩辛にしたりした。塩辛はその年に作るキムチに使う。ここではイワシよりもサンマの塩辛のほうがうまいという。今は刺身にしたり塩漬けにして内地に輸出したりするが、もともとは自家用程度に作ったものである。サンマの刺身は鮮度のよいものだけをする。古いと食中毒になりやすいという。サンマは手に持つと尾が立っている間は鮮度がよい。干したサンマは食中毒になるので食べないという。

写真８　サンマのツリクサ　韓国東海市墨湖

海岸から五〇〇メートルから一キロメートル以内、竹島以内が漁場である。一トンくらいの船では網漁もやりながらサンマの摑み捕りをしたが、大きい舟では竹島付近まで行き流し網でサンマを捕った。

カンコで摑み捕りをするようになると藻葉のほかにムシロやカマスを使うようになったという。カンコでの方法もやはり五～六月頃、麦畑の刈り入れの頃、岩場に生える「ジンジョリ」とよぶホンダワラに似た藻葉（海藻）を刈り取り、それを縄で束ね、海面に浮かべた藁製のカマスかムシロの下に垂らしておく。そのカマスの隙間から手を差込み、あるいはカマスに手を入れる拳大の穴を開けておき、そこからその下に垂らした海藻に卵を産むために寄ってくるサンマを手摑みで捕らえるものである。カマスの下には藻を置かずに捕るという人もいる。

写真９　サンマ手摑み漁の小舟　韓国東海市墨湖

この漁も終戦前後は盛んだった。その頃はつかの間に一バケツ位になり、米の入っていたカマスにして二～三カマスくらいはすぐ捕れた。満船のときは五カマス位にもなったが、捕れないときには四〇～五〇匹のときもある。今でも群れが多いときには時たまやるが、ほとんど捕れない。

サンマは天気の良いときにたくさん捕れ、曇りの時にはあまり捕れない。サンマの手摑みをする人が少ないのは漁期も短かく、鮮度はよいもののなによりも漁獲量そのものが少なく漁協でも取り扱わないので売れないことなどである。また船縁にへばりつくように海面に手を入れ摑み取る姿勢は年寄には疲れることもあり、五〇歳未満の人がわずかにやるばかりである。

漁期は、イカ釣船の船尾に小さな網を着けておき網にサンマが入るのを見たり、イカ釣りをしているうちにサンマを見つける。漁期だろうと思われる頃になると流れ藻に卵が産み付けられるか見たり、流し網をやっている人にサンマが近寄ってきているか情報を聞いて出漁する。陰暦四〜五月の間にサンマの群れがきたものだが、いまではでたらめになってしまっている。出漁は一一時から四時ころで苧洞や道洞から一〇隻位出漁した。

サンマは水温一三〜一四度位になると群れがやってくる。これ以下だとこない。サンマは水温と潮の流れに敏感でこれを「ムデ」と呼んでいる。「ムデがよい・悪い」というのは水温や潮流の意味もあるという。サンマが来ると必ずイカが来る。サンマが多い年にはイカが少ないと言われている。

日本でもイカ漁の合間に、イカ釣り漁師によるサンマの手摑みの漁が行われていた実態を伝承を踏まえて報告したが〔池田、二〇〇四〕、非公式の情報ではあるが韓国では現在でも東海の沿岸で行われているという。

まとめにかえて

韓国・鬱陵島のイカ釣漁は、隠岐島の漁民が移住して行ったものだという。そこで使用したイカ釣具は二叉、トンボ、ハンジキであった。二叉は海底のイカを釣り上げるもので、潮流が早くても使用可能で、隠岐島の仲谷熊太郎という釣具商が考案し特許をとったものであった。中間を回游するものはトンボで釣ったが、これは北海道から取り寄せていた。海面を浮遊するものはハンジキで釣った。ハンジキの使用でイカを多獲することができたが、これは交互に上げ下げして常にイカを逃がさないようにして釣るのがコツであった。

この三種の釣具は佐渡式イカ釣具と同様で、回游するイカの深さに応じて使い分けていることに特徴があった。隠岐島のイカ釣具も江戸末期に佐渡から伝えられたと言われ、鬱陵島ではヤマデのことをサドと呼んでいたという。この釣具は、太平洋戦争後日本人が撤退した後も鬱陵島で韓国人の手によって一九六〇年代までそのまま使用されていたという。[4]

現在、鬱陵島では漁業者のほとんどがイカ漁に従事しているといわれる。また、漁業者以外でイカの加工などに従事する人は千人を超すであろうといわれ、極論すればこの島の成人の大半は何らかの形でイカ漁にかかわっているともいえる。

鬱陵島のイカ釣り登録漁船は（一九九七年現在）一七〇余艘であり、近年では日本海沖の大和堆《やまとたい》まで出漁している。一九九八年度鬱陵島漁業協同組合の調べでは漁獲高の九九％がイカであり、イカから製造される鬱陵島の鯣は、

①乾燥の度合がよい。竹串に刺して干すのでイカの耳に穴が開いているのが特徴である。この方法は隠岐島の人が行っていた方法であるという。

②鮮度がよい。近海で捕れたもので、鮮度のよいものを乾燥し、また海水で洗うので鯣にすると甘みがあるという。

③スルメイカの加工だけで、他の種類のイカを混ぜない。

といったことから韓国全土で高い評価を得ており、近年では耳に穴の開いた鯣の模造品（にせ物）が出回るようにさえなっているという。

イカの干し方も鬱陵島から内地（江原道）へと普及したもので、ここへは隠岐の人が伝えた。鬱陵島と江原道のスルメの区別は鯣の頭に穴があるのとないのとで区別した。江原道のものは縄に掛けて干すので穴があいていない。

イカ釣具から加工法まで、日本からの漁具・漁法や加工などの技術が島嶼を経由し大陸への入口ともいえる朝鮮半島にまで伝えられていった経緯は、日本からも盛んに半島や大陸に向け、技術の移動や文化の

交流のあったことを示す例ではないかと考えている。

註

（1）一九八七年の筆者調査による。

（2）鬱陵では、漁具には「サト」と「ナポトリ」と呼ぶイカ釣具を使った。イカ釣りも漁具も日本の漁師が普及させたものでその時期は今から八〇年くらい前だといわれている。

その経緯が『韓国民俗綜合調査報告書（漁業用具編）』〔文化財管理局文化財研究所　一九九二〕に次のように記されている。

鬱陵島では、韓末から烏賊漁業が発達していた。ここへは隠岐島出身漁業者が多く来往したので、日本式漁具漁法が先発的に使用されたのである。朝鮮総督府一九一〇年発行『韓国水産誌第二輯』によると日本人は同島沿海で烏賊資源が豊富であるのを発見し、一九〇三年からそこで烏賊漁業に着手した。これから数年の後に同島の韓国人住民もその有利性を悟って烏賊漁業をする人が多く増えたという。このとき日本式烏賊釣具が使用されていたのは言うまでもない。

日本では前記した「ソクマタ」はヤマテ（山手）、「ツノ」は「ハネコ」、「トンボ」はそのまま「トンボ」という名で通用され、烏賊漁具として一九五〇年頃まで広く普及され、この釣獲率を高めるために連結式釣具、浅利式釣具を開発するようにもなった。これらの基本構造は釣鈎を鉛直方向にいくつか取りつけたものであるが、鉛とか真鍮等で作った錘の左右に手をつけて、その先に各々五個位釣鈎をつけた釣糸を連結したものである。わが国では日本で開発され発達した漁具をそのまま使用した。日帝時代は言うまでもなく、光復後にもそうであった。「ヤマテ」は一九六〇年代までも多く使用したが鬱陵島ではこれを「サド」（佐渡の日本発音）と呼んでいる。佐渡から伝来した釣具であるのでこのように呼ばれてきたようである。これが発達して水中集魚装置として、乾電池（電池）で電灯を点す装置が付着した所謂「乾電池サド」が出現するようにもなる。これは六・二五動乱直後、一九六〇年代初め頃から使用されたという。図（省略）は一九六〇年代末に江原道・注文津で使用した烏賊釣と水中集魚灯である。幾つかの形態の水中集魚灯を使用していたが、釣鉤も今日（現在）のものと相違ないものを使用したことことがわかる。過去、鬱陵島で使用した水中集魚灯の中で残っているのを見ると烏賊集漁灯は、始めにはかがり火を唯一の光線として使用したがやがてカーバイド燈を使用するようになって、その後に発電機で発電して電灯を使用するようになった。（呉賢欄訳）

（3）一九九八年の筆者調査による。

（4）かつて鬱陵島は鬱蒼と樹木の生い茂る島で、それが魚付林としての役割を果たすとともに、寒暖の海流が交流しておりサバ、イカ、イワシ、アワビ、ナマコなどの魚介類やワカメなどの海藻が豊富で、流れ寄る小枝や竹を拾うとそこにアワビやサザエなどが付着しており、自家用程度の消費ではそれで十分であったという。韓国では農民が漁業をさげすむ傾向にあったので専業漁民はいなかったといわれるが、この島でも同様の傾向があったという。

この島の漁業は一九〇〇（明治三三）年頃から日本人、おもに島根県、鳥取県方面の漁民が漁業拠点として利用したことによって水産の開発・振興につながったものだという。一九一三（大正二）年には鬱陵島漁業組合が設立されたが、その業務は組合員の漁業権の取得と資金の貸し付けであり、組合長以下役員はすべて日本人で、韓国人は雇用されているだけであったという。太平洋戦争後は韓国人の手によって組合が運営されたが、一九六二（昭和三七）年に鬱陵島漁業協同組合が設立され、今日に至っている。

参考文献等

網野善彦　一九九七「海から見た佐渡――島・ムラの再考」『日本海と佐渡』高志書院

池田哲夫　二〇〇四『近代の漁撈技術と民俗』吉川弘文館

朝鮮総督府　一九一〇『韓国水産史第二輯』朝鮮総督府農商工部水産局

日本学士院日本科学史刊行会一九五九『明治前日本漁業技術史』日本学術振興会

あとがき

西シベリアは、北極圏を取り巻く寒冷針葉樹林帯の森・タイガと、沼沢地・バロータの織りなすまだら模様の水辺が丸い地平線の果てまで続く低湿の森林地帯である。二〇一三年夏、星野紘を団長にハンテ・マンシスク自治管区カズィム村調査団が組織され、本刊行物に関わる研究者による「熊祭り」「口承文芸」「生業」の現地調査が行われた。

オビ川下流、ツンドラ地帯とされる寒冷な水辺に暮らすハンテ族・マンシ族の人たちを訪ね、生活をともにした記録は、貴重な体験談としてばかりではなく、日本文化の来歴や東西諸文化における位置づけを考える上でも意義深いことであった。

この共同研究を進めた全員が、研究をひろく江湖に送ることを考えたのは、一人でも多くの日本人に観ていただき、考えていただき、感じていただきたかったからである。

西シベリアと日本はタイガの道を辿ってつながっているのである。

○日本と西シベリア、これほど離れた地で、神々と精霊に包まれて、熊を主人公にした「熊祭り」が、アイヌ同様に行われているのはなぜなのか。特に「熊祭り」に伴う芸能の持つ力の意味は何か。

○神々や精霊の支配は、昔話や説話などの口承文芸がそれを豊かに伝えている。民族叙事詩には熊が始祖となる語りがあり、精霊の多くは人も含めた動物と関わる。

○人が生存の持続を図る技術は、毛皮獣を捕る目的としての圧殺罠や魚捕りの罠にみられる。西シベリアの実相は、極東の我が国に及ぶ。

日本から七〇〇〇キロ離れたユーラシア大陸の、アジアとヨーロッパを分かつウラル山地の結節点。オビ川が北流するこの地に、古くから「熊祭り」が行われてきていた。日本にこの姿を最初に紹介し、現地のロシア人研究者と本に編み上げて学界に紹介したのが本著の編集責任者・星野紘である。（星野紘、チモフェイ・モルダノフ共編『シベリア・ハンティ族の熊送りと芸能』勉誠出版　二〇〇一年。）

「熊祭り」に多くの芸能が伴い、敬われて天上に送られる熊の姿はアイヌのイオマンテにまで輻輳する。従来の熊祭り研究がユーラシアの東側、ツングース系で進められてきたのに対し、ハンテ・マンシはウゴール系である。北ヨーロッパの熊に対する思惟と重なる場所なのである。つまり、ヨーロッパにひろくみられる熊に対する信仰や芸能を、極東の島国のそれと重ねて考えることの出来る場所に立つことが出来たのである。

民族の始祖に熊を据える人はユーラシアの地に数多く、民族叙事詩は出自を特定の動物に据えることが各民族で行われている。ハンテ・マンシの熊祭りの芸能や語りの基底に民族叙事詩がある。ここは「神々と精霊の国」なのである。

採集された熊の語りの中に、これから研究を深めなければならない重要な要素が民族叙事詩という枠組みに照らして提示されている。齋藤君子、山田徹也両氏の聞き取り調査はハンテ・マンシの古老達に集まっていただき、逐語記録として残されている。この調査に接して、言葉の持つ力を心に刻んだ。語り手は、伝承されてきた語りを身を削るように絞り出している。ここには、シャーマンでなくても民族の正当性を語る矜持がほとばしっていた。口承文芸だから、少しくらい間違った記憶でもこれを伝えればよい、とする安易な扱いは許されないのだ。

ここでも「熊祭り」が語りの中核に姿を現す。ハンテ・マンシの民族叙事詩に熊が重要な役割を果たし、これが熊祭りと深く関わっている。むしろ、熊祭りは民族叙事詩の語りのままに進められていく面がある。この発見は強烈に心を支配した。民族叙事詩が民族の歴史として長く語り伝えられていて、この場面を取り出して芸能化したものが熊祭りとなっている。勝手に芸能を楽しんでいるのではない。民族の来し方を記録し、反芻する意味で芸能が執り行われている。芸能の持つ深遠な配慮。

熊祭りに関わる芸能と口承文芸は学際的、統合的に理解しなければならない。

そして、さらにハンテ・マンシのトナカイと暮らす日常生活の姿の中に熊の存在を理解する必要がある。ユーラシア域の狩猟・採集・漁撈研究では技術の伝播が大きなテーマであり、類似の民具が数千キロも離れた場所で使われている。

トカイ飼育の野営地・ストイービシェでは、モルダと呼ばれる筌《うけ》で魚を捕り、生存の基底に据えていた。同じ技術は日本にも及んでいる。特に、日本海を内湾とするユーラシアの漁撈技術は、海を内湾として技術を育んだ。池田哲夫の追究してきたイカ釣り具はその好例である。技術は軽々と時代と地理を超越する。

トナカイ飼育のストイービシェでの滞在は、生存の持続を図る人の模範となる場所であった。タイガの森奥深くにいてこの小屋に熊を迎える。多くの村人に集まってもらい、民族の来し方を皆で反芻し、儀礼を施し、皆で芸能を演じて熊を送る。祭りの準備はタイガの森の恵みで行い、祀った熊の力を皆で戴く。民族叙事詩が熊祭りの世界を先導する。シャーマンは伝えられてきた伝承に忠実に式を執り行う。

カズィム村では星野紘と交誼を重ねたハンテ・マンシ族の方々から温かいもてなしを全員が受けた。村の博物館で野外の民族展示場を開設する日に我々日本人調査団の一部の者が地元ラジオ局の取材を受けた。電波は広大なタイガの森に点在するストイービシェに届いたのであろう。遠い異国の日本からハンテ等の「熊祭り」を研究する日本人の一行が訪れているとするニュースは、誇り高い彼らの心に一筋の灯火《ともしび》をつけたことは間違いない。そのことは帰りの空港で話題となっていた。

現在、チュメニ油井の原油をパイプラインで運んでいるが、敷設の場所がストイービシェと重なり、トナカイ飼育のハンテ・マンシ族の人たちが苦境に立たされている。パイプラインの上には立派な道路が併設されるがここから沼沢地やタイガに降りていく場所を重機で掘り返す工事が車の通行を遮断している現実があった。つまりストイービシェとの連絡に支障を来すようなことをパイプラインの敷設者側が行っている。

トナカイ飼育などの伝統的な仕事はタイガの保全とつながり、人の生存の持続を次の時代につなげていく貴重な営みである。現代の産業構造を支える石油産業は生存の持続を目指す人類の方向を深く斟酌するべきであると考えている。「神々と精霊の国」は一朝一夕に出来上がったものではない。

本書は国書刊行会が出版の意図を理解してくださり、刊行へと導いてくれた。編集を担当してくださった伊藤嘉孝氏には深く感謝を申し上げる。一人でも多くの方が西シベリアのオビ川流域で行われている原住民の生活に興味を持ってくだされればこれに勝る幸せはない。

二〇一五年一一月

赤羽正春
（編者を代表して）

編著者略歴

星野　紘（ほしの・ひろし）

1940年新潟県生まれ。京都大学文学部卒業。現在、独立行政法人国立文化財機構東京文化財研究所名誉研究員、独立行政法人日本芸術文化振興会プログラムディレクター。専攻、民俗芸能・民俗音楽・民俗学・中国民間文芸。主な著書に、『歌垣と反閇の民族誌』（1996年、創樹社）、『歌・踊り・祈りのアジア』（2000年、勉誠出版、編著）、『シベリア・ハンティ族の熊送りと芸能』（2001年、勉誠出版、共著）、『歌い踊る民』（2002年、勉誠出版）、『芸能の古層ユーラシア』（2006年、勉誠出版）、『日本の祭り文化事典』（2006年、東京書籍、監修）、『世界遺産時代の村の踊り』（2007年、雄山閣）、『過疎地の伝統芸能の再生を願って』（2012年、国書刊行会）など。

齋藤君子（さいとう・きみこ）

1944年岐阜県生まれ。上智大学外国語学部卒業。主な訳書に『シベリア民話集』（1988年、岩波文庫）、V・プロップ著『魔法昔話の起源』（1983年、せりか書房）、V・レベジェフ、Yu・シムチェンコ共著『カムチャトカにトナカイを追う』（1990年、平凡社）、A・チャダーエヴァ著『シベリア民族玩具の謎』（1993年、大修館）、V・プロップ著『魔法昔話の研究』（2009年、講談社学術文庫）など。主な著書に『シベリア民話への旅』（1993年、平凡社）、『ロシアの妖怪たち』（1999年、大修館）、『モスクワを歩く　都市伝説と地名の由来』（2008年、東洋書店）、『悪魔には2本蠟燭を立てよ　ロシアの昔話　俗信　都市伝説』（2008年、三弥井書店）、『シベリア　神話の旅』（2011年、三弥井書店）など。

赤羽正春（あかば・まさはる）

1952年長野県生まれ。明治大学卒業。明治学院大学大学院修了。文学博士。専攻、民俗学・考古学・文化史。シベリアと日本の文化史研究を進めている。主な著書に、『鮭・鱒』（2006年、法政大学出版局）、『熊』（2008年、法政大学出版局）、『樹海の民』（2011年、法政大学出版局）、『白鳥』（2012年、法政大学出版局）、『鱈』（2015年、法政大学出版局）など。

池田哲夫（いけだ・てつお）

1951年新潟県生まれ。新潟大学大学院現代社会文化研究科（博士後期課程）単位取得退学。博士（文学）。専攻、民俗学。現在、新潟大学人文学部教授。主な著書に『近代の漁撈技術と民俗』（2004年、吉川弘文館）、『佐渡島の民俗』、（2006年、高志書院）、『佐渡能楽史序説』（2008年、高志書院、小林責との共著）などがある。

山田徹也（やまだ・てつや）

1977年埼玉県生まれ。2009年早稲田大学大学院文学研究科博士後期課程修了、2012年博士号（文学）取得。現在、慶応義塾大学、早稲田大学、早稲田大学高等学院講師。専攻、ロシア民俗学。主要論文に「風呂小屋の精バンニク――家の精ドモヴォイとの対比において――」（『口承文芸研究』第31号、2008年）、「民間信仰における地域性と変容――家屋の妖怪の不可視性を中心に」（『ロシア文化研究の最前線』2012年）などがある。

神々《かみがみ》と精霊《せいれい》の国《くに》――西《にし》シベリアの民俗《みんぞく》と芸能《げいのう》

2015年12月14日初版第1刷印刷
2015年12月21日初版第1刷発行

編　星野紘・齋藤君子・赤羽正春

発行者　佐藤今朝夫
発行所　株式会社国書刊行会
〒174-0056　東京都板橋区志村1-13-15
TEL.03-5970-7421　FAX.03-5970-7427
http://www.kokusho.co.jp

装丁者　山田英春
印刷・製本所　三松堂印刷株式会社

ISBN 978-4-336-05951-2 C0039
乱丁本・落丁本はお取り替え致します。